I0213180

Rebecca Friedman

·

Masculinity, Autocracy and the Russian University, 1804–1863

Palgrave Macmillan

Hampshire / New York

2005

Ребекка Фридман

·

Маскулинность, самодержавие и российский университет, 1804–1863

Academic Studies Press

Библиороссика

Бостон / Санкт-Петербург

2023

УДК 94(47).07+94(47).081
ББК 63.3(2)52
Ф88

Перевод с анлийского Николая Проценко

Серийное оформление и оформление обложки Ивана Граве

Фридман, Ребекка.

Ф88   Маскулинность, самодержавие и российский университет, 1804–1863 / Ребекка Фридман ; [пер. с англ. Н. Проценко]. — СПб.: Academic Studies Press / Библиороссика, 2023. — 264 с. — (Серия «Современная западная русистика» = «Contemporary Western Rusistika»).

ISBN 979-8-887194-59-2 (Academic Studies Press)
ISBN 978-5-907767-16-4 (Библиороссика)

Рассматривая официальную и неофициальную жизнь университетов Российской империи в XIX веке, Ребекка Фридман показывает картину сложных процессов, в ходе которых формировались и обсуждались гендерные идеологии. Книга «Маскулинность, самодержавие и российский университет. 1804–1863» демонстрирует, насколько эти аспекты были важны для политической жизни европейской монархии.

УДК 94(47).07+94(47).081
ББК 63.3(2)52

© Rebecca Friedman, text, 2020
© Palgrave Macmillan, 2005
© Н. Проценко, перевод с английского, 2023
© Academic Studies Press, 2023
© Оформление и макет.
   ООО «Библиороссика», 2023

ISBN 979-8-887194-59-2
ISBN 978-5-907767-16-4

Джону, Саймону и Джозефу

Благодарности

На протяжении нескольких лет этот проект получал поддержку со стороны ряда организаций, кураторов и коллег, а также моих друзей и семьи.

Исследовательская часть проекта была выполнена при поддержке Американского совета по международным исследованиям и обменам (*IREX*), Совета по исследованиям в области социальных наук, различных подразделений Университета Мичигана, включая магистратуру Рэкхэма, исторический факультет, Центр исследований России и Восточной Европы, Институт женских и гендерных исследований. Во время работы в Международном университете Флориды в Майами я получила щедрую поддержку со стороны ректората и Колледжа искусств и наук при историческом факультете.

Идея написания работы по истории российской маскулинности впервые возникла зимой 1993 года на дипломном семинаре Билла Розенберга в Энн-Арборе. С тех пор неизменными источниками поддержки и вдохновения для меня выступали научные руководители моей диссертации Джейн Бёрбэнк и Билл Розенберг. Отдельную благодарность хотелось бы выразить Кэтлин Кэннинг, Валери Кивельсон и Эбби Стюарт.

В России я получила столь необходимые мне рекомендации от сотрудников множества архивов и библиотек, включая Российский государственный исторический архив (РГИА), Центральный исторический архив Москвы (ЦИАМ), Государственный исторический музей (ГИМ) и Национальный архив Республики Татарстан (НАРТ). Хотелось бы выразить особую признательность Ольге Вайнштейн и Лене Вейнтрауб за дружбу, общение и практические советы во время моих визитов в Москву и Санкт-Петербург.

Среди тех, с кем на протяжении многих лет меня связывают товарищество, дружба и интеллектуальное общение, отдельно отмечу таких людей (хотя этот список никоим образом не является исчерпывающим), как Кейт Браун, Джейн Бёрбэнк, Кэтлин Кэннинг, Барбара Клеменц, Дебора Коэн, Пол Деслэндес, Дэн Хили, Лара Кригель, Стефен Ловелл, Джон Моугал, Карен Петроун, Дебби Филд, Эми Рэндалл, Джон Рэндолф, Билл Розенберг, Элисон Смит, Эбби Стюарт, Ольга Вайнштейн, Лена Вейнтрауб, Мэри Уилер, Кирстен Вуд и особенно Кристин Макгуайр, которая была рядом со мной до своей трагической смерти. Отдельные части рукописи в различных вариантах прочли, дав ценные советы, Джейн Бёрбэнк, Дэн Хили, Изабель Халл, Алан Кейхэн, Катриона Келли, Стефен Ловелл, Джон Моугал, Дэвид Рэнсел, Билл Розенберг, Ричард Стайтс и Кирстен Вуд, и я признательна за их рекомендации. Среди сотрудников издательства *Palgrave Macmillan* с благодарностью отмечу вклад Лусианы О'Флаэрти, Дэниела Баньярда и еще одного рецензента, пожелавшего сохранить анонимность. Кроме всех перечисленных выше коллег, я благодарна множеству моих друзей и товарищей по работе из Сёрфсайда (Майами), сотрудникам исторического факультета и гуманитарной программы Международного университета Флориды. Кроме того, я с большим удовольствием приняла помощь Раисы Кирсановой при подготовке иллюстрации для суперобложки книги.

Наконец, я благодарна семьям моих родителей и мужа (Максу и Эллен Фридманам, Соне Фридман, Джерри, Сэму и Анджелу Уэйнхаусам, Джеку Глэйзеру, Луису и Кэти Моугалам, Джеффу Моугалу, Патти Пейдж, Джуди Моугал, Дэнни, Илоне, Ханне и Джошу Крамерам) за все вдохновение и столь необходимую возможность отвлечься от забот на протяжении многих лет. Я посвящаю эту книгу Джону, Саймону и Джозефу Моугалам, которые были рядом со мной в течение работы над книгой и как-то терпели меня все это время.

Все допущенные ошибки, разумеется, лежат на совести автора.

* * *

Отдельные фрагменты этой книги выходили в виде самостоятельных публикаций. Издательство *Palgrave Macmillan* и журнал *The Russian Review* любезно позволили мне воспроизвести их здесь. Все переводы с русского языка в книге, за исключением отдельно указанных источников, выполнены автором[1].

Сёрфсайд, Флорида, июль 2004 года

---

[1] При переводе книги все основные цитаты были сверены по первоисточникам на русском языке. Переводчик признателен автору за помощь с предоставлением фрагментов, отсутствующих в сетевом доступе. — *Прим. пер.*

Введение

Пересмотр прежних нарративов: маскулинность и самодержавие в XIX веке

Ностальгически вспоминая дни учебы в Казанском университете в 1840-х годах, педагог и публицист Николай Овсянников[1] писал, что университет представлял собой «заветную мечту каждого юноши»: «Молодой человек инстинктивно чувствовал, что здесь, в университете, он получит все, что ему надобно для последующей его сознательной жизни» [Овсянников 1909: 469].

Другому автору студенческих воспоминаний университет казался «очарованным островом среди моря... В стенах университета совершалось крещение духом» [Михайлов 1899: 400].

Еще один бывший студент Московского университета, знаменитый правовед Борис Чичерин вспоминал, что поступление в это заведение было первым значительным успехом в жизни, успехом тем более важным, «что им обозначалось вступление в новый возраст»: «Миновало детство... Мы выходили уже из-под крыла родителей и становились взрослыми людьми... С какой гордостью надели мы синий воротник и шпагу, принадлежность взрослого человека!» [Чичерин 1991: 26].

---

[1] Николай Овсянников (1834–1912) после окончания Казанского университета был учителем в Нижнем Новгороде, затем опубликовал ряд сочинений по истории Поволжья, а также цитируемые автором «Записки о Казанском университете». — *Прим. пер.*

Авторы подобных мемуарных свидетельств, учившиеся в российских университетах в первой половине XIX века, вспоминали студенческие годы как время своего становления. В университетах у молодых людей формировались прочные интеллектуальные и идеологические взгляды, там они вступали на путь верной службы государству или революционной оппозиции, завязывали дружеские отношения на десятилетия вперед. Разумеется, университет задавал разные интеллектуальные, политические и личные траектории для своих выпускников, но вне зависимости от того, к чему они в итоге пришли, бывшие студенты вспоминали об университете как о месте, где состоялось их возмужание.

В этой книге (прежде всего на материале Казанского, Московского и Санкт-Петербургского университетов) будут рассмотрены представления о маскулинности, с которыми студенты сталкивались и которые формировали сами за три-четыре года учебы в университете. Мы обратимся как к самому университету в качестве формальной структуры, так и к занятиям и взглядам его студентов и руководства — «населения» университета. Акцент при этом будет делаться не на какой-то отдельной группе университетских студентов — будущих радикалах, реформаторах или бюрократах, — а на общем опыте нескольких поколений молодых российских мужчин в ключевой момент их жизни.

В центре этой книги — правление Николая I (1825–1855), период, традиционно считающийся апогеем российского самодержавия. В течение этих трех десятилетий российские власти превратили университет в инструмент взращивания послушных и респектабельных мужчин — идеальных служителей автократического государства. Но даже несмотря на то, что студенты в процессе обучения свыкались с ролью должностных лиц, как того требовали университетские регламенты, они одновременно создавали собственные социальные пространства, формировали и транслировали личные маскулинные идеалы, которые часто противоречили официальным предписаниям. Даже на пике самодержавного контроля эти люди были «творцами собственной судьбы»². Рассмотрев, как в процессе взаимодействия различных субъектов — правительственных чиновников, университетского руководства и самих студентов — формировалось представление о маскулинности, мы сможем лучше понять ключевые аспекты российской истории в преддверии Великих реформ Александра II.

Маскулинность в Европе Нового времени

В рамках исследований, посвященных России, история маскулинности до недавнего времени была сферой, которая не вызывала внимания авторов, а исследования маскулинности в России, появившиеся в последние годы, как правило, были сосредоточены на советском и постсоветском периодах³. Однако во многих исторических работах, посвященных другим европейским обществам XIX века, изучение маскулинности с опорой на более масштабное поле гендерных исследований обрело заметное присутствие. Эти работы могут послужить подходящей отправной точкой для рассмотрения российского опыта.

Историки и теоретики гендера продемонстрировали, что нормы маскулинности и феминности никогда не являются монолитными, напротив — они включают в себя порой противоречивые, а порой взаимодополняющие импульсы⁴. Под влиянием

---

[2]   Вместе с Дэном Хили мы приходим к схожему утверждению в заключении к коллективной работе [Clements et al. 2002: 223–235].

[3]   См. два опубликованных незадолго до выхода этой книги сборника работ, посвященных изучению маскулинности: [Clements et al. 2002] и [Ушакин 2002]. К работам, где маскулинность в имперский период российской истории исследуется в ином контексте, относятся: [Engelstein 2000] и [Paert 2003]. Кроме того, расширяется сфера исследований сексуальности в России, см. [Naiman 1997; Healey 2002; Costlow et al. 1993].

[4]   К такому утверждению приходят историки, социологи и литературоведы. В частности, социолог Р. У. Коннелл указывает на множественные разновидности маскулинности в работе [Connell 1995]. См. также [Smith 2002]. На немецком материале см. очень интересную статью Штефана-Людвига Хоффманна [Hoffmann 2001].

феминистской теории историки гендера, как правило, отрицают натуралистические, трансисторические понимания маскулинности и феминности, вместо этого рассматривая способы трансформации гендерных идеологий в пространстве и во времени. Отвоевав независимость у биологического пола, гендер «стал пребывающей в свободном плавании конструкцией», подверженной изменению со стороны «индивидов, групп, институтов и обществ» (см. [Butler 1990: IX] и [Gardiner 2002: 11]).

В работах по европейской истории, основанных на таких теоретических построениях, подчеркивается, что маскулинность, как и феминность, обладает собственной историей. Историки дали объяснение трансформирующейся и вызывающей споры природе ожиданий общества относительно того, что именно формирует подлинную мужественность (*manliness*) — от древнегреческого образа гомоэротической привязанности до буржуазного идеала, в котором сочетаются физическая сила и привязанность к дому[5]. В этих работах меняющиеся представления о маскулинности связываются не только с феминностью, но и с масштабными социальными, экономическими и культурными механизмами наподобие возникновения новых социальных групп, рождения наций, изменений политических идеологий и взаимоотношений между государством и обществом[6].

Исследователи Европы Нового времени не единожды подчеркивали, что в начале XIX века происходят глубокие изменения гендерных норм[7]. В частности, они предположили, что в самом начале XIX века монархи, государства нового типа и социальные

---

5 Вопрос о древнегреческой гомосексуальности рассматривается в работах Дэвида Халперина: [Halperin 1990] и [Halperin 1989]. О характерной для среднего класса привязанности к дому см. работы Джона Тоша, в том числе его монографию [Tosh 1999].

6 К особенно ценным образцам такого подхода относятся следующие работы: [Hull 1996; Mosse 1985; Nye 1998; Tosh 1999].

7 Корпус работ на эту тему уже необъятен и постоянно расширяется. В качестве примеров можно привести такие исследования: [Mangan, Walvin 1987; Mosse 1985; Nye 1998; Roper, Tosh 1991; Hull 1996].

институты находились в процессе выработки «контракта»
о контроле над формированием социальных идентичностей,
включая трансформацию гендерных норм. Изабель Халл описывает, как в германоязычной Центральной Европе XVIII–
XIX веков абсолютистские государства стали не только «ослаб-
лять [свою]… монополию на общественную жизнь», но и при-
сматривать за созданием независимого гражданского общества
[Hull 1996: 1][8]. По мере сокращения контроля над жизнью своих
подданных политические режимы больше не пытались оставить
за собой исключительные полномочия в регулировании и формировании поведения людей[9]. В возникающем пространстве
гражданского общества — от добровольных ассоциаций до
СМИ — группы мужчин, представлявших средние слои социума,
выражали собственные представления о респектабельности
и морали. Мужчины-подданные становились мужчинами-гра-
жданами по мере того, как они начинали формировать свои
социальные и гендерные нормы[10]. Таким образом, в XIX веке

---

[8] Историки, занимающиеся более поздними периодами, стали обращаться
к этому вопросу и в российском контексте. О «торге» между государством
и профессионалами см., в частности, в работах [Engelstein 1993] и [Burbank
1995].

[9] В германских университетах, которые контролировались государственными
кругами в гораздо большей мере, нежели университеты во Франции или
в Англии, механизмы контроля над социальной жизнью студентов к началу XIX века стали ослабевать. Эти университеты, которые никогда не занимались выработкой норм поведения студентов столь же жестко, как российские, начали двигаться к большей формальной автономии от государства.
И, хотя степень автономии различалась от одного германского государства
к другому, при основании Берлинского университета в 1810 году Виль-
гельм фон Гумбольдт опубликовал меморандум, предполагавший более
значительную дистанцию между государством и университетом. Эта меняю-
щаяся динамика рассмотрена в работе [McClelland 1980]. О гендерной специфике элит в германских университетах см. [Mazon 2003].

[10] Изабель Халл описывает, каким образом по мере ослабления ряда контроль-
ных функций государства в отношении дисциплины его подданных «отдельно взятый гражданин теперь выступал учредителем гражданского общества»
[Hull 1996: 5]. Этот гражданин, добавляет Халл, «являлся женатым гетеро-
сексуальным мужчиной».

состоялось рождение новой гегемонистской нормы респектабельной маскулинности, проистекающей изнутри институтов гражданского общества и связанной со снижением роли государства[11].

Исследователи указывали, что этот новый мужчина XIX века определенно являлся порождением возникающего среднего класса[12]. Данная респектабельная маскулинность была одним из способов, при помощи которых представители буржуазии самоопределялись по отношению как к излишествам аристократии, так и к «мерзостям» трудящихся классов. Теоретически предполагалось, что достойный буржуазный мужчина блюдет свои манеры и моральный облик, является скромным, чистоплотным, вежливым и умеет контролировать себя, в особенности свои сексуальные желания. Кроме того, основанием его мужественности (*manhood*) был статус мужа и отца в сфере домашней жизни [Tosh 1999; Tosh 1994]. Власть этого нового мужчины из среднего класса викторианского типа проистекала — и утверждала его маскулинность — из институтов социальной, политической и домашней жизни[13].

---

[11] Р. У. Коннелл подчеркивает, что по меньшей мере в европейских и северо-американских обществах существует особая форма маскулинности, которую она именует термином «гегемонистская маскулинность», «превозносимая» социумом и отражающая принятый «гендерный порядок» того или иного времени [Connell 1995: 77].

[12] О респектабельной маскулинности в Англии XIX века см. [Hall 1992], а также работы [Davidoff, Hall 1987; Tosh 1999; Rose 1992].

[13] Роберт Най на французском материале показывает, как гендерные нормы могли определяться одной социальной группой и усваиваться другой. Апробация гендерных норм предполагает не только изменение природы маскулинности, но и определенную степень способствующей этим изменениям агентности, которой наделены социальные группы и конкретные исторические субъекты. В частности, Най рассматривает, каким образом аристократический кодекс мужской чести с его дуэльными церемониями и ритуалами трансформировался мужчинами из средних слоев социума и использовался для укрепления их гендерного статуса в меняющемся мире [Nye 1998: 8].

За поведением российского мужчины начиная с эпохи Петра Великого, правившего в 1682–1725 годах, и далее, на протяжении XVIII–XIX веков, в той или иной степени присматривало государство. Российское государство Нового времени активно пыталось регулировать поведение своих элит при помощи институциональных, правовых, а в некоторых случаях и принудительных мер[14]. Введенные Петром предписания, касающиеся одежды, и запрет на ношение бороды были предназначены для того, чтобы помочь России превратиться в современное государство с элитой по западному образцу. Впрочем, попытки Петра сформировать новую модель поведения высших слоев были сосредоточены в основном на внешних атрибутах. Екатерина II, правившая в 1762–1796 годах, тоже полагалась на закон и полицию в попытках создать утонченную вестернизированную элиту. Но, в отличие от Петра, ее интересовало и развитие «внутренних механизмов регулирования поведения» при помощи образовательных инициатив и распространения литературы о надлежащем поведении. Под руководством Екатерины «население России должно было не только находиться под контролем самодержавия, но и осуществлять самоконтроль» [Kelly 2001: 9].

Александр I, правивший в 1801–1825 годах, сосредоточился на создании новых институтов для формирования поведения и взращивания социальной идентичности людей, которые будут служить на важных государственных должностях. В рамках этих усилий по подготовке большего количества молодых людей на ключевые посты для гражданской службы Александр в 1804 году расширил университетскую систему, а в 1811 году основал Царскосельский лицей (см. [Kelly 2001: 32–42]). В этих учреждениях молодых людей учили быть честными и вежливыми. В то же время Александр никогда не осуществлял полный автократический контроль над новыми образовательными институтами, дозволив определенную степень автономии в учебных программах и личных делах. Кроме того, в первые десятилетия XIX века

---

[14] Об этих механизмах см. великолепную работу Марка Раева [Raeff 1984].

представители светского общества могли черпать советы и руководства к действию и из других источников: они читали различную программную литературу, значительная часть которой попадала в Россию из Европы, и участвовали в структурах нарождающегося гражданского общества — от салонов до более формальных литературных обществ[15]. Это сочетание институциональной автономии и доступа к идеям, проникающим из полуавтономных сфер, включая прессу и литературные кружки, указывает на то, что в приоритеты самодержавия не входил полный контроль над воспитанием молодежи.

Николай I, напротив, формально не предоставлял никакой подобной автономии. Вооруженный романтическим убеждением, что самодержавие является единственной естественной легитимной формой правления для России, Николай стремился контролировать проявления автономии, укреплять автократию и обеспечивать ее устойчивость. Не доверяя институтам и их потенциалу в создании гибридных форм лояльности, Николай посвящал свои силы взращиванию благонадежных индивидов. Он одновременно и создавал новые институты, и использовал имевшиеся у режима структуры принуждения для формирования достойных доверия мужчин, которые будут пополнять ряды его бюрократии и посвятят себя службе царю и Отечеству[16]. Формирование послушного и респектабельного российского мужчины находилось в центре николаевского проекта строительства государства[17].

---

[15] О светском обществе эпохи Александра I см. [Todd 1986] и [Лотман 1994]. Об университете первой половины XIX века см. [Flynn 1988].

[16] Ричард Уортмен утверждает, что Николай пытался не допустить появления «духа профессиональной бюрократии» [Wortman 1995–2000, 1: 322].

[17] Историк Николай Рязановский по поводу значимости конкретных лиц для Николая I и его философии власти утверждает, что «монарх любил мыслить с точки зрения индивидов, а не институтов или правовых абстракций» [Riasanovsky 1969: 199].

Николай I и «цивилизующая миссия»

Царствование Николая I началось с подавления восстания декабристов — слабо организованного выступления группы представителей высшей офицерской элиты России после смерти его старшего брата Александра I в 1825 году. Восстание декабристов стало травмой, которая, несомненно, омрачила первые годы его правления, на протяжении которого Николай предпринял ряд мер, чтобы предотвратить повторение подобного события, создав механизмы надзора и цензуры. Наиболее известной из этих мер стало учреждение Третьего отделения Собственной Его Императорского Величества канцелярии, первой в России политической полиции, непосредственным руководителем которой был сам Николай [Monas 1961].

Но репрессии были не единственным инструментом, который царь использовал для укрепления самодержавного государства. При Николае российское государство проявляло активный интерес не только к подавлению инакомыслия и мятежей, но и к формированию ценностей и поведения своих подданных в позитивном ключе. Ни одна группа не привлекала к себе такого внимания монархии, как молодые представители элиты, в которых видели как будущих лидеров растущих рядов российской гражданской бюрократии и вооруженных сил, так и потенциально губительный источник беспорядков. Контролируя под угрозой наказания гендерное развитие своих будущих слуг, самодержавие стало главным двигателем того, что Норберт Элиас применительно к Западной Европе назвал процессом цивилизации [Элиас 2001]. Вместо того чтобы отказаться от контроля над нравственным воспитанием своих подданных, как это происходило в других странах Европы, николаевский режим предпринял целенаправленные усилия по привитию своим будущим слугам официального идеала маскулинности.

Сам Николай служил образцом маскулинной внешности и поведения. По общему мнению, царь был запоминающейся фигурой: еще при рождении он поразил свою бабушку Екатерину Великую необычайными размерами и силой. По словам императрицы, «его рост был чуть больше двух футов», а руки были «лишь немного меньше моих» (цит. в: [Lincoln 1989: 49]). Во взрослом возрасте за Николаем отмечали «особенную мужественную красоту» [Wortman 1995–2000, 1: 312]. Ростом шесть футов и два или три дюйма [порядка 1,85 метра], широкоплечий, с подстриженными усами, Николай напоминал современникам богатыря [Wortman 1995–2000, 1: 312] — легендарного русского воина, а французский путешественник маркиз де Кюстин вспоминал его как человека «на полголовы выше среднего роста» с «идеальным греческим профилем» [де Кюстин 2000: 197]. Один автор мемуаров, в молодости учившийся в кадетском корпусе, вспоминал, как в день, когда Николай посетил его учебное заведение, он воочию увидел «мощную фигуру государя» и услышал незабываемый голос императора с его поразительной силой [Коломнин 1895: 519].

Как убедительно показывает Ричард Уортмен, примерно в это время европейские правители превращались из неприкосновенных ангельских созданий наподобие Александра I в «образцы человеческого поведения и скромной добродетели, которыми должны восхищаться их подданные» [Wortman 1995–2000, 1: 247]. Более не «возвышаясь над обыденностью», подобно Александру I, Николай представал перед своими подданными как смертный, которому можно подражать. Историки и современники соглашались с тем, что Николай создавал о себе представление как о человеке, обладавшем единством целей и железной воли, который получал наибольшее удовольствие от того, что занимался военными упражнениями или инспектировал своих подданных[18]. В работах различных исследователей часто цитируется следующее высказывание Николая, восхищенного прусской армией, которое демонстрирует устойчивое представление о царе как человеке парадного плаца:

---

[18] В этом плане Евгений Пресняков сравнивает Николая с Иваном Грозным: «Личная дружина членов государевой свиты становилась "опричниной" Николая, выделенной не только из общественной, но и из служилой среды» [Пресняков 1925: 55].

> В прусской армии никто не приказывает, прежде чем сам не
> научится повиноваться; никто без законного основания не
> становится впереди другого; все подчиняется одной опре-
> деленной цели, все имеет свое назначение: потому-то мне
> так хорошо среди этих людей, и потому я всегда буду держать
> в почете звание солдата. Я смотрю на всю человеческую
> жизнь только как на службу, так как каждый служит [Прес-
> няков 1925: 14].

Высказывания современников Николая подтверждают, что
этот портрет царя соответствовал действительности. Например,
начальник Третьего отделения Александр Бенкендорф писал, что
«развлечения государя со своими войсками» были «единственным и истинным для него наслаждением» [Пресняков 1925: 11].

Однако амплуа специалиста по муштре было лишь одной
стороной личности, которую Николай демонстрировал своим
подданным. Публичный образ Николая и его семьи — то, что
Уортмен назвал династическим сценарием, — был основан на
картине домашнего блаженства царской семьи. Идеология его
правления изобиловала сценами европейского домашнего очага:
царь представлялся в качестве *pater familias* [отца семейства —
лат.] — как для собственной семьи, так и для всех российских
подданных[19]. Наблюдатели отмечали, как Николай смягчался
в присутствии своей семьи. Маркиз де Кюстин, например, указывал, что парадная суровость Николая по большей части исче-
зала в обществе его жены и детей: «...в сердце родителя и супруга... вспыхивают искры доброты», и тогда «лицо его, преображен-
ное этой приветливостью, предстает перед окружающими
в своей античной красе» [де Кюстин 2000: 197].

Пример, подаваемый царем, конечно, был далеко не единственным средством, которым располагало российское государство
для формирования манер и морали молодых людей. Еще одним
мощным инструментом была контролируемая властями пресса.
До 1848 года, когда по всей Европе прокатились революции,

---

[19] Этот момент подробно рассматривает Уортмен в главах 9 и 10 первого тома
своей работы «Сценарии власти» [Wortman 1995–2000, 1: 256–332].

в обеих российских столицах, Москве и Санкт-Петербурге, наблюдался относительный расцвет журналистики. Наряду с высокой литературной культурой, взращенной на страницах новых «толстых» журналов[20], возникла и официозная печать. Самыми тиражными и популярными среди множества поддерживаемых государством изданий была «Библиотека для чтения», которую можно сравнить с американским журналом *Reader's Digest*[21], и выходившая три раза в неделю, а затем и ежедневно газета «Северная пчела». Эти издания пользовались благосклонностью властей, а руководила ими печально известная троица консерваторов-подхалимов — Николай Греч, Фаддей Булгарин и Осип Сенковский, каждый из которых был тесно связан с правящим режимом[22].

Очерки, рассказы и разнообразные авторские комментарии, публиковавшиеся в этих получивших широкое распространение изданиях, воспроизводили идеологический акцент властей на православие, самодержавие и народность в виде простых и прямолинейных нравоучительных историй, в центре которых нередко находились вопросы надлежащего формирования социальных и гендерных ролей. Эти публикации на самые разные темы — от

---

[20] На годы правления Николая пришелся настоящий бум литературных и философских изданий. Основными площадками для обмена идеями были появившиеся в 1830-х годах ежемесячные «толстые» журналы, такие как «Современник» и «Отечественные записки». Стоит отметить, что к этой группе изданий причислялась и «Библиотека для чтения», несмотря на ее поддержку в кругах приближенных к царю чиновников.

[21] «Библиотека для чтения», редактором которой являлся бывший профессор Санкт-Петербургского университета и государственный цензор Осип Иванович Сенковский, предоставляла своей аудитории возможность ознакомиться с широким кругом авторов и тем (собственно, поэтому она и сопоставима с *Reader's Digest*): от серьезных литературных произведений до актуальных подборок парижской моды. Журнал пытался, как отмечает историк Гэри Маркер, «определить и сформировать русскую публику» своей эпохи [Marker 1985: 101].

[22] В 1830-х годах «Северная пчела» могла похвастаться аудиторией в 7000 читателей, такой же круг читателей был и у «Библиотеки для чтения» на пике ее популярности в 1837 году (см. [Rudd 1982: 74]).

историй об испытаниях и о невзгодах брака, любовных сюжетов
и очерков из профессиональной жизни до заметок с советами
о том, как надо питаться, одеваться и вести себя, — предоставляли читателям образцы официальных ценностей и респектабельного этикета.

Публицистические произведения морального толка, печатавшиеся в ежедневных изданиях, были посвящены примерам
правильного и неправильного поведения, от мелочей в одежде
до предписаний по служению Отечеству. Добропорядочного
гражданина / подданного мужского пола учили быть скромным
в своих вкусах и верным Отечеству, Богу и близким. В одной из
подобных колонок под названием «Жизнь», опубликованной
в 1827 году, вышедший из юношеского возраста мужчина описывался следующим образом: «Он человек, гражданин; он хочет
быть полезным человечеству, отечеству; хочет трудиться для
общего блага» (Северная пчела. № 51. Апрель 1827. С. 4.). Скромность — «бесценная добродетель» и «быстрое и неявное движение души» — фигурировала во многих подобных заметках как
необходимое качество для мужчин, которые постоянно подвергались искушению вести себя высокомерно и гордо (Северная
пчела. № 36. 24 марта 1827. С. 3–4.)[23]. Авторы подобных статей
регулярно наставляли мужчин, как вести себя прилично и быть
хорошими сыновьями, отцами и мужьями, а также послушными
россиянами[24].

---

[23] Оба цитируемых фрагмента принадлежат перу Фаддея Булгарина, который
вел в «Северной пчеле» раздел «Нравственность». — *Прим. пер.*

[24] Читатели этих популярных периодических изданий также могли узнать
о надлежащей — а еще чаще о ненадлежащей — роли женщин. Например,
Сенковский в опубликованном в самом первом номере «Библиотеки для
чтения» произведении под заголовком «Вся женская жизнь в нескольких
частях» перечислял естественные различия между женщинами и мужчинами. Гендерные различия изображались как натуральные, характерные
и необязательно взаимодополняющие. «Душа женщины сладка, мягка,
благовонна, легка, прозрачна, хрустальна» и «насыщена любовью». Напротив, «душа мужская — душа смелая, гордая, сильная, брыкливая, жадная
крови... душа без страха, без врожденного стыда» (Библиотека для чтения.
№ 1. 1934. С. 33).

Во многих случаях эти уроки представали в виде индивидуальных примеров для подражания. Например, в поучительной повести 1826 года под названием «Урок фанфаронам и ветреникам» высокомерному, носящему лорнет юноше Харитону дает суровое наставление его пожилой дядя Архип Фаддеевич (Северная пчела. Вып. 50. 27 апреля 1826. С. 2–4.). Харитону, претендующему на наследство, для его получения требовалось принципиально изменить свое поведение и стать таким же патриотом и достойным русским мужчиной, как его уважаемый и благопристойный дядюшка. Ну а если Харитон не прислушается к его советам, он окажется без гроша в кармане. Вот что должен был делать Харитон:

— вести себя прилично и воздерживаться от хвастовства в стиле франтоватых денди;

— доказывать, что он искренне и страстно любит свое Отечество и будет честно и ревностно служить государю;

— выполнять все обязанности по-настоящему верующего человека;

— не уклоняться от обязательств;

— с уважением относиться к изучению наук и русской философии, что позволит ему стать незаменимым должностным лицом.

Наконец, дядя Архип Фаддеевич настаивал, чтобы племянник сменил написание своего имени на визитной карточке с французского на русское (Северная пчела. № 50. 27 апреля 1826. С. 2–4.). Иными словами, Харитон должен был отказаться от поверхностно усвоенных европейских манер и стать благопристойным русским мужчиной.

Достойный сожаления Харитон был, конечно, не единственным подобным примером: читатели изданий наподобие «Библиотеки для чтения» могли ознакомиться и с более положительными — и маскулинными — образцами для подражания. Одним из таких вымышленных героев был некий Иван Степанович, который служил в армии, воевал, дошел до Франции, а после войны вернулся домой в глубинку, где его с радостью встретили родители. Вскоре после этого он удачно женился (у жены было солидное приданое), затем стал отцом нескольких детей. В истории говорилось о том, как во время торжества по случаю именин Иван Степанович и его семья отдавали дань простым радостям гостеприимства и обычаев русской провинции, вкушали традиционную пищу и долго отдыхали за столом (Северная пчела. № 51. Апрель 1827. С. 4.). Дома этот герой ощущал себя как рыба в воде, обзаведясь положением кормильца и главы семьи, выполнившего свой долг перед государством. Преданность, простота и благопристойность — такие атрибуты маскулинности проповедовались на страницах официальных изданий.

Кроме того, Николай и его чиновничий корпус пытались добиться ключевых целей самодержавия и сформировать идеальных подданных при помощи расширения организационной базы военных школ империи и надзора за моральным становлением ее будущих полководцев. Из всех военных учебных заведений России самым крупным и все более востребованным среди представителей элиты был Кадетский корпус, где готовили будущих офицеров[25]. Кадеты, возраст которых варьировался от 10 до 18 лет, обычно учились четыре года и получали масштабную образовательную подготовку в духе ценностей Просвещения в сочетании с интенсивной военной тренировкой. Сам Николай в 1838 году участвовал в переработке военных уставов, задачей которых было управление сознанием, моралью и телом будущих представителей военной элиты империи [СВП 1838: гл. 1–3][26]. В этих кодексах были подробно прописаны процедуры, регулирующие повседневную жизнь кадетов — от ношения усов (ниже

---

[25] Из всех российских военных учебных заведений, таких как элитный Пажеский корпус, Дворянский полк, Школа гвардейских подпрапорщиков (Николаевское кавалерийское училище), инженерно-артиллерийские школы и кадетские корпуса, именно последние представляли собой самую крупную и престижную сеть. В 1825 году в структуре кадетских корпусов насчитывалось пять учебных заведений, 400 инструкторов и 5300 учеников, а к 1855 году было уже 23 учебных заведения, 1400 инструкторов и 8300 учеников, см. [Curtiss 1965: 179–80].

[26] В особенности см. гл. 3 кн. 4 «Об общем физическом, моральном и умственном воспитании учащихся», с. 176.

мы еще поговорим о том, почему это была немаловажная деталь) до температуры в общежитиях. Такие культивируемые государством ценности, как умственная и физическая сила, моральная и религиозная дисциплина, воспитывались и в классной аудитории, и на плацу, и в общежитии.

К молодым людям, учившимся в кадетских корпусах, Николай питал особую симпатию. Один из авторов мемуаров утверждал: «Посещения царя были для нас [кадетов] праздниками, мы с детской привязанностью беззаветно любили его» [Ушаков 1915: 99]. Император не только гарантировал, что в системе обучения кадетов будут собраны квалифицированные преподаватели военного дела и гуманитарных дисциплин, предлагая наставникам отличное жалованье и другие преимущества, но и часто навещал кадетов. Руководить системой кадетских корпусов император назначил своего брата, великого князя Михаила Павловича, а для будущих офицеров выступал в роли отца и попечителя. Как-то на церемонии выпуска из одного из самых престижных военных училищ России царь собрал группу специально отобранных учащихся и поздравил их с тем, что вскоре они станут офицерами императорской армии. Оказалось, что один из молодых людей носил фамилию Романов, как и сам царь. Николай шутливо поинтересовался у молодого выпускника: «Ты мне родня?» Кадет ответил: «Так точно, Ваше Величество... Вы отец России, а я сын ее». Обрадованный Николай улыбнулся и поцеловал кадета Романова: «Вот тебе поцелуй от твоего дедушки» [Рот 1912: 241]. Николай, его супруга, брат и сыновья способствовали тому, чтобы кадеты считали себя «членами императорской семьи» [Wortman 1995–2000, 1: 315]. Как и студентам университетов, будущим офицерам Николай служил образцом для подражания, был покровителем и отцом.

Университет имел столь же большое значение для формирования гражданской элиты России, как кадетские корпуса для воспитания высших военачальников. Миссия обоих типов учебных заведений в николаевском обществе заключалась в том, чтобы снабдить молодых людей надлежащими манерами и моралью, которые они должны были демонстрировать после окончания учебы. От выпускников — будь то кадеты, которых готовили к командованию войсками, или студенты университетов, которым далее предстояло преподавать в гимназиях, — требовалось, чтобы они, проникнувшись официальными ценностями, были проводниками самодержавной идеологии в любых уголках империи.

В те времена российская государственная бюрократия испытывала растущую потребность в образованных государственных служащих, и Николай I взял на себя задачу по значительному увеличению числа университетских студентов. Одновременно царь интегрировал университеты в структуры самодержавного государства, ограничив ту относительную автономию, которой они пользовались при его предшественнике. В результате в правление Николая университет стал инструментом государственной политики, ключевой функцией которого была подготовка будущих государственных администраторов. Она должна была включать не только образование в собственном смысле, но и выработку в студентах личных качеств, которые позволят им стать образцовыми подданными царя. Чтобы студенты гарантированно усваивали эти качества, университеты публиковали кодексы поведения, предъявлявшие требования даже к деталям повседневной жизни учащихся, и брали на службу инспекторов, в чьи обязанности входило следить за соблюдением этих кодексов и наказывать нарушителей. С помощью подобных механизмов университеты стремились сделать из непокорных юношей дисциплинированных и послушных мужчин.

Государство и общество в николаевской России

На протяжении долгого времени историки, изучавшие Россию, обычно видели николаевский период в мрачных тонах: в их работах чаще всего исследовались диалектические отношения между репрессиями и непокорностью. Тенденция рассматривать российский XIX век ретроспективно, сквозь призму революции

1917 года, привела к тому, что все внимание историков было сосредоточено на антагонизме между реакционным государством и все более отдалявшимся от него образованным обществом, в особенности тогда, когда речь шла о трех десятилетиях правления Николая I. В посвященных этому периоду работах можно обнаружить следующее: государство при помощи цензуры и надзора подавляло развитие здоровой общественной сферы как раз в тот момент, когда другие европейские державы все меньше вмешивались в повседневные занятия своих подданных. Лишенные возможности свободного общения и самовыражения, представители российской образованной публики отвергали саму идею сотрудничества с государством и вместо этого искали смыслы в конспиративных пространствах оппозиционной общественной жизни. В этих радикальных кружках они находили то ощущение социальной сплоченности, которое «обычно» встречается в публичной деятельности, и именно в этих мрачных тенях обнаруживаются «корни русского бунта»[27].

Но с 1980-х годов историки начали переосмыслять разрыв между государством и обществом с обеих сторон. В подобных исследованиях самодержавное государство уже не предстает единым субъектом, который функционировал с единственной целью — подчинить себе общество. Вместо этого самодержавие оказывается совокупностью отдельных лиц и институтов, которые были наделены разными видами лояльностей и преследовали собственные цели. Например, Ричард Уортмен в монографии о становлении юридической профессии в императорской России представляет портреты людей, выступавших центральными фигурами в создании новой российской судебной системы, чьи связи и приверженность при этом трансформировались в более масштабном контексте общественной жизни. Аналогичным образом У. Брюс Линкольн в работе о просвещенных бюрократах времен, которые предшествовали Великим реформам, подчеркивает то, в какой степени высокопоставленные чиновники балан-

---

[27] Подобная точка зрения отражена в следующих работах: [Riasanovsky 1976; Raeff 1966; Малиа 2010].

сировали между разнообразными лояльностями [Lincoln 1982; Wortman 1976] (см. также [Whittaker 1984]).

Образованная «публика» точно так же не была единой сплоченной группой. Джейн Бёрбэнк и Дэвид Рэнсел, редакторы одного из сборников работ об императорской России, призывают к «переосмыслению понятия "агентность"» в любых исследованиях государства и общества, утверждая, что царские подданные действовали «от своего имени и при этом необязательно в интересах государства или против них» [Burbank, Ransel 1998: 14]. Многие из авторов этого сборника выступают за смещение акцента с «общества» (*society*) на «общественность» (*public*) и «семью» как ключевые, организующие принципы российской жизни. Эти альтернативные категории, отражающие более тонкое понимание социальной жизни, позволяют историкам избегать использования такой крайне политизированной и унифицированной категории, как «общество». В работах этих авторов рассматривается то, как семья, наряду с новоиспеченной общественностью (профессионалами, светскими салонами, масонскими ложами и т. д.), предоставляла людям важные концептуальные структуры для самоопределения и понимания других[28].

Книга, которую вы держите в руках, вносит свою лепту в это новое представление об имперской России, обращаясь к такой структуре на стыке государства и общества, как университет. Рассмотрев механизмы функционирования дисциплинарной системы университета, мы обнаружим, что между писаными кодексами поведения и действиями тех, кто должен был обеспечивать соблюдение этих правил, часто существовал некий разрыв. Университетское начальство применяло положения дисциплинарных кодексов выборочно, причем такими способами, что на практике допускалась терпимость к поведению, которое противоречило букве и духу правил. Разумеется, «государство», с ко-

---

[28] Помимо работы Дэвида Рэнсела о купеческой семье, представленной в указанном сборнике, этот новый акцент на ключевом значении домашней жизни для представителей российского дворянства отражен в исследованиях Мэри Уэллс Кейвендер [Cavender 1997] и Джона Уайетта Рэндолфа [Randolph 1997].

торым студенты сталкивались в университете, было мощной и непреклонной силой, присутствовавшей в их жизни, однако оно не выступало носителем одной-единственной позиции.

Кроме того, в этом исследовании раскрывается сложный мир круга общения студентов. Безусловно, в николаевской России не существовало институтов «гражданского общества», сопоставимых с более либеральными европейскими государствами. В то же время было бы ошибкой считать, что репрессии времен николаевского правления не оставляли места для каких бы то ни было проявлений автономной социальной сплоченности среди образованных подданных империи, помимо подпольных кружков, где отчужденная от общества молодежь собиралась для обсуждения идей и вынашивания заговорщических планов. Студенты университетов нередко посещали кабаки, организовывали ассоциации со своими товарищами и заводили искренние дружеские отношения. Разумеется, они по-прежнему участвовали и в жизни своих семей, даже когда учились вдали от дома.

Во всех этих обстоятельствах студенты в процессе различных взаимодействий усваивали гендерные образцы, которые противоречили официальным предписаниям, и следовали им на практике. Если начальство и дисциплинарные кодексы формировали модель мужского поведения, в которой делался акцент на порядке, покорности и благочестии, то сами студенты в собственном представлении, что значит быть мужчиной, на первое место ставили мужественность как таковую, физическую храбрость и страстную привязанность. Эти ценности могут показаться противоречащими друг другу — и в действительности так оно и было, и эти разнородные представления о мужественности приводили к конфликтам как в сознании отдельных студентов, так и между студентами и их начальством. Однако это не означает, что студентам приходилось выбирать между одной или другой моделью мужского поведения. Молодой человек, который днем соответствовал идеалу респектабельности, с наступлением темноты мог превращаться в пьяного гуляку. В мире российского студенчества ожидания и вмешательство государства были лишь одним из факторов, которым требовалось придать вес —

в один момент принять, а в другой отвергнуть, — а не доминирующей силой, перед которой либо требовалось склониться, либо которой всеми силами нужно было бросить вызов.

Краткое содержание книги

В главе 1 мы рассмотрим менявшиеся между университетом и самодержавием отношения. В период правления Николая I российские университеты утратили значительную часть автономии, предоставленной им его братом Александром I. Центральная самодержавная власть постепенно узурпировала полномочия университетов по принятию решений — от найма и увольнения профессоров до формирования учебного плана, а также организации повседневной деятельности. Как будет показано в этой главе, государственная администрация взяла на себя ответственность не только за получение студентами собственно образования, но и за их социализацию, обучение манерам и морали, которые они должны были принести с собой на государственную службу после окончания университета. Университетские инспекторы и их помощники пытались добиться соблюдения строгого дисциплинарного кодекса, следя за повседневной жизнью своих подопечных: где студенты жили? что они ели и пили? с кем проводили время? как одевались? когда и где отдыхали? а главное, проявляли ли они чувство чести и морали? Под угрозой наказаний — от выговоров с занесением в личное дело или трех дней в специальном изоляторе (карцере) до исключения из университета или службы в армии в низшем звании — от студентов требовалось быть добропорядочными, чистыми душой и телом, организованными, послушными, корректными, нравственными и контролируемыми мужчинами.

Главы 2 и 3 отданы формальным и неформальным ритуалам студенческого общения.

В главе 2, посвященной кабацкому общению студентов, показано, что выпивка и драки относились к ключевым элементам их собственных представлений о маскулинности. Благодаря материалам воспоминаний, официальной корреспонденции и полицейских рапортов о студенческих дебошах мы окунемся в мир кабака и улицы, где студенты открыто бросали вызов нормам «административного идеала» маскулинности, из чего следует, что университетское начальство по меньшей мере отчасти терпимо относилось к нарушениям дисциплины.

В главе 3 будут рассмотрены более формальные, но в то же время неофициальные институты социальной жизни студентов, прежде всего университетские братства (корпорации). В Санкт-Петербургском университете такие сообщества, возникавшие под влиянием немецких студентов, играли особенно важную роль в социальной жизни учащихся: корпорации задавали ценности и правила поведения своих членов при помощи формального кодекса чести и дисциплинарной системы, включавшей товарищеские суды и дуэли.

Общение студентов не прекращалось и в более приватных сферах повседневной жизни. В главах 4 и 5, основанных прежде всего на мемуарах, дневниках, личной и официальной переписке, рассмотрены дружеские, романтические и домашние отношения молодых людей.

В главе 4 мы обратимся к увлекавшей студентов под влиянием романтических идей культуре дружбы, где обычным делом были проявления любви и привязанности. Эта культура страстной мужской дружбы, которую некоторые историки считают симптомом политического неблагополучия России и питательной средой для радикальной оппозиции правящему режиму, в действительности была частью общих культурных ценностей российской элиты.

Эмоциональный мир студентов не ограничивался стенами университета. Как будет показано в главе 5, отдельные студенты поддерживали практические и эмоциональные связи со своими семьями, а нередко и участвовали в семейной жизни своих друзей. В свою очередь, образовательное начальство как в университете, так и в центре империи — инспекторы, ректоры университетов и сам министр просвещения — признавало, что в жизни студентов сохраняется роль родительской власти и семейных обязательств. В результате перед нами возникает объемная картина семейной и университетской жизни: молодые люди по-прежнему были активно вовлечены в эмоциональные отношения с родителями и одновременно обучались роли будущих государственных служащих. Для большинства студентов идеология семейственности и присущее ей восхваление сентиментальных привязанностей и сыновних обязательств были частью университетского мира.

Наконец, в эпилоге описываются изменения, наметившиеся в университете за несколько лет после смерти Николая I в 1855 году.

В целом становление мужчины в России XIX века, как и в других странах, требовало выбора между множеством представлений и ожиданий. В основе этой книги лежат такие мужские типажи, как респектабельный слуга государства, пьяный товарищ, уважаемый участник неформального братства, романтический друг и верный сын, — всякий студент встречал их на пути к взрослой жизни и одновременно сам помогал их формированию.

Глава 1
Респектабельные слуги, покорные мужчины и административный идеал самодержавия[1]

> Значение университетского воспитания может быть огромно в жизни целой страны.
>
> *Константин Аксаков* [Аксаков 2009: 40]

В изданной в 1835 году Инструкции инспектору студентов Императорского Казанского университета руководство российских университетов определяло образовательные приоритеты следующим образом:

> Добрая нравственность учащихся юношей есть вернейший, единственный залог не только преуспеяния их в науках, но и достижения цели Правительства в образовании их истинными сынами Церкви, верными служителями Престолу и полезными Отечеству гражданами [ИИС 1835: 6].

Во второй четверти XIX века образовательные цели российского университета выходили далеко за рамки академического обучения: акцент делался на формировании в студентах «доброй нравственности». Мораль и манеры поступавших на учебу студентов руководство университетов пыталось формировать путем внедрения строгих дисциплинарных кодексов. Детально прора-

---

[1] Отдельные разделы этой главы были представлены в работе [Friedman 2002].

ботанные университетские правила и предписания эпохи Николая I были не только средством подавления революционного потенциала студентов, о чем уже писали историки[2]. Одновременно — и это более значимый момент — все эти регуляторные механизмы выступали способом интеграции студентов в более масштабную культуру служения за счет приучения их к тем качествам, которые ассоциировались с «административным идеалом».

Государство и университетская система

На протяжении XVIII–XIX веков самодержавие предпринимало усилия по рационализации своего бюрократического аппарата и модернизации административных структур правительства. Российские цари — от Петра I до Екатерины II и Николая I — были уверены, что образование представляет собой принципиальное средство достижения этих честолюбивых целей[3]. К XIX веку самым верхним этажом российской образовательной системы и важнейшими организациями, которые комплектовали растущую государственную администрацию профессионально подготовленными кадрами, стали университеты.

Процесс создания российской университетской системы, выступавший одной из составляющих гораздо более масштабного расширения образовательных учреждений на всех уровнях и на всей территории империи, возглавил Александр I, предшественник и старший брат Николая I. В 1802 году Александр вместе

---

[2]   К числу историков, подчеркивающих репрессивную природу образовательной политики Николая I, относятся Аллен Сайнел [Sinel 1973] и Николас Ханс [Hans 1964].

[3]   Александр I, придя к власти в 1801 году, приступил к амбициозной задаче реформирования самодержавного правления с пониманием, что для реализации его смелых планов потребуются образованные кадры. Значимость образования для государства рассматривает Марк Раев в статье, опубликованной в сборнике «Interpreting Imperial Russia: Education, Culture and Society in Tsarist Russia» (Chicago, 1979). См. также работы [McClelland 1979] и [Hans 1963].

с группой своих молодых, ориентированных на реформы товарищей (так называемым Негласным комитетом) учредил Министерство народного просвещения, а в 1804 году был опубликован Устав учебных заведений, подведомых университетам. На основании этого документа создавалось шесть образовательных округов, в каждом из которых имелся собственный университет, осуществлявший административное и учебное руководство. К основанному еще в 1755 году Московскому университету добавлялись пять новых: Виленский, Дерптский, Казанский, Харьковский, а в 1819 году и Санкт-Петербургский. Эти университеты формировали шесть оснований образовательной власти в империи. В пределах каждого округа на университет возлагалась ответственность по надзору за другими образовательными учреждениями, включая подготовку учителей и разработку учебных планов на всех уровнях[4].

С первых же лет существования созданной при Александре университетской системы было понятно, что в качестве первостепенной задачи университетов государство рассматривает подготовку будущих должностных лиц. Например, в уставе Московского университета от 5 ноября 1804 года говорилось, что цель университетского образования заключается в «приуготовлении юношества для вступления в различные звания государственной службы»[5]. Университетский диплом — вне зависимости от того, получал ли его аристократ или разночинец (лицо незнат-

---

[4]   Под влиянием навеянного Просвещением представления о том, что образование «способно возвысить и довести до совершенства личность», Александр и его молодые друзья создали систему высшего образования с широким охватом, в которой не предполагалось платы за обучение. Не опасаясь распространения вольнодумства, администрация Александра I создала образовательную модель, которую Аллен Сайнел назвал самым либеральным [деянием] XIX века [Sinel 1973: 5].

[5]   [Pintner 1980: 209]. Утвержденные в 1804 году уставы Казанского и Харьковского университетов были идентичны уставу Московского университета (официальное основание Санкт-Петербургского университета состоится только в 1819 году), см. [СРМНП 1866, I: 295–331]. Цитата в оригинальном тексте приведена по источнику: [Flynn 1988: 24].

ного происхождения), — гарантировал поступление на службу в достойном ранге чиновничьей иерархии и вскоре фактически стал требованием для восхождения на более высокие уровни карьерной лестницы[6].

В соответствии с этими принципами образовательный указ 1809 года[7], провозглашенный по инициативе Михаила Сперанского, который сам совершил подъем по ступеням Табели о рангах, формировал систему, где класс чина был прочно связан с достижениями в учебе в виде либо количества лет, проведенных в высшем образовательном учреждении, либо экзаменационных баллов учащегося. В частности, в указе Сперанского оговаривалось, что после трех лет обучения в университете студенту будет выдан диплом о присвоении степени *кандидата*, который гарантировал получение 12-го (офицерского) класса в Табели о рангах [Flynn 1988: 22]. Тем, кто не завершил трехлетнего курса, выдавался *аттестат*, но без присвоения формального класса. В указе 1809 года говорилось, что для повышения до чина коллежского асессора (8-го класса) или более высокого чина статского советника (5-го класса) должностному лицу необходимо выполнить ряд задач, включая либо предоставление «свидетельства от одного из состоящих в Империи Университетов, что он обучался в оном с успехом наукам, Гражданской службе свойственным», либо сдачу экзамена с «одобрением в своем звании» [Alston 1969: 26]. Проведением этих экзаменов руководил сам университет.

---

[6] В 1722 году Петр Великий, изучив зарубежные бюрократические системы, ввел в России Табель о рангах. В этом документе устанавливалось 14 классов чинов в трех сферах государственной службы — военной, гражданской и придворной. Теоретически любой аристократ и простолюдин вне зависимости от своего социального статуса могли подняться по этой лестнице от низшего, 14-го класса до самой вершины (хотя начальные точки для двух указанных групп были разными). Эта система просуществовала до 1917 года. См. [Wortman 1976: 48] и [Brower 1975: 35], а также [СТУУ 1901] и работу [Whittaker 1984: 175].

[7] Указ от 6 августа 1809 года «О правилах производства в чины по гражданской службе и об испытаниях в науках для производства в коллежские асессоры и статские советники». — *Прим. пер.*

Сильное влияние на образовательные реформы Александра I, как и на многие другие начинания первых лет его правления, оказало Просвещение. Вступив на престол в 1801 году, Александр незамедлительно собрал участников своего Негласного комитета и других испытавших воздействие идей Просвещения мыслителей для разработки проекта образовательных реформ в России[8]. Эти реформы, на которые, в частности, повлияли французская и польская модели образования, были «проявлением эгалитарной и утилитарной философии образования» [Flynn 1977: 56][9]. Появившийся в результате начатых дискуссий устав учебных заведений 1804 года был проникнут духом секуляризма и рационализма, а кроме того, что столь же важно, он предоставлял новым университетам высокую степень автономии от центрального государственного аппарата.

В соответствии с уставом 1804 года назначаемый царем влиятельный *попечитель* (куратор) каждого университетского округа должен был находиться в Санкт-Петербурге, дабы не вмешиваться во внутренние автономные дела вверенной ему территории и не вселять страх в своих подопечных на местах. Вместо этого попечитель проводил инспекцию закрепленного за ним университета раз в два года и претворял в жизнь имперскую политику в своем образовательном округе, сам находясь в столице [Бороздин 1908–1911: 352] (см. также [Flynn 1988: 22]). Высшей инстанцией местной университетской власти, согласно

---

8   Список участников процесса образовательной реформы и составления нового устава приводит Николас Ханс, рассматривавший в своей работе о российской традиции в образовании [Hans 1963: 19–24] радикальную природу устремлений Александра I в области реформ народного просвещения. В эту группу входили В. П. Кочубей, Н. Н. Новосильцев, П. А. Строганов и А. Е. Чарторыйский, являвшиеся членами Негласного комитета, а также Ф. фон Клингер, Ф.-С. Лагарп, Н. С. Мордвинов, М. Н. Муравьев, С. С. Потоцкий и М. М. Сперанский. Несколько участников этого коллектива сами получили образование во Франции под руководством радикальных французских мыслителей.

9   О связанной с Просвещением природе образовательной системы Александра I см. работу [Alston 1969].

уставу 1804 года, выступал ректор университета, который находился при учебном заведении и следил за текущей работой. В соответствии с Табелью о рангах центральные власти империи предоставляли ректору чин 5-го класса, а преподавательский состав относился к 7-му классу[10].

И ректор, и преподавательский состав, формировавшие совет университета, выстраивали относительно автономные профессиональные биографии. Кандидатуры профессоров выдвигались членами преподавательского состава, а ректора тот же преподавательский коллектив избирал сообща. Совет университета принимал решения по всем важным делам учебного заведения, включая избрание ректора, деканов и других кадров. Кроме того, преподавательский состав через совет университета не только контролировал собственную независимую судебную систему[11], но и обладал полномочиями подвергать цензуре круг чтения студентов. Каждый преподаватель отбирал учебники и прочие материалы для чтения по своим курсам [Whittaker 1984: 60].

Однако молодая университетская система недолго просуществовала в своем первоначальном виде. Наполеоновское нашествие 1812 года и последующее образование консервативного Священного союза Австрии, Пруссии и России вновь вызвали неприятие европейских просветительских традиций, по крайней мере в некоторых официальных кругах. В частности, изменилось отношение к религии и образованию, а реформы первого десятилетия XIX века, оказавшись слишком светскими и рациональными, не получили дальнейшей поддержки. В рамках вновь сделанного упора на религию как основу образования выросла значимость мракобес-

---

[10] После введения в 1722 году Петром Великим Табели о рангах недворяне, получавшие чин 8-го класса на гражданской службе либо чин 12-го класса на военной службе, производились в наследственное дворянство.

[11] Собственный суд как один из элементов университетской автономии появился в России в 1755 году с основанием Московского университета. Устав 1804 года определил три инстанции университетского суда, в которых дела разбирали, соответственно, ректор, правление и совет университета. В новом уставе 1835 года университетский суд был упразднен, затем восстановлен уставом 1863 года и вновь отменен в 1884 году. — *Прим. пер.*

ного Библейского общества, возникшего в наполеоновскую эпоху
для того, чтобы создать противовес неправославной части населения Российской империи. Библейское общество громогласно за-
являло о превосходстве русского языка и русской культуры и до-
бивалось того, чтобы государственные учреждения были проник-
нуты благочестием и духом нравственности[12].

Новую эпоху консервативной и религиозно ориентированной
образовательной политики самодержавия ознаменовал указ от
24 октября 1817 года, объединивший два управления духовных
дел Святейшего Синода с Министерством народного просвещения. Этот акт возложил на Святейший Синод, управлявший
православной церковью, ответственность за все государственное
образование и гарантировал, что религия станет оружием государства в борьбе с доморощенными революционными веяниями,
а также чужеземными идеями. Однако в конце своего царствования Александр I ненадолго вернулся к некоторым из своих
первоначальных замыслов, и отдельные ведомства — образовательное и духовное — были восстановлены.

Более конкретное представление об университетской системе
этого периода дает история Казанского университета во второй
половине правления Александра, описанная Джеймсом Флинном.
Руководство этого университета медленно привлекало преподавателей и студентов. Учебное заведение открылось лишь
в 1814 году, хотя на бумаге было включено еще в устав 1804 года.
И даже после открытия университета студентов в нем насчитывалось немного (42 человека в 1815 году, 169 — в 1818 году), администрация была некомпетентной, профессоров не хватало,
а с дисциплиной учащихся были серьезные проблемы[13].

---

[12] Роль Библейского общества в консервативных кругах времен правления
Александра I описывает Александр М. Мартин, см. [Martin 1997].

[13] В работе Флинна, помимо прочего, рассматривается и неподобающее поведение казанских студентов [Flynn 1971: 598–614]. Как указывает Флинн,
проблемы с дисциплиной у студентов приобрели такой размах, что в 1816 году преподаватели выразили по этому поводу свой протест, а также пожаловались центральным органам управления образованием, что не могут контролировать учащихся.

В 1819 году Михаил Магницкий, ревизор, направленный в Казань новым министром просвещения князем Александром Голицыным, в своем отчете о положении дел в местном университете пришел к выводу, что это заведение должно быть закрыто на неопределенное время. Магницкий — то ли философски настроенный консерватор, то ли проницательный конъюнктурщик — жаловался, что Казанский университет заражен «вольнодумством». Разоблачая либеральные идеалы, которые исповедовали в Казани как студенты, так и преподаватели, Магницкий писал: «Нравы пятнадцати восточных губерний империи едва ли могли помочь университету и быстро произвести компетентное, хорошо мотивированное студенчество» (цит. в: [Flynn 1988: 91]). Однако царь Александр отказался закрыть университет и вместо этого наделил Магницкого полномочиями попечителя Казанского учебного округа, поручив ему устранить выявленные проблемы. Тогда Магницкий распорядился, чтобы в комнате каждого студента имелась Библия (что свидетельствовало о влиянии Библейского общества), а иностранные профессора были уволены за неспособность обеспечить надлежащее нравственное наставничество. Кульминацией консервативных замыслов Магницкого стало издание в 1820 году инструкций директору и ректору Императорского Казанского университета. Важнейшая задача университета, согласно этому документу, заключалась в пресечении «злого духа времени — духа вольнодумства» [Flynn 1971: 611]. Университет должен был делать акцент на русском православии, включать в расписание больше курсов по религии и избавляться от нерусского преподавательского состава [Flynn 1988: 97][14].

Пример Казанского университета подчеркивает, что в университетскую систему, которую создал Александр I, был заложен конфликт. В первые годы своего правления молодой царь был

---

[14] Флинн также утверждает, что было бы неверно воспринимать Магницкого в качестве реакционера: по его мнению, этот чиновник являлся конъюнктурщиком, извлекавшим выгоды из конкретной ситуации, см. [Flynn 1971].

доволен тем, что предоставил профессорам и руководству университетов относительно широкую свободу в регулировании как собственной деятельности, так и функционирования других учебных заведений, которые они курировали. Но когда собственные убеждения Александра отдалились от былых просветительских взглядов, а новые университеты стали представляться недостойными данной им автономии, то он попытался ужесточить контроль. Тем не менее Александр не стал вносить принципиальные изменения в установленные им организационные отношения: время для них настанет с приходом к власти его младшего брата.

В мае 1826 года, спустя всего несколько месяцев после вступления на престол, Николай I создал специальный Комитет устройства учебных заведений при Министерстве народного просвещения[15]. Состав этой структуры отражал разнообразие мнений в высших эшелонах власти — от поддержки рационализма и Просвещения до обскурантизма Библейского общества. Глава комитета адмирал Александр Шишков, который одновременно подчеркивал принадлежность России к Европе и опасался революционных настроений, заложенных в идеях Просвещения, утверждал, что российское самодержавие должно сделать все возможное для сведения к минимуму иностранного влияния[16]. В то же время другой член комитета, Сергей Уваров, будущий министр просвещения, хотел, чтобы русские юноши отправлялись учиться за границу[17]. На протяжении значительной части правления Николая эти противоречивые импульсы не выходили на поверхность, хотя и не были спрятаны слишком глубоко. Однако с самого начала Николай и его чиновники ясно понимали, что университеты получили слишком большую автономию

---

[15] Об этом комитете см. [Flynn 1985: 51–63].

[16] О Шишкове, который на момент создания комитета занимал пост министра народного просвещения, и его консервативной идеологии см. [Martin 1997, в особенности гл. 1].

[17] Как утверждает Флинн, с принятием нового университетского устава 1835 года Уваров последовал за принципами Просвещения, заложенными в уставе 1804 года, см. [Flynn 1988: 94].

в вопросах как воспитания студентов в своих стенах, так и управления начальными и средними школами в каждом из шести учебных округов.

Издание общего университетского устава 1835 года под руководством нового министра просвещения Сергея Уварова внесло существенные изменения в российскую систему образования. Влияние этого документа было двояким. Во-первых, устав изменил структуру бюрократии в образовательной сфере, ужесточив отношения между самодержавием и университетом. Во-вторых, Уваров отстаивал ставший впоследствии знаменитым лозунг «Православие, самодержавие, народность», упирая на то, чтобы преподаватели и инспекторы все больше подчеркивали свою приверженность религии, верность государству и гордость за все русское[18].

Хотя университет выступал ключевой структурой для распространения официальных ценностей и приоритетов еще с момента воцарения Николая в 1825 году, после принятия устава 1835 года самодержавие стало контролировать этот процесс более непосредственным образом. Новый устав расширил круг обязанностей попечителей, одновременно урезав полномочия некогда автономных и влиятельных университетских советов. Статья 80 устава 1835 года непосредственно посягала на автономию университета, лишив университетский совет исключительного права назначать профессоров и упразднив университетский суд [Whittaker 1984: 157–58][19]. Еще одним признаком усиления цен-

---

[18] Существует определенная дискуссия о том, вдохновляло ли Уварова стремление внедрить консервативные ценности православия, самодержавия и народности или же он руководствовался более просвещенной целью — наращивать знания и добиваться расширения круга россиян, имеющих доступ к обучению. Синтия Уиттэкер, с чьей точкой зрения я склонна согласиться, отдает предпочтение второй гипотезе. По ее утверждению, Уваров не был заинтересован в навязывании «жесткой ортодоксии», а, скорее, хотел «стимулировать обучение» [Whittaker 1984: 154].

[19] Уиттэкер подчеркивает, что определенные остатки автономии сохранялись, отмечая, что устав 1835 года успешно способствовал университетской жизни вплоть до «катастрофического удара» 1848 года.

трализации стало изменение положения университетского юриста (*синдика*) по отношению к государству: после 1835 года он больше не был преподавателем юридического факультета, назначаемым ректором, а стал государственным служащим, которого определял попечитель.

Кроме того, произошло перераспределение обязанностей между ключевыми администраторами университета. Попечитель получил больший контроль над финансами государственной образовательной иерархии: теперь он возглавлял совет, состоявший из гражданских чиновников, деканов и ректора, который отвечал за все бюджетные решения. Ректор каждого университета, хотя он по-прежнему избирался университетским советом, в соответствии с новым уставом должен был получать подтверждение своего назначения у министра просвещения и царя, который стал «верховным инспектором» и мог без предупреждения приезжать в университеты [Alston 1969: 34]. Наконец, самый важный момент, с точки зрения студентов, заключался в том, что студенческий инспектор теперь выбирался не из преподавательского коллектива, а из числа государственных служащих. Из профессора, выбранного его коллегами по академии, инспектор превратился в государственного служащего [Whittaker 1984: 175–76][20]. Он и его помощники в количестве до 12 человек следили за повседневными занятиями студентов в соответствии с ценностями, установленными Николаем и его окружением [Whittaker 1984: 237] (см. также [Sinel 1973]).

Новый университетский устав также внес изменения в программу обучения, что отражало нарастающую тенденцию династического национализма, который предполагал признание многонациональной природы империи при утверждении верности царю и Отечеству. Этот новый национальный акцент подразумевал создание нескольких академических кафедр — русской истории, русского языка и литературы, сравнительной истории и литературы славянских народов [Wortman 1976: 166]. Уже

---

[20] Эта узурпация власти началась с восшествия Николая на престол, а кульминацией процесса стало издание университетского устава 1835 года.

к 1837 году для поступления в университет требовалось глубокое знание русской грамматики, литературы и истории: для зачисления в студенты нужно было получить на экзамене не менее трех баллов или выше по богословию, истории русской церкви и святых или русской истории (по пятибалльной шкале) [СРМНП 1866, II: 170–175]. В отличие от устава 1804 года, который не устанавливал особых требований к изучению религии, устав 1835 года предусматривал новые кафедры богословия, церковной истории и права, а также делал предметы по этим дисциплинам обязательными для всех православных студентов [Whittaker 1984: 162]. Неправославные студенты не должны были подчиняться тем же правилам, что и их православные товарищи: в уставе говорилось, что католики, евангелисты и люди другого вероисповедания освобождались от экзаменов по богословию, а также по истории святых и церкви [Whittaker 1984: 162]. Хотя «русскость» не определялась кровным родством или этнической принадлежностью (эта специфика появится в последующие годы XIX века), каждый должен был продемонстрировать свою преданность России знанием ее культуры, языка, а во многих случаях и религиозных ритуалов.

Еще один значительный сдвиг произошел в 1848 году [Sinel 1973: 20–23]. Случившиеся в этом году во всей Европе революционные волнения Николай посчитал серьезной угрозой стабильности российского государства и немедленно приступил к ликвидации большей части еще сохранявшейся автономии университетов. Министр просвещения заявил, что теперь будет напрямую назначать ректоров и деканов факультетов, что философия, которую считали слишком опасной наукой, будет исключена из официальной учебной программы и что будет сделан больший акцент на православии и предметах русского цикла (по меньшей мере для православных студентов). Кроме того, в 1850 году Николай настоял на сокращении числа студентов, обучающихся в университетах, с целью сдерживания революционных устремлений молодежи.

После смерти Николая I произошло ослабление многих из этих ограничений. Как для студентов, так и для профессоров наступил период относительной свободы. Восемь лет, прошедших между смертью «Николая Палкина» и изданием очередного общеуниверситетского устава 1863 года, были несколько аномальным периодом в отношениях между университетом и самодержавием. Хотя формальный статус университета по отношению к бюрократии не изменился, а его автономия оставалась урезанной, после смерти царя в университетах произошло смягчение цензуры и надзора. Эти новые свободы вдохновляли осмелевших студентов, которые все чаще прибегали к агрессивной тактике протеста против непорядочности и безнравственности своего руководства. Кроме того, ослабление контроля над студентами в эти годы выражалось в отмене института студенческих тюрем (*карцеров*), восстановлении философских факультетов, увеличении набора учащихся и в целом в наступлении времен студенческой автономии.

Однако в конечном итоге смягчение ограничений для студенческой автономии в сочетании с заметными студенческими волнениями привело к тому, что самодержавие выпустило так называемые майские правила 1861 года. Эти особые распоряжения запрещали несанкционированные студенческие собрания и петиции, а также обязывали студентов носить с собой печально известный *матрикул* — удостоверение, представлявшее собой гибрид студенческого билета и зачетной книжки, по которому можно было узнать о месте жительства и наклонностях учащегося. Издание этих новых правил вызвало лишь усиление недовольства со стороны студентов, в результате чего деятельность Санкт-Петербургского университета была прервана на два года (1861–1863). Только с выпуском нового университетского устава 1863 года протесты хотя бы временно прекратились[21].

Несмотря на то что устав 1863 года узаконил нарастающие ограничения студенческой автономии после волны протестов 1861 года, этот документ ослабил связь между университетом

---

[21] Гэри Хэмбург рассматривает эти студенческие волнения в биографии Бориса Чичерина [Hamburg 1992: 218].

и государством[22]. Устав 1863 года не только предоставил гораздо больше свободы профессорско-преподавательскому составу, но и в гораздо меньшей степени сделал акцент на роли университета в воспитании респектабельных служащих. Язык устава 1835 года, который предполагал, что главной целью образования должно быть формирование «истинных сынов Церкви, верных служителей Престолу и полезных Отечеству граждан» [ИИС 1835: 6], в 1863 году уже стал достоянием прошлого.

Студенты

Один из важнейших для начального этапа становления российской университетской системы вопросов заключался в том, кто именно мог учиться в университете. С самого начала XIX века руководители системы образования спорили о том, следует ли давать возможность учиться в университете юношам из податных сословий[23]. По мере расширения университетской системы в годы царствования Александра I право на поступление и сдачу вступительных экзаменов получили представители всех социальных классов, а также инородцы и иностранцы. Критериями для приема в университет (по меньшей мере теоретически) должны были выступать исключительно учебные заслуги. Упоминания о классовой или сословной принадлежности в первом университетском уставе не было.

На практике же молодые люди из крестьянской среды с самого начала должны были собирать для поступления в университет больше документов. В частности, крестьянам требовалось предоставить письменное свидетельство от «законных властей»

---

[22] Изменения в отношениях между самодержавием, университетом, профессорами и студентами в годы после смерти Николая рассматриваются в: [Hamburg 1992, в особенности p. 217–224]. См. также [Brower 1975].

[23] Как указывает Флинн, «можно утверждать, что к податным сословиям относились все социальные группы, кроме дворянства», однако, уточняет он, само понятие податных сословий оставалось «без определения» [Flynn 1976: 233].

о выходе из своего сословия[24]. А если им посчастливилось быть зачисленными, то они не могли получить аттестат и назывались не студентами, а вольнослушателями [Flynn 1988: 74]. В течение следующих нескольких десятилетий ситуация для молодых людей крестьянского происхождения становилась все хуже. К 1815 году, чтобы поступить в университет, бывшие крепостные должны были предоставить письменное свидетельство о том, что они покинули крестьянское сословие [Flynn 1976: 235]. Николай I, в отличие от своего брата, пытался активно препятствовать тому, чтобы выходцы из крестьян появлялись в университетах, дабы они не оказывали влияния на демократически настроенных элементов. «Знания, — писал Николай, — полезны только тогда, когда... они соответствуют положению человека» (цит. в: [Sinel 1973: 14]). В августе 1827 года Николай издал указ о том, что университетское образование «не подобает» образу жизни крепостных крестьян, поэтому в университет будут приниматься только вольноотпущенники [Flynn 1976: 237]. Введение в 1839 году платы за обучение, пусть и невысокой, еще больше указывало на намерение самодержавия отбить охоту к учебе у крестьянских юношей. Однако стоит отметить, что большинству студентов государство помогало покрыть расходы на образование.

Ирония заключалась в том, что даже тогда, когда государственные администраторы закрывали двери университета для крестьян, выяснялось, что для представителей социальной элиты поступление в университет не представляет особого интереса. Российское дворянство не хотело получать образование в государственных высших учебных заведениях, особенно в университетах, с самого момента их появления. Когда императрица Елизавета Петровна в 1755 году основала Московский университет, она изначально рассчитывала привлечь туда дворянство [Бороздин 1908–1911: 350]. С этой целью был издан указ, согласно которому после окончания университетского курса студент получал обер-

---

[24] Интересный момент: эти студенты все равно не считались полностью вышедшими из своего сословия до того момента, пока им не удавалось с успехом освоить университетскую программу (см. [Flynn 1976: 234–235]).

офицерский чин. Но, несмотря на столь заманчивое предложение, более состоятельные дворяне отказывались идти в университет. Такое положение дел сохранялось и на протяжении всего царствования Александра I: «Общество взаимодействовало с российским университетом лишь пассивно» [Бороздин 1908–1911: 373].

При Николае I эта модель не претерпела кардинальных изменений, хотя признаки медленных перемен были налицо. Несмотря на усилия Николая по увеличению количества учащихся из числа самых привилегированных сынов империи, в 1842 году, когда царь просматривал список петербургских студентов, он воскликнул: «Как же мало известных имен!» [Whittaker 1984: 189]. В 1830–1840-х годах представители дворянства все же начали массово поступать в университеты, хотя их количество зависело от конкретного учебного заведения[25]: в Московском университете дворяне составляли 45–50 % студентов, а в Казанском — только 25–30 %. Самая высокая доля студентов-дворян была в Киевском университете, где этот показатель никогда не опускался ниже 75 % [Flynn 1976: 242 прим.].

В целом количество студентов существенно не увеличивалось до 1830–1840-х годов: несмотря на его колебания, малочисленность российского студенчества, столь характерная для первых лет становления университетской системы, никуда не делась. Общее число студентов никогда не было очень большим и варьировалось от университета к университету. Точные цифры немного разнятся в ряде источников, но совокупная статистика выглядит примерно так: в 1836 году в университетах Российской империи было около 1500 студентов, в 1844 году — около 2500, в 1848 году — около 3400 [Flynn 1976: 239][26].

---

[25] Как указывает Уиттэкер, после принятия университетского устава 1835 года Уваров провел успешную агитационную кампанию по привлечению в университет аристократии, и уже начиная с 1835–1836 годов современники отмечали приток студентов из таких фамилий, как Щербатовы, Голицыны, Долгоруковы, Кочубеи и др. [Whittaker 1984: 189].

[26] Патрик Олстон приводит несколько иные данные: в 1836 году в университетах насчитывалось в общей сложности 2016 учащихся, а в 1848 году — 4566 [Alston 1969: 34].

Меньше всего студентов насчитывалось в Казанском университете, особенно в первые годы его существования. До 1814 года, когда университет начал функционировать в соответствии с уставом 1804 года, там было менее 50 студентов. К 1818 году их число увеличилось более чем в три раза, но даже к 1840-м годам количество студентов не превышало 235 человек, а к 1850 году их было не более 300[27]. Санкт-Петербургскому университету также потребовалось время, чтобы набрать значительное число учащихся. В 1830 году там было по-прежнему около 130 студентов, однако к 1835 году, когда в университете стали учиться молодые люди из обедневших дворянских семей, численность студентов подскочила до 300 человек. Московский университет, старейший в империи, основанный в 1755 году, мог похвастаться и самыми высокими показателями приема студентов на протяжении всех этих десятилетий. Уже в 1811 году в нем обучалось более 200 студентов, а до эпидемии холеры в начале 1830-х годов число студентов превышало 700 человек. Сразу после холеры количество студентов упало до 200, но к концу десятилетия начало расти и к 1840 году достигло 860 человек (см. [Whittaker 1984: 236]).

Сколь бы малочисленны ни были эти молодые люди, успешно стремившиеся получить университетское образование, сразу после поступления они делились на две категории — студентов, обучающихся на государственном обеспечении (*казеннокоштных*), и студентов, находившихся на самообеспечении (*своекоштных*). *Казеннокоштные* получали комнату в общежитии и питание, а также ежемесячную стипендию от правительства. После окончания учебы такие студенты должны были в течение пяти лет отслужить государству либо в армии, либо в качестве школьного учителя.

В общежитиях, расположенных в одном здании с лекционными аудиториями, студентам предоставлялись тесные помещения

---

27 Данные приведены в: [Бороздин 1908–1911: 359]. Статистика 1840–1850-х годов для Казанского университета приводится по следующему источнику: [Корбут 1930: 70].

для сна и питания, что способствовало постоянному социальному взаимодействию. Например, в общежитиях Московского университета в 1830-х годах проживало около 150 студентов. Они размещались в десятке блоков с комнатами. В каждом из таких блоков были несколько спален и общая жилая зона. В крошечных спальнях помещалось много людей: нередко в одной комнате было до восьми двухъярусных кроватей (16 спальных мест). В мемуарах бывших студентов о жизни в общежитии подчеркивается недостаток пространства. Один из них вспоминал, как ловко они вместе с товарищем расставили мебель так, что могли одновременно лежать на диване, «не касаясь друг друга ногами» [Буслаев 1897: 7–9][28].

Гендерная среда в общежитиях были исключительно мужской. Присутствие женщины оказывалось случаем из ряда вон выходящим. Вот как один из авторов мемуаров описывал визит его матери в сакральное пространство общежития: «Появление дамы в стенах нашего студенческого общежития было такою необычайностью, что поступок моей матушки в течение всего четырехлетнего моего пребывания в этих стенах оказался единственным исключением» [Буслаев 1897: 96–97]. В этой атмосфере сугубо мужского общения более старшие студенты наставляли своих младших товарищей не только в академической жизни, но и во взрослых отношениях. В частности, умывальные комнаты были местом, где молодые студенты с трепетом наблюдали за тем, как их старшие наставники бреются и моются. Тот же мемуарист, будущий знаменитый филолог Федор Буслаев, вспоминал, как он с изумлением наблюдал за этим: «Мы взглядывали [на старших студентов] с уважением, особенно когда бреемый вскрикивал и давал пощечину брадобрею» [Буслаев 1897: 7–10].

Более опытные товарищи наставляли непосвященных и в других различных вопросах, касающихся студенческой жизни. Например, во время посещения общежития своего наставника и друзей будущий студент Московского университета

---

[28] Об условиях жизни в общежитиях Московского университета см. также [ИМУ 1955: 206].

Николай Пирогов был «проинструктирован» старшими по вопросам секса и брака. Когда один из студентов высказал неодобрительное отношение к добрачным половым связям, остальные над ним насмехались: «Что за брак! На что его вам? Кто вам сказал, что нельзя попросту спать с любою женщиною?» [МУВС 1989: 82].

Жизнь в общежитии, пусть и в очень тесном помещении, обеспечивала *казеннокоштным* студентам не только кров, но и безопасность и социальные возможности. Все это могло давать реальные преимущества, особенно по сравнению с теми испытаниями, которые выпадали на долю студентов, живших на самообеспечении и испытывавших нужду. Будущий фольклорист Александр Афанасьев, зачисленный в список *казеннокоштных* студентов на втором курсе Московского университета после года, проведенного в поисках недорогого жилья вместе с друзьями, писал, что испытал большое облегчение, получив государственную стипендию, а также отмечал контраст между своим прежним обиталищем и общежитием, где они «жили в сухом, чистом, светлом, прекрасно проветриваемом помещении» [Афанасьев 1887: 646].

Студенты, находившиеся на самообеспечении, — как представители аристократии или дворянства, обладавшие значительными экономическими ресурсами, так и разночинцы, жившие на грани нищеты, — должны были сами пробивать себе дорогу, приезжая в город, где находился университет, или оставаясь там. Те, у кого было мало средств, могли жить в городском пансионе (по меньшей мере так обстояло дело в Москве) или делить крошечную квартиру с другими студентами. Как правило, студенты-*квартирники* находили комнаты в пансионах или небольшие апартаменты через объявления в газетах (они печатались в «Московских ведомостях» и «Петербургских ведомостях») либо личные связи.

В пансионах, где обитали как студенты, так и прочая публика, немногочисленным *своекоштным* студентам предлагалось недорогое совместное проживание. Благодаря этому типу жилья студенты обретали связь с миром за пределами университета.

В Москве одним из таких мест был популярный среди студентов пансион, получивший название «Ирландия». Он был расположен в четырехэтажном здании в центре города и функционировал в основном как гостиница. Его четвертый этаж, где находилось примерно 30 комнат, служил общежитием в основном для студентов университета. Непринужденная атмосфера, а также присутствие женщин, проживавших в пансионе и посещавших его, явно контрастировали с жизнью в общежитии и способствовали популярности «Ирландии» среди менее состоятельных студентов, живших на самообеспечении. Женщины не только регулярно посещали «Ирландию», но и порой поселялись там. Писатель Николай Дмитриев вспоминал, что время от времени слышал женские голоса, доносившиеся из комнат некоторых студентов [Дмитриев 1858–1859, 120: 4–5]. Студенты, жившие в «Ирландии», имели возможность заводить знакомства с учащимися разных факультетов любого возраста, а также с другими людьми — от музыкантов до государственных служащих [Дмитриев 1858–1859, 120: 2].

Еще одной возможностью для небогатых студентов, живших на собственные средства, была аренда квартиры или комнаты в недорогой квартире. Сразу после поступления в университет молодые люди нередко искали будущих соседей по комнате среди других студентов. У Федора Буслаева, как и у многих других юношей, недавно прибывших в Москву из провинциальных городов и местечек, не было в Москве крепких связей, поэтому он объединился с несколькими товарищами-студентами из своей родной Пензы, чтобы снять квартиру недалеко от университета [Буслаев 1897: 3]. Аналогичным образом студент Яков Костенецкий, когда приехал в Москву из Чернигова, познакомился с еще двумя студентами из своего города и вместе с ними снял квартиру на Арбате, в 15 минутах ходьбы от университета. Трое студентов жили в небольшой двухкомнатной квартире на втором этаже: Костенецкий делил комнату со студентом Ивановским, а третий сосед, Тимковский, приехавший в Москву со своим крепостным человеком, спал в большой гостиной. В эту крошечную квартирку они часто приглашали на обед, приготовленный нанятой кухаркой, знакомых студентов [Костенецкий 1887: 117][29].

В отличие от небогатых студентов, живших на собственные средства, молодые люди из обеспеченных и/или состоятельных семей часто жили в домах родственников, дальних или близких, либо друзей семьи[30]. В другом случае, хотя и менее распространенном, студенты во время учебного года проживали в городских резиденциях своих семей вместе с родственниками или без них — именно так проходили студенческие годы Александра Герцена и Бориса Чичерина[31].

Студенческие инспекторы

Несмотря на попытки администрации свести университетский опыт к некоему общему знаменателю и подчинить каждого студента строгому режиму надзора и контроля в аудитории и вне ее, конкретные условия жизни оказывали глубокое воздействие на то, насколько велика была дистанция между тем или иным молодым человеком и университетским начальством в лице студенческого инспектора. Одним из главных недостатков жизни в общежитии для студентов, которые находились на казенном обеспечении, было постоянное присутствие инспектора где-то поблизости. В Санкт-Петербурге, например, в главном здании университета не только учились, питались и спали студенты, но и обитали по-

---

[29] Среди товарищей Костенецкого были Александр Герцен, Николай Огарев и Николай Станкевич. В 1831 году сложившийся вокруг Костенецкого кружок добился увольнения из университета профессора-ретрограда Малова. Этот эпизод, к которому автор обратится в конце книги, считается первым организованным выступлением студентов в истории российского университета. Однако через непродолжительное время Костенецкий стал жертвой провокации: его обвинили в создании тайного общества, исключили из университета и отправили в солдаты на Кавказ. — *Прим. пер.*

[30] О социально-экономическом положении студентов см. также [Flynn 1976: 232–248].

[31] Оба они описали свой студенческий опыт в мемуарах, см. [Чичерин 1991] и [Герцен 1954–1965, VIII–XI].

мощники инспектора (*субинспекторы*). А главный инспектор проживал вместе с членами цензурного комитета в соседнем здании, примыкавшем к университету [Фортунатов 1869]. Такое расположение помещений, когда начальство и студенты могли столкнуться в коридорах и во дворе университета в любое время суток, приводило к тому, что находившиеся на государственном попечении студенты оказывались под относительно интенсивным административным надзором. Студенты, которые обеспечивали себя сами и жили на частных квартирах или в пансионах, подвергались меньшему контролю. Математик Эраст Янишевский, учившийся в Казанском университете, в автобиографии с сожалением отмечал «недостаточное количество свобод, предоставлявшихся» *казеннокоштным* студентам по сравнению с его друзьями, которые учились за свой счет [Янишевский 1893: 56–57].

Этот недосмотр в бдительности государства не остался незамеченным. В одном еженедельном отчете инспектора попечителю Казанского университета в 1851 году по поводу студентов, находившихся на самообеспечении, утверждалось, что «надзор, конечно, слаб». Хотя инспектор каждую неделю тайно пытался появляться у них на квартирах, ему это часто не удавалось. Периодически вводились новые меры, чтобы убедиться, что «цели и ожидания императора достигаются»[32]. К таким мерам могли относиться появление дополнительных инспекторов более низкого ранга либо просто вынесение выговоров уже имеющимся инспекторам. Несмотря на неравномерность надзора за студентами, инспекторы играли ключевую роль в повседневной жизни совершенно всех учащихся российских университетов — как находившихся на государственном довольствии, так и тех, кто обеспечивал себя сам.

Главным начальником в системе надзора был старший инспектор, который делегировал полномочия своим помощникам[33]. Последние, как и старший инспектор, выбирались из числа гражданских чиновников или военнослужащих, и от них ожидалась лояльность по отношению как к университету, так и к государ-

---

[32] ГАРФ. Ф. 109. Экз. 1. Д. 52. Л. 41.

[33] ГИМ. Ф. 404. Оп. 1. Д. 24. Л. 8–8об.

ству. В качестве поощрения за нее руководство присвоило инспектору 7-й ранг в чиновничьей иерархии, а его помощникам — 9-й [Whittaker 1984: 175] (см. также [РУУВ 1914: 42–43]). Поскольку инспектор и его подчиненные следили за «нравственностью молодежи в высших учебных заведениях посреди соблазнов [города]», от них требовалось быть «благонадежными и достойными доверия правительства»[34].

В сферу ответственности инспектора входили присмотр за успехами студентов в учебе и «наблюдение за тем, чтобы студенты отличались скромностью, пристойностью и вежливостью» [СРМНП 1866, II: 46]. Предполагалось, что инспектор должен обладать тонким нравственным чутьем, поскольку ему постоянно требовалось отличать добро от зла, а также оценивать тяжесть нарушений, будь то «незначительные проступки» или «настоящие преступления»[35]. Инспектор следил за тем, чтобы студенты общались, учились и появлялись в обществе в соответствии с идеалом приличия, принятым руководством университета. Он являлся «тем чиновником, которому высшее начальство непосредственно вверяет нравственное управление всеми учащимися в университете и надзор над ними» [СРМНП 1866, II: 121]. Инспектор должен был «узнать их всех порознь, разумея под сим знание не только имени и личности, но и способностей и характера каждого из них» [СРМНП 1866, II: 123].

Администрация университета предоставила инспектору два формальных механизма — надзор и наказание. С их помощью инспектор должен был «контролировать нравственность студентов» и «следить за тем, чтобы молодые и неопытные» студенты «не предавались разврату и не заводили дурных знакомств»[36]. Чтобы уберечь студентов от пагубных склонностей, инспектор вникал во все аспекты их жизни: общественные, учебные и личные — и докладывал об этом вышестоящему руководству. В жизни студентов инспектор присутствовал постоянно, уста-

---

[34] ГИМ. Ф. 404. Оп. 1. Д. 24. Л. 10–10об., 21, 8.

[35] ГИМ. Ф. 404. Оп. 1. Д. 24–35.

[36] РГИА. Ф. 733. Оп. 41. Д. 57; ГИМ. Ф. 404. Оп. 1. Д. 24. Л. 7.

навливая надзор полицейского типа как в учебной аудитории, так и в местах, где проходила студенческая жизнь. Вот как описывал обязанности инспектора Михаил Мусин-Пушкин, куратор Казанского университета в 1820-х годах:

> С девяти часов утра до полудня инспектор всегда должен находиться в аудиториях; затем он навещает комнаты либо больных студентов, либо отсутствующих на занятиях, либо дурно себя ведущих; по вечерам он посещает танцы, театр, балы и собрания, из-за чего редко возвращается домой раньше полуночи; утром инспектор выслушивает объяснения, жалобы и просьбы студентов (цит. в: [Whittaker 1984: 175]).

Инспектор (по крайней мере в теории) тщательно фиксировал в своем журнале информацию о том, где проживают все студенты, находящиеся на государственном довольствии и самообеспечении. Например, студентам, которые не жили в общежитиях и вели независимое от своих семей и родственников существование, запрещалось квартировать в зданиях, где находились трактиры, бильярдные, рестораны, заведения с дурной репутацией или кабаки[37]. Угроза, что инспектор внезапно нагрянет, присутствовала всегда, поскольку он произвольно выбирал для визита места проживания студентов, дабы убедиться, что они не находятся в сомнительной компании. Если инспектор обнаруживал, что студент проживает с «людьми подозрительного поведения», он мог заставить его переехать [СРМНП 1866, II: 123–124]. В обязанности инспектора также входила выдача *казеннокоштным* студентам разрешения покидать территорию университета (или отказ в таковом). Кроме того, он распоряжался правом на посещение их семьями и отъезд на каникулы обеих категорий студентов[38].

---

[37] ГИМ. Ф. 404. Оп. 1. Д. 24. Л. 10об.

[38] ГИМ. Ф. 404. Оп. 1. Д. 32. Л. 304. См. также: ГИМ. Ф. 404. Оп. 1. Д. 24. Л. 9 об. В 1835 году, когда дисциплинарные правила стали более строгими, уже упомянутый Мусин-Пушкин попросил разрешения у министра просвещения запретить студентам выезжать за город, чтобы навестить свои семьи во время зимних каникул. Мусин-Пушкин посчитал, что большинство учащихся, посещающих родственников во время каникул, не успевают вернуться

Во многих случаях бдительный глаз инспектора следил за молодыми людьми даже после того, как их формальная связь с университетом прекращалась. Инспектор надзирал за всеми бывшими студентами не только в том случае, когда они исключались из университета. Если считалось, что некий бывший студент оказывает негативное влияние на учащихся, власти заставляли его покинуть город. Например, в 1835 году власти выставили из Казани одного бывшего студента, установив за ним трехлетний строгий надзор, поскольку он был замечен в общении со студентами, учившимися в университете на тот момент. В Москве в 1849 году, во времена усиленной цензуры и слежки, министр внутренних дел приказал, чтобы бывшие студенты-смутьяны вернулись в свои родные места или отправились на военную службу, а те, кто остался в Москве, должны были находиться под постоянным надзором властей[39].

Помимо надзорных полномочий, инспектор имел право налагать взыскания и распоряжаться о поощрениях. В его ведении был целый ряд негативных санкций, таких как ссылка, исключение, перевод в другой университет, отправка на военную и гражданскую службу, тайный или открытый надзор, а также содержание в университетском изоляторе (*карцере*); последняя мера была наиболее распространенной. В университетах студенты подвергались двум видам ареста. Совершивших более легкие проступки помещали в общий изолятор, где у каждого была своя кровать, разрешалось есть обычную пищу из казенной студенческой столовой, можно было иметь при себе книги и продолжать учебу. У тех же, к кому под арестом применялись более строгие меры, не было отдельных кроватей, им подавали только хлеб и воду и запрещали держать при себе книги[40].

к началу занятий. Студенты представляли ему неубедительные оправдания запоздалого возвращения, пояснял чиновник, — от отсутствия лошадей до болезни. Просьба по меньшей мере временно была удовлетворена (см.: РГИА. Ф. 733. Оп. 41. Д. 151).

[39] См.: РГИА. Ф. 733. Оп. 1. Д. 41. Л. 200; ЦИАМ. Ф. 16. Оп. 3. Д. 324.

[40] ГИМ. Ф. 404. Оп. 1. Д. 24. Л. 36.

В повседневной жизни студенты постоянно находились под угрозой заключения в *карцер*. Например, в Московском университете аудитории располагались всего на один пролет ниже *карцера*. Каким-то днем 1834 года студенты увидели через окно, как мимо них пролетел сокурсник, который был посажен в *карцер* за пьянство и выпрыгнул оттуда, разбившись насмерть. После этого самоубийства администрация университета установила на окнах *карцера* стальные решетки [Буслаев 1897: 8]. *Карцер* занимал центральное место в отношениях между властями и студентами, пока он не был упразднен после смерти Николая I[41].

Инспектор также имел право поощрять студентов за хорошее поведение. К разновидностям поощрений относились медали за хорошие оценки и поведение, право на ношение шпаги, *аттестат* (внесение студента в Табель о рангах по окончании обучения) и, наконец, разрешение на получение степени магистра или доктора наук[42]. В то же время полномочия инспектора были ограничены. В определенных ситуациях он должен был консультироваться с ректором, университетским советом и попечителем и в конечном итоге выполнять их распоряжения[43]. Все эти инстанции — от помощника инспектора до министра просвещения — следили за студентами и прививали своим подопечным административный идеал маскулинности.

Административный идеал маскулинности

В 1837 году дворянин Николай Оже де Ранкур закончил службу в Семеновском полку и поступил на юридический факультет Санкт-Петербургского университета[44]. Но ввиду того, что он

---

[41] Об упразднении *карцера* см. [Hamburg 1992], в особенности главу «Кризис в Московском университете», р. 216–243.

[42] НАРТ. Ф. 977. Д. 12.

[43] К таким ситуациям относились следующие: оставление студента на второй год, изъятие наград за плохое поведение и отказ в предоставлении государственной стипендии (см.: ГИМ. Ф. 404. Оп. 1. Д. 24. Л. 37–37об).

[44] История Оже де Ранкура уже рассмотрена в моей предшествующей работе [Friedman 2003].

постоянно демонстрировал «неприличия», Оже де Ранкур пробыл в университете всего два года и в начале третьего курса был принудительно переведен из столицы в Харьковский университет, что считалось значительным понижением в статусе. Содержащийся в мемуарах этого бывшего студента рассказ о столкновениях с университетским начальством может служить иллюстрацией того, в чем заключался административный идеал маскулинности.

За время учебы в Санкт-Петербурге Оже де Ранкур несколько раз попадал в неприятные ситуации с университетской администрацией. Например, во время майских каникул на первом курсе он был уличен в подглядывании за одной дамой. Сам студент утверждал, что совершил невинную оплошность: направляясь на дачу к своему опекуну, он увидел на крыльце некоего дома красивую женщину, а поскольку был близорук, то достал лорнет, чтобы лучше ее рассмотреть. В своих мемуарах Оже де Ранкур заверяет читателей, что, как только дама с недовольством увидела, что на нее смотрят, он тут же опустил лорнет и быстро покинул место происшествия.

Через два дня, уже, по его словам, забыв обо всем случившемся, Оже де Ранкур получил от студенческого инспектора университета записку с требованием немедленно прибыть в Санкт-Петербург. Там инспектор вызвал его в свой кабинет, опросил и сделал выговор за этот проступок. Оказалось, что женщина, которую Оже де Ранкур увидел в лорнет, была супругой профессора Н., поэтому тот факт, что студент бесцеремонно на нее уставился, был серьезным нарушением приличий. Вот что по этому поводу сказал инспектор: «Молодому человеку весьма естественно увлекаться женщинами; но согласитесь, что забраться в ночное время на балкон чужого дома, да еще к профессору, и заглядывать в окно на его жену, воля ваша, дерзко и крайне неприлично».

За это неподобающее поведение студент получил три дня *карцера* на хлебе и воде [Оже де Ранкур 1896: 574–575][45]. Как только он

---

[45] Оже де Ранкур не упоминает, что залез на балкон, однако инспектор обвинил его именно в этом оскорбительном действии.

вышел из-под ареста, его снова вызвал к себе инспектор. На сей раз оказалось, что Оже де Ранкур переступил грань приличия, отрастив усы. К непослушанию и нечистоплотности добавилась дерзость, поскольку Оже де Ранкур заявил, что усов у него вовсе нет — «один пушок» [Оже де Ранкур 1896: 574–575]. В ответ инспектор сообщил ему, что за отказ сбрить усы он опять попадет под арест[46].

Третий и самый серьезный проступок, совершенный Оже де Ранкуром, произошел во время весенних каникул второго года обучения, когда он продемонстрировал открытое неповиновение начальству. Однажды вечером, раздобыв лодку для увеселительной прогулки с дамами, Оже де Ранкур столкнулся с одним из своих профессоров, Николаем Устряловым, преподававшим русскую историю. Последний потребовал, чтобы студент отдал лодку для катания его гостей. Когда Оже де Ранкур отказался, Устрялов возмутился: «Что за вздор, извольте выходить! Разве вы не знаете, кто я?» Однако Оже де Ранкур и на этот раз отказал профессору: «А когда так, то докажу вам, что гости ваши не поедут!» — и, оттолкнувшись веслом от берега, оставил разъяренного Устрялова ни с чем. «Дерзкий мальчишка... Ты поплатишься за такое нахальство!» — воскликнул оскорбленный Устрялов [Оже де Ранкур 1896: 574–575], и Оже де Ранкур действительно поплатился. За этот проступок он был наказан двумя неделями заключения в карцере на хлебе и воде, исключен из Санкт-Петербургского университета и переведен в Харьковский, где ему позволили возобновить учебу лишь на следующий год. Вот так студент заплатил высокую цену за неуважение к порядку и чинам.

По этим историям о дисциплинарных взысканиях, сохранившимся в памяти Оже де Ранкура, можно судить о том, поведения какого рода университетские власти требовали от студентов: последним было необходимо демонстрировать послушание, а также приличные манеры и нравы. При помощи дисциплинар-

---

[46] Чем закончилась эта история, Оже де Ранкур не сообщает, поэтому можно только догадываться, была ли угроза инспектора приведена в исполнение; возможно, наш герой все же побрился во избежание наказания.

ного режима и системы правил университет формировал административный идеал маскулинности, которому должен был подражать каждый студент[47]. Превращение российских юношей в достойных слуг государства требовало от студентов избавления от порывов страстей и замены своеволия послушанием и благопристойностью.

В языке университетских правил и инспекторских рапортов отражалось существовавшее среди начальства предположение, что юноши 15–16 лет от роду наподобие Оже де Ранкура поступали учиться в университет, уже будучи развращенными и зараженными «порочными наклонностями и вредными привычками»[48]. Это отсутствие нравственности, по мнению университетских администраторов, объяснялось как обычными «пороками детства», так и «недостаточным надзором» дома. Письмо министра просвещения Сергея Уварова помощнику попечителя Московского учебного округа от 1834 года демонстрирует допущение, что все мальчики по своей природе недисциплинированны и опасны. Когда юноша впервые поступает в университет, он чрезвычайно нуждается в присмотре, утверждал Уваров, а если оставить его без надзора, то под влиянием сверстников он будет вести себя недисциплинированно, прогуливая лекции и притворяясь больным[49].

В целом переписка между центральными властями и университетским руководством свидетельствует о том, что чиновников

---

[47] Писаные правила поведения студентов принимали различные формы — от инструкций студенческим инспекторам, включавших правила жизни студентов в стенах университета и за его пределами, до правил и кодексов, составленных для самих студентов. Различные версии этих кодексов существовали как в опубликованном, так и в неопубликованном виде, см. [ИИС 1835] и ГИМ. Ф. 404. Оп. 1. Д. 24. Л. 21 об.

[48] В архивах содержится множество соответствующих образцов докладов инспекторов, в основном в рамках переписки между ними и вышестоящим начальством — ректором, руководителем Третьего отделения или министром просвещения (см., например: ГАРФ. Ф. 109. Оп. 1. Д. 52. Л. 38–41). Приведенные в этом абзаце цитаты взяты из следующих источников: [ИИС 1835: 9–10] и [ИДКУ 1821: 93].

[49] ГИМ. Ф. 404. Оп. 1. Д. 24. Л. 7об.–8.

беспокоили необузданные страсти и развращенность студентов. Молодые люди, по мнению чиновников, были жертвами собственных «буйных порывов страстей, закоснелых пороков и разврата», хотя их предлагалось отличать от «проступков неопытной юности, требующих исправления и взыскания более в духе родительской любви» [ИИС 1835: 14], поэтому задача университетских инспекторов и ректоров заключалась в том, чтобы усмирить «воображение, страсти и самые физические силы» юношей [СРМНП 1866, II: 43]. Под руководством самодержавия юноши должны были попрощаться со своей «развратностью» и «миром варварства, чудачества и неуклюжести»[50].

Ключевой составляющей «цивилизующей миссии» университета было превращение вспыльчивых юношей в добропорядочных слуг самодержавия[51]. Жесткий дисциплинарный режим и система университетских правил были разработаны для того, чтобы студенты усваивали официальные ценности. Процесс превращения неуправляемых юношей в послушных мужчин требовал постоянного контроля над жизнью студентов со стороны начальства. Под угрозой наказания или обещанием награды студентов заставляли менять свое поведение, которое, как считалось, отражает их сущность. По сути, это описывается словом «нравы», которое включает в себя два английских понятия: мораль и манеры (*manners* и *morals*). Начальство полагало, что такие атрибуты, как аккуратно подшитый мундир, свежевыбритое лицо и чистое тело, отражают моральные качества (см. [СРМНП 1866, II: 56] и [ИДКУ 1821: 94–96]). Иными словами, административный идеал маскулинности отражал акцент, который в равной степени делался на манеры и мораль.

Чтобы юноша приобрел надлежащие манеры и моральные качества, в административном идеале маскулинности упор делался на три характеристики: сексуальную сдержанность, послушание и порядочность. Постоянный страх перед неконтролируемой природой юношей подразумевал, что начальство должно было

---

[50] ГИМ. Ф. 404. Оп. 1. Д. 24. Л. 21об.; ГАРФ. Ф. 109. Оп. 1. Д. 52.

[51] ГАРФ. Ф. 109. Оп. 1. Д. 53. Л. 3.

усмирять эротические порывы студентов. О важности этой задачи свидетельствовало обстоятельство, что в том же 1835 году, когда появился новый университетский устав, Николай I предпринял очередную попытку контролировать мужскую сексуальность и страсти, расширив правовые санкции в отношении гомосексуалистов[52]. Университетская администрация также задавала направление сексуального развития студентов под угрозой суровых наказаний. Чиновники следили за тем, чтобы студенты избегали «соблазнов... разврата» и избавлялись от любых эротических позывов, таких как «разнузданность», «бесстыдство», «разврат», «вероломство» и склонность к «дурным компаниям»[53]. Чтобы помешать студентам реализовать не только эротические, но и романтические импульсы, администрация создавала различные препоны. Например, совращение девушки и «оскорбление женского пола» считались «серьезными нарушениями порядка и приличий» и карались сурово — от длительного ареста в *карцере* до отправки на военную службу[54]. В октябре 1836 года, когда начальник Третьего отделения генерал Александр Бенкендорф инициировал в Санкт-Петербурге кампанию по удалению из окрестностей университета проституток («публичных женщин»), он мотивировал это опасением, что подобные женщины «заражают» студентов и «вредят» им[55]. Наказания за сексуальные проступки любого рода были серьезны, в особенности после начала всеобщих репрессий в 1848 году. Например, в 1850 году московские власти задержали студента юридического факультета университета Алексея Шумилина, возвращавшегося домой из публичного дома с женской одеждой и 18 рублями. В наказание за вменяемые ему прегрешения — посещение публичного дома и кражу одежды

---

[52] Эти новеллы законодательства и их значение будут рассмотрены ниже, в главе 4. Соответствующие поправки были представлены в ст. 677 Свода законов Российской империи [СЗРИ 1835: 213].

[53] ГИМ. Ф. 404. Оп. 1. Д. 24. Л. 17об.–18 и 21об. Материалы о казанских студентах представлены в: НАРТ. Ф. 977. Д. 12.

[54] См.: ЖМНП. Ч. 7, № 19 (июль 1839 года). С. XXV, XXVII; ЦИАМ. Ф. 418. Оп. 251. Д. 1.

[55] РГИА. Ф. 735. Оп. 10. Д. 114.

у проститутки — Шумилин был исключен из университета и получил запрет на проживание в Москве[56].

Студентам препятствовали не только в проявлении сексуальных порывов. От них еще и требовалось вести холостую жизнь. Женатые мужчины не принимались в университет, а вступление в брак являлось основанием для исключения из него. По закону студенту не требовалось разрешения университетских властей на брак, но как только он женился, администрация его «увольняла» (санкция менее жесткая, чем исключение). Например, в 1850 году один студент Московского университета тайно женился, но, когда об этом узнало начальство, оно настояло на том, что студент «обязан оставить учебу». Основание для такой позиции администрации заключалось в том, что «супружеские и гражданские обязанности не могут выполняться одновременно»[57]. Студентам следовало демонстрировать асексуальность и оставаться неженатыми.

Сексуальная сдержанность должна была сопровождаться упорным стремлением к послушанию и порядку. Одним из ключевых качеств, которого добивались от студентов (по меньшей мере теоретически), была *покорность* — сочетание смирения, послушания и подчиненного состояния. Безропотность, говорилось в инструкциях студенческим инспекторам, является «душой воспитания и первой добродетелью гражданина» [ИДКУ 1821: 20]. Каждый студент должен был «проявлять покорность», чтобы приобрести «мягкость, которая сохранится на всю жизнь» [ИДКУ 1821: 20][58]. Администрация требовала от учащихся «безусловного повиновения», для чего инспектору предписывалось наблю-

---

[56] ЦИАМ. Ф. 16. Д. 236. Поскольку в распоряжении автора отсутствуют иные сообщения о студентах, пойманных на краже или в публичном доме, трудно установить, насколько строго администрация наказала Шумилина за эти проступки. Тем не менее общее нетерпимое отношение начальства к демонстрации студентами сексуальности позволяет предположить, что в данном случае строгость наказания была по меньшей мере частично связана именно с посещением борделя.

[57] ЦИАМ. Ф. 459. Оп. 2. Д. 1356.

[58] В университетских регламентах использовались и другие слова, помимо покорности, такие как «послушание» и «повиновение».

дать, «чтобы учащиеся в университете строго исполняли общие государственные законы, законы университетские и предписания начальства» [СРМНП 1866, II: 122]. Послушание перед Богом и университетом считалось «самой важной добродетелью молодежи». Благодаря дисциплинированному отправлению религиозных ритуалов студент мог добиться «покорности страстей [и] сдержать упрямство самолюбия» [ИДКУ 1821: 90]. Добиться кротости можно было не только через смиренное религиозное поклонение, но и за счет признания прегрешений и раскаяния. Во многих случаях студенты, совершив проступок, демонстрировали смирение перед властями, принося искренние извинения, и в результате получали меньшее наказание[59].

Кроме того, в своей повседневной жизни студенты должны были придерживаться строгой, упорядоченной иерархии. Понятие *порядок* имело несколько смыслов, таких как уважение к режиму поколений и службы, с одной стороны, и упорядоченность в повседневной жизни, с другой. Дисциплинарные кодексы грозили студентам серьезными наказаниями за «непослушание и несоблюдение должной вежливости в обществе старших»[60]. Студенты также должны были выполнять определенные ритуалы в присутствии начальства, например отдавать честь генералу или кланяться царю [СРМНП 1866, II: 122–123][61]. Непроявление должного уважения к начальству влекло за собой ряд наказаний, таких как помещение в *карцер* или плохие отметки за поведение в табели по итогам года[62]. Порядок подразумевал и ведение повседневных дел со «строжайшей точностью» [СРМНП 1866, II: 49–50]. Вот, к примеру, как должен был выглядеть ежедневный студенческий обед: «В столовую студенты

---

[59] В случае менее значительных проступков, когда студент признавал свою вину, он подвергался аресту «не более чем на семь дней» [СРМНП 1866, II: 56].

[60] НАРТ. Ф. 977. Д. 17. Л. 14–15.

[61] РГИА. Ф. 735. Оп. 10. Д. 175; ЦИАМ. Ф. 418. Оп. 252. Д. 20. К подобным ритуалам также относилось снятие головного убора левой рукой в присутствии любого представителя императорской фамилии.

[62] ЦИАМ. Ф. 418. Оп. 266. Д. 84.

собираются по звонку, входят в оную в порядке и занимают назначенные места» [СРМНП 1866, II: 126–127].

Дополнением таких качеств, как покорность и приверженность порядку, должна была выступать респектабельность молодого человека. Даже в том случае, когда о чувстве приличия студента можно было судить лишь по внешним проявлениям: вежливости, чистоте или опрятности одежды, считалось, что они тесно связаны с его характером. Иными словами, «чистота и опрятность тела [студента]» отражали (во всяком случае, так считало начальство) чистоту его нравов [СРМНП 1866, II: 51][63]. Вести респектабельную жизнь — телом, духом и разумом — считалось первостепеннейшей необходимостью.

Таким образом, респектабельная манера поведения занимала одно из центральных мест в культивировании официального идеала маскулинности. Приличия были напрямую связаны с осанкой и движениями студента — его «походкой и телодвижениями» [СРМНП 1866, II: 46]. Чтобы достичь цели университета — сформировать воспитанных, порядочных людей, в студенческих дисциплинарных кодексах предполагалось, что «нравственное воспитание должно развиваться... [не только посредством] совести студентов... [но и посредством] их манер и внешнего вида» [ИДКУ 1821: 20]. Университеты требовали от студентов посещать занятия, направленные на совершенствование их внешнего вида и умение подать себя в благородном обществе. К таким классам относились танцы и фехтование[64]. Как пояснялось в составляемых руководством университетов кодексах, танцы были необходимы для того, чтобы студенты обучились, как «входить, кланяться и держать

---

[63] В связи с этим ежедневно проводился досмотр одежды, постельного белья, комнат и тел учащихся. В целях здорового физического развития инспекторы следили за питанием и физическими упражнениями студентов, обеспечивая им «простую, здоровую и свежую пищу», планируя «приятные прогулки в весеннее время» и находя «места для игр и упражнений на свежем воздухе зимой» [ИДКУ 1821: 96].

[64] Подробную информацию о надлежащих студентам занятиях в Московском, Санкт-Петербургском и Казанском университетах см. в отчетах соответствующих учебных заведений.

себя в обществе благовоспитанных людей» [СРМНП 1866, II: 46].
К фехтованию же администрация относилась с осторожностью:
с одной стороны, оно считалось полезным для правильного воспитания, с другой — потенциальным источником дезорганизации
учащихся, а при попустительстве и дуэлей, поэтому фехтование
допускалось и даже поощрялось, но под строгим надзором[65].

Самодержавие также уделяло значительное внимание поведению, одежде и прическе. В духе тех времен прическа и форма
ученика также были не только предметом внимания, но и «зало-
гом сохранения чести и скромности», выражением преданности
самодержавию[66]. Все это было частью той «цивилизующей миссии» самодержавия, начало которой положил Петр Великий[67].
В эпоху Николая I, например, считалось серьезным проступком
не стричь волосы «по военной длине». Если студент упорно хотел
носить длинные волосы или иметь какую-либо растительность
на лице, его ждало суровое наказание[68]. Одежда среди представителей царского двора, военной и гражданской бюрократии
тоже считалась признаком верности императору, государству
и России. Правильная подшивка мундира действительно во
многом «отождествлялась с правлением Николая» (см. [Wortman
1995–2000, 1: 311]).

Как и в случае с мундирами будущих офицеров, для студентов
были установлены сложные правила одежды. Основная форма
включала треугольную шляпу с серебряными кистями, студенческий фрак и черный шелковый галстук, завязанный узлом
сзади[69]. Некоторые элементы формы менялись в зависимости от
сезона: осенью и зимой студенты должны были носить черный

---

[65] РГИА. Ф. 735. Оп. 10. Д. 175.

[66] ЦИАМ. Ф. 418. Оп. 251. Д. 1; РГИА. Ф. 733. Оп. 44. Д. 26.

[67] Зарождение петровского типа маскулинности, предполагавшего акцент
на этикет и добропорядочность нравов, описывает Нэнси Шилдс Коллманн в [Kollmann 2002].

[68] ЦИАМ. Ф. 418. Оп. 266. Д. 84; см. также [Whittaker 1984: 174–175].

[69] Правила для одежды студентов, цитируемые в этом абзаце, были опубликованы в: ЖМНП. № 5 (май 1837 года). С. CLXXX.

пояс для шпаги, а в летние месяцы — белый замшевый пояс[70]. В период учебы студенты были обязаны «проявлять должное уважение к своему внешнему виду... и блюсти честь ношения студенческой формы в общественных местах». Следование этому правилу считалось «важнейшим внешним признаком хорошего воспитания». В частности, одна разновидность головного убора предназначалась для общественных мест, а другая — для личных дел: в обществе, театре и на прогулках по городу студенты носили треугольные шляпы, а дома — фуражку. Как в общественных, так и в приватных местах несоблюдение предписанной формы одежды — студенческой формы или гражданского платья — считалось не только нарушением университетского устава, но и прегрешением против Отечества[71].

Правила поведения студентов воспроизводили общие предписания, исходившие от Николая I, и поэтому были схожи с требованиями в других сферах гражданской и военной бюрократии. Например, в 1837 году военный министр постановил, что у военных волосы должны быть подстрижены на лбу и по бокам не длиннее «одного и трех четвертей дюйма, слева направо» [Wortman 1995–2000, 1: 312][72].

Одним из учреждений государственной образовательной бюрократии, где одежде, прическе и совершенствованию внешнего вида уделялось даже больше внимания, чем в университете, был Кадетский корпус. Если бросить беглый взгляд на аналогичные правила и предписаниям, которые действовали в этом «любимом детище царя Николая», то можно обратить внимание, что самодержавный режим был заинтересован в формировании слуг, как гражданских, так и военных, которые были бы правильно одеты и имели бы крепкое и здоровое телосложение. Кадетам, многие из которых после выпуска шли на военную службу, само-

---

[70] ЦИАМ. Ф. 418. Оп. 251. Д. 1; РГИА. Ф. 733. Оп. 44. Д. 26.

[71] В 1834 году попечитель Московского университета объявил, что «студенты должны носить форму в общественных местах в обязательном порядке» (ГИМ. Ф. 404. Оп. 1. Д. 7).

[72] Уортмен также напоминает, что сам Николай носил усы и лишь офицерам высших рангов разрешалось копировать его стиль.

Респектабельные слуги, покорные мужчины и административный... | 69

держец уделял немало личного внимания[73]. Выше уже говорилось о том, что режим в целом делал акцент на взаимосвязи между обликом и моралью, телом и душой. Именно в этом контексте самодержавие приступило к проекту совершенствования мужского тела, которое должно было служить символом упорядоченного и нравственного общества. Кадеты, согласно кодексам военного поведения, должны были осилить программу суровых физических тренировок, соблюдать строгую диету и еженедельные банные ритуалы, призванные сохранить тело в свежести и чистоте. Благодаря ежедневной физической подготовке каждый кадет стремился к «развитию и совершенствованию телесной силы и способностей» [СВП 1838][74].

Центральное место в строгом режиме жизни кадетов занимала гимнастика. Бывший кадет Ушаков вспоминал об интенсивных гимнастических и танцевальных занятиях, которые он посещал в московском корпусе. В регулярный распорядок дня входили «прыжки через упругую скакалку», бег, упражнения на брусьях, лазание по канату и постоянные занятия танцами и фехтованием. На бальных классах кадеты разучивали различные танцы, включая кадриль, вальс, галоп и мазурку [Ушаков 1915: 100, 117]. На кону в этих занятиях определенно всегда стояла маскулинность кадета: неудача ставила под сомнение мужскую честь. Когда воспитанники Московского 2-го кадетского корпуса «подскакивали не так на одной ножке, стараясь сделать какое-нибудь па», более старший кадет Эбергард высмеивал их за отсутствие подобающего мужчине танцевального мастерства, используя снисходительно-уменьшительное имя медведя — Мишенька: «Подойдет, бывало, к какому-нибудь франту с кривыми ногами, ущипнет его, приговаривая: "Какой ты, Мишенька, неловкий"... а Мишенька отвечает ему басом: "Да я уж от природы так создан, уж никогда не выучу эти проклятые па!"» [М. Л. 1862: 405–406].

---

[73] Командовать Кадетским корпусом Николай назначил своего брата, великого князя Михаила Павловича, об этом см. [Ушаков 1915].

[74] См. в особенности книгу 3, главу 4 «Об общем физическом, моральном и интеллектуальном воспитании учащихся», с. 176.

Физическое здоровье кадетов также поддерживалось за счет строгого соблюдения определенных принципов питания и еженедельных банных ритуалов, причем за кадетами следили еще более тщательно, чем за студентами университетов. В столовой кадеты должны были употреблять только установленные виды и назначенное количество пищи. В спальнях для укрепления их выносливости создавались экстремальные температурные режимы: инспекторы каждый день вне зависимости от времени года открывали окна, чтобы впустить свежий воздух, подвергая кадетов воздействию сильного холода. Согласно военному уставу, в качестве проходящих подготовку офицеров они должны были «привыкать к резким изменениям погоды с юного возраста» [СВП 1838: 147]. За этой составляющей жизни кадетов в еще большей степени, чем за студентами, следили группы инспекторов и их помощников, в обязанности которых вменялось взращивание нескольких поколений достойных слуг царя.

Содержание административного идеала маскулинности с его акцентом на упорядоченности, респектабельности и скромности напоминало (по меньшей мере отчасти) идеологию среднего класса, примерно в то же время возникшую в западноевропейских государствах (см. [Tosh 1999; Nye 1993; Hull 1996]). Однако способы реализации этих маскулинных идеалов различались. В более демократичных государствах Европы по мере ослабления монархического контроля правители все больше полагались на то, что среди самих граждан, как участников растущего гражданского общества, будет развиваться взаимное регулирование. Российское самодержавие, напротив, отказывалось уступать контроль обществу и в очередной раз утверждало себя над жизнью своих будущих слуг. Нравственное воспитание студентов, особенно после издания университетского устава 1835 года, формально находилось под контролем царского административного государства[75]. Последнее пыталось поддерживать установленные им же стандарты приличия соответствующими своей

---

[75] Термин «административное государство» заимствован из работы Лоры Энгелстейн [Engelstein 1993].

природе средствами, настаивая на покорности, смирении, упорядоченности, чистоте и надлежащем внешнем виде студентов. Студенты, со своей стороны, усваивали эти ценности, требуя, чтобы начальство относилось к ним с честью и приличием, и проявляя послушание монаршим принципам[76].

Идеал в действии

В октябре 1848 года на фонарных столбах по всей Казани было расклеено размноженное письмо за подписью «Один из вас». В нем содержалась жалоба на старшего студенческого инспектора Казанского университета, в обязанности которого входило следить за соблюдением правил поведения, телами, умами и душами будущих слуг России. Открытое обращение было адресовано попечителю университета, чей выбор в пользу столь презираемого старшего инспектора Ланге осуждался как серьезно подрывающий доверие. Авторы письма вспоминали те далекие времена, когда «студенты служили с уважением и имели все основания быть покорными царю и Отечеству». Студенты, добавлялось в письме, и теперь готовы «быть покорными царю и Отечеству... [но]... дали... Ланге»[77]. Авторы документа обвиняли попечителя в том, что он не справился со своими обязанностями:

---

[76] Идея саморегулирования появится в российских реалиях лишь в конце XIX века, когда оно возникнет не в официальных кругах, а, скорее, изнутри новых профессиональных сфер. В исследовании, посвященном сексу и либерализму в России конца XIX века, Энгелстейн указывает, что в России рубежа веков существовала обеспокоенность мужской сексуальностью, поэтому в медицинской и педагогической литературе утверждалось, что юношам необходимо демонстрировать самоограничение, контролируя свое либидо. В новых профессиональных журналах или дидактической литературе, основанной на актуальных для того момента научных исследованиях, российские психиатры, педиатры и другие специалисты призывали молодых мужчин осуществлять самоконтроль над собственной сексуальностью в частности и саморегуляцию своего поведения в целом. См. об этом в [Engelstein 1993: 215–253].

[77] ГАРФ. Ф. 109. Оп. 1. Д. 52. Л. 22–23.

«Царем и законом вы поставлены на эту должность, но не хотите быть настоящим отцом для молодых людей. Напротив, вы привязаны к этому Ланге, который отталкивает всех, кто желает любить начальство свое и вас»[78]. Если во всей Европе в 1848 году студенты участвовали в восстаниях за демократию и социализм, то в Казанском университете они использовали для осуждения и порицания своего руководства язык самодержавной политической культуры.

Подобная демонстрация самодержавных ценностей учащимися университета не была единичным случаем, хотя приведенный пример, возможно, является особенно детальным и красочным. Студенты регулярно использовали терминологию административных идеалов — «порядочность», «уважение», «лояльность» — для обращения к властям и в личном общении[79]. Искренне студенты усваивали официальные ценности или же прибегали к подобной яркой риторике, преследуя определенные цели, установить сложно. Ясно лишь то, что, пытаясь донести свою позицию до представителей власти, студенты задействовали язык, который отражал официальные ценности и мог прийтись по душе адресатам их высказываний. Например, московский студент Иван Коболяков направил начальству письмо с просьбой выделить средства на поездку к своим обедневшим родственникам, которые отчаянно нуждались в помощи сына. В своем прошении студент отмечал верность самодержавию и его ценностям: «Для каждого из нас, носящего звание студента... нет такой жертвы, на которую мы не пошли бы ради нашей страны... [ради] правды, самодержавия и Отечества». Независимо от того, использовал Коболяков официальную риторику со скрытым умыслом или нет, он, очевидно, твердо осознавал приоритеты самодержавия и сделал ставку на этот официальный дискурс в решающий момент своей студенческой биографии[80]. Точно так же поступил обнищавший студент Александров, который оказался без крыши

---

[78] ГАРФ. Ф. 109. Оп. 1. Д. 52. Л. 22–31.

[79] ГИМ. Ф. 404. Оп. 1. Д. 71. Л. 27.

[80] Там же.

над головой после того, как не смог заплатить за квартиру. Он обратился к инспектору с просьбой перевести его из *своекоштных* в *казеннокоштные* студенты, ходатайствуя о выделении средств, необходимых для истинного, нравственного и достойного служения Отечеству: «Ощущаю вполне, что всякий истинный сын Отечества должен быть... непоколебим в своей верности... и преданности высочайшему престолу в своем правительстве... быть полезным Отечеству... и относиться к другим с уважением и честью»[81]. Многие студенты, надеясь спастись от наказания, также заявляли, что «любят свое Отечество и хотят служить, как один из его сынов»[82].

Подобная разновидность патриотических деклараций явно могла убедить чиновников, даже если они звучали из уст нелояльных польских студентов. Например, студента Александра Вейшторта власти выслали в Казань из Вильно за то, что он «насмехался над русским дворянством». Но затем в переписке с начальством Вейшторт утверждал, что изменил свою позицию, и в рамках этого (пусть и постановочного) раскаяния принес официальные извинения ректору в Казани: «Спрашивается: какая необходимость в том, чтобы мы, молодые поляки, ссорились с русскими? Какую это принесло бы пользу Отечеству?» В конце концов студенту удалось убедить власти в своей преданной верности, и казанский ректор признал его «добропорядочным русским»[83]. Демонстрация административного идеала смогла оградить от гнева самодержавного наказания даже прежде нелояльного поляка.

После смерти Николая I, несмотря на ослабление надзора и цензуры, студенты продолжали объединяться вокруг ценностей, заложенных в административном идеале. В Казани, где

---

[81] РГИА. Ф. 733. Оп. 21. Д. 188.

[82] Цит. по: РГИА. Ф. 733. Оп. 20. Д. 316. Аналогичные заявления студентов обнаруживаются в следующих архивных материалах: РГИА. Ф. 733. Оп. 99. Д. 381; РГИА. Ф. 733. Оп. 21. Д. 7; ГИМ. Ф. 404. Оп. 1. Д. 71. Л. 27; ГИМ. Ф. 404. Оп. 1. Д. 32. Л. 14; ГИМ. Ф. 404. Оп. 1. Д. 61; ЦИАМ. Ф. 16. Оп. 40. Д. 236.

[83] РГИА. Ф. 733. Оп. 99. Д. 381.

в 1848 году, как мы видели, автор анонимного письма страстно заявлял о «негодяе» инспекторе, студенты продолжали выступать против чиновников, которые не соответствовали самодержавным идеалам[84]. Смягчение ограничений означало лишь то, что их недовольство становилось все громче, а вероятность того, что власти услышат их, уменьшалась.

Однако стать русским человеком означало не только следовать официальным предписаниям. И для инспекторов, и для профессоров, и для студентов требовалось как соответствовать административному идеалу, так и одновременно участвовать в практиках неофициального общения, будь то распитие водки или вызов противника на дуэль. Молодые люди в треуголках должны были с успехом пробираться через этот лабиринт нередко казавшихся противоречивыми ожиданий, и в подвальных кабаках студенты часто ориентировались друг на друга точно так же, как и в университетских стенах.

---

[84] ГАРФ. Ф. 109. Оп. 1. Д. 52. Л. 44–45об.

Глава 2
Социализация в кабаке[1]

Вспоминая свои студенческие годы в Москве, писатель Яков Костенецкий отмечал, что «университет... должен образовать из юноши не просто чиновника, а человека и гражданина... Для этого в университетском образовании, кроме лекций и книг, непременно должны быть допущены и товарищеские общества» [Костенецкий 1887: 35]. Это противопоставление «просто чиновника» и «человека и гражданина» подчеркивает, насколько ценности административного идеала не давали российским студентам исчерпывающего, полностью удовлетворяющего их определения маскулинности. Но в процессе реализуемого администрацией университета воспитания в рамках официальной идеологии маскулинности, основанной на порядке и достоинстве, студенты встречались и с конкурирующими моделями приемлемого поведения. Одним из наиболее влиятельных образцов была фигура пьяного товарища, проводившего внеурочные часы в кабаках, развлекаясь со своими приятелями.

Пьянство, разумеется, было важным способом утверждения маскулинности во многих исторических и социальных контекстах, не в последнюю очередь среди студентов. Готовность и умение много пить для молодых мужчин часто выступали инструментами утверждения своего статуса в группе сверстников, что, возможно, было особенно важно в ситуациях, когда

---

[1] В этой главе содержатся фрагменты статьи [Friedman 2002].

спиртное официально находилось под запретом. Например, историк Л. Рэй Дринкуотер в работе о студентах колледжей американского Юга до Гражданской войны поясняет, что для многих молодых людей выпивка «была приемлемым (и даже обязательным) способом мужского самовыражения». Студенты, которые отказывались от участия в попойках, «рисковали оценкой со стороны сверстников и положением среди них» [Drinkwater 1993: 328–331][2].

Среди русских студентов точно так же, как и среди американских, отказ от участия в пьяной компании подразумевал риск утраты маскулинности[3]. Историк Борис Чичерин описывал в своих мемуарах случай, произошедший в 1840-х годах, который показывает, насколько важным было употребление спиртного для ощущения мужской идентичности студентов. Чичерин вспоминает, как во время перерыва в занятиях он и еще несколько студентов Московского университета отправились на дачу одного из своих сокурсников по фамилии Благово, чтобы провести выходные за охотой и весельем. Прибыв на место, они достали несколько бутылок вина и начали пить ночь напролет — все, кроме Благово, который пообещал матери, что не будет участвовать в «бесчинии» друзей. Когда Благово увидел, что его гости пьют, он погрустнел и удалился в свою комнату. Позже несколько студентов заглянули к Благово и обнаружили совсем другой мир: «Наш благонравный товарищ совершал свою вечернюю

---

[2]   На связь между маскулинностью и трансгрессивным поведением, включая употребление алкоголя, указывали многие исследователи. Пол Деслэндес в работе о студентах Оксбриджа XIX века указывает, что «успешные попытки избежать дисциплинарных взысканий признавались за мужские достижения» [Deslandes 1999: 233]. То же самое, безусловно, относилось и к российским студентам. Другие исследователи обращались к взаимосвязи между употреблением алкоголя и маскулинностью рабочего класса, см. об этом [Smith 2002].

[3]   Джордж Мосс в монографии о модерной маскулинности указывает, что не относящиеся к «своим» — аутсайдеры (или «контртип») — являются ключевым элементом для понимания того, что он называет стереотипом модерной маскулинности (см. [Mosse 1996, в особенности p. 56–76]).

молитву на коленях перед киотом в каком-то ночном чепце с розовыми лентами». Контраст между этими двумя антуражами — благочестивым, покорным и одиноким Благово и его шумными гостями, пьющими и смеющимися вместе, — Чичерин назвал поразительным [Чичерин 1991: 70–71].

По утверждению Чичерина, в дальнейшем студенты «всячески старались его [Благово] развратить...»: «Мы подучали его, как ему действовать с родительницею». Но препятствия на пути к «перевоспитанию» Благово были слишком велики. Его друзья считали, что он был подавлен женским влиянием: «Кроме строгой матери, была еще добродетельная бабушка, и против этих двух соединенных сил Благово чувствовал себя совершенно немощным». Как сообщает Чичерин, Благово так и не смог с этим справиться. В дальнейшем он женился, но через два или три года жена от него сбежала, после чего Благово «совершенно потерял голову и пошел в монахи» [Чичерин 1991: 71].

Однако для тех студентов, которые, в отличие от несчастного Благово, участвовали в маскулинных ритуалах пьянства, кабак и городская улица были важными местами вступления в пору совершеннолетия. В этих неформальных, полупубличных и публичных местах студенты учились друг у друга неофициальной школе маскулинности, основанной на импульсивности и силе характера. Питейные ритуалы русских студентов в чем-то представляли собой неформальные экзамены: те, кто не хотел пить, воспринимались как чужаки с пониженной жизненной энергией, следовательно и маскулинностью, а те, кто участвовал в попойках, получали признание сверстников.

Этот пропитанный алкоголем, совершенно мужской мир кабацкой социализации явно противоречил официальным предписаниям сдержанности и приличий, которые присутствовали в формальных университетских кодексах поведения и внедрялись студенческими инспекторами. Но, несмотря на то что университетское начальство пыталось привить своим подопечным государственные ценности упорядоченного поведения, оно порой закрывало глаза, когда студенты нарушали эти нормы, и давало им возможность исправиться. Вспомним, о чем говорилось в предыдущей главе: чиновники исходили из того, что юноши, поступающие в университеты, от природы склонны к вспыльчивому и необузданному поведению. Учитывая данный момент, начальство выказывало некоторую снисходительность, когда эти «природные склонности» действительно проявлялись. Возможно, что именно такое представление о том, кем были студенты и кем они должны были стать, порой позволяло пьяному товарищу выступать с высоко поднятой головой.

Кабак и улица

Дуглас Смит в статье о масонстве и российском обществе второй половины XVIII века рассматривает становление феномена «материальной публичной сферы» в городской жизни этого периода. Активное присутствие в соответствующих престижных местах «социального взаимодействия» зависело, как отмечает Смит, от норм поведения — от того, как человек говорил, одевался и выражал себя[4]. Кабацкое общение, будь то в самом трактире или на улице, было, вероятно, продолжением этой расширяющейся публичной сферы. Включенность в кабацкую культуру предполагала, что в публичных местах студенты взаимодействуют друг с другом и ведут себя так, словно игнорируют правила «вежливого» общества.

Студенты выпивали и общались в самых разнообразных местах: и в питейных заведениях, и на частных квартирах, и на улицах[5]. Их распорядок дня был привязан к кабакам, располо-

---

[4] Smith 1998. Расширенную версию этого тезиса см. в [Smith 1999].

[5] Об истории российских питейных заведений см. [Smith, Christian 1984: 87]. В частности, эти авторы упоминают, что слово «кабак» использовалось еще в XVI веке для обозначения имевшей государственное дозволение питейной лавки. В XIX веке бывшие студенты, оставившие мемуары, для описания мест своих попоек часто использовали понятие «трактир», которое (как минимум в XVIII веке) означало «прежде всего питейное заведение, где еда имела второстепенное значение». См. об этом [Munro 1997: 42].

женным недалеко от университета, поэтому посетителям подобных заведений не требовались часы, поскольку студенты приходили и уходили в определенное время в соответствии с расписанием занятий [Дмитриев 1858–1859, 120: 3]. До и после лекций они проводили время в кабаках, где пили крепкие напитки, пиво, вино и курили «вдоволь» [Буслаев 1897: 12]. Кабак занимает центральное место в ряде мемуаров об университетских годах, изобилующих приятными воспоминаниями о днях в товарищеском обществе, проведенных в питейных заведениях, которые были «наполнены клубами дыма и всегда битком набиты студентами» [Георгиевский 1915, 163 (9): 428]. Хотя эти мемуары неизбежно приправлены ностальгией, а при их оценке надо делать поправку на специфику работы памяти и эпистолярные условности, центральное место кабака в жизни студентов не вызывает сомнений. И архивные записи, и огромный объем воспоминаний свидетельствуют о том, что будущие служилые люди России проводили в кабаках важную часть своей студенческой жизни.

Два самых популярных московских студенческих трактира: «Железный» и «Британия» — располагались неподалеку от университета. Как отмечал один мемуарист, «Британия» была «простым трактиром, стоявшим против самого университета» [Дмитриев 1858–1859, 120: 3]. Это заведение действительно располагалось так близко, что старший студенческий инспектор Московского университета Степан Платонович Нахимов, глядя в окно профессорской, видел, как студенты «плавали через пролив» (как он называл Моховую улицу, на которой находился университет), чтобы попасть в кабак, а затем наблюдал, как они сидят и пьют на его крыльце [Дмитриев 1858–1859, 120: 3]. «Железный» также находился рядом с университетом, а название заведение получило потому, что находилось под магазином с металлическими изделиями, который держал купец Печкин.

Хотя кабаки, расположенные рядом с университетом, свободно посещала самая разная публика, они давали студентам возможность создавать ниши эксклюзивного общения в более масштабном социальном пространстве. При помощи посетителей и владельцев заведений студенты превращали помещения своих любимых харчевен и трактиров в собственные пространства, куда не допускались посторонние. В Санкт-Петербурге в начале 1850-х годов студенты собирались в кафе «Василий», а также в кондитерской Кинша, расположенной на углу Большого проспекта Васильевского острова неподалеку от университета. В последнем заведении толпа студентов составляла особый «клуб»: его участники набивались в подвальную комнату, где разговаривали и играли на бильярде[6]. В московском трактире «Железный» тоже было специальное помещение, отведенное для студентов, где они могли предаваться своим проказам. Здесь они «чувствовали себя как дома» и проводили время в собственном, по их же выражению, «студенческом общежитии», куда никто не заходил. Ф. И. Буслаев, навещавший «Железный» в свои студенческие годы, вспоминал, что для студентов там «была особая комната, с выходом в большую залу с органом, или музыкальной машиной» [Буслаев 1897: 11–12].

Мемуарист Николай Дмитриев в своих сентиментальных воспоминаниях о кабацкой жизни подчеркивал, что в его любимом заведении «Британия» было все необходимое для появления «университетского духа: те же братья, те же речи и дружеские чувства» [Дмитриев 1858–1859, 120: 3]. Обычно в будние дни учебного года, если верить мемуарам Дмитриева, студенты сидели за столами «Британии», обсуждая лекции, читая друг другу статьи, смеясь и попивая вино. В один из таких дней, описанный Дмитриевым, группа студентов, собравшись за столом, поглощала трактирные пироги, а по соседству студент-медик рассказывал

---

6   Публицист Федор Устрялов в своих воспоминаниях [Устрялов 1884: 131] будто бы склонен отрицать какое-либо употребление алкоголя среди студентов. Однако в большинстве других рассказов о том, как происходило общение студентов, подчеркивается, что алкоголь: пиво, вино, водка и другие крепкие напитки — действительно играл важную роль в их компаниях в трактирах и харчевнях. Авторы мемуаров часто упоминают, что студенты пили «вино»: за этим словом могло скрываться как собственно вино, так и более крепкие напитки. См. [Smith, Christian 1984: 88, 300].

своим товарищам историю о том, как он опрокинул свечу, занимаясь ночью в анатомическом театре, и в темноте карабкался между трупами. Еще один студент, только что вышедший на свободу после трехдневного пребывания в *карцере*, где ему давали только хлеб и воду, с жадностью поглощал еду в углу заведения. По вечерам Дмитриев и его друзья пировали и часами поднимали тосты. Они пили друг за друга, за своих «братьев» и «красавиц», горланя пьяные песни о «зеленых лузах» своего любимого бильярда. Если же не хватало денег, вспоминал Дмитриев, студенты скидывались и вместе устраивали пьяное веселье [Дмитриев 1858–1859, 120: 5].

Известно, что владельцы кабаков сами устраивали эти студенческие вечеринки юношеского товарищества. Хозяева «Британии» в семь часов вечера закрывали двери для всех, кроме студентов, а в трактире Елисеева в Санкт-Петербурге попойки студентов настолько вошли в привычку, что его владельцу приходилось изобретать различные способы, как утихомирить их выходки. После нескольких случаев, когда студенты слишком уж шумели, они сами согласились вести себя более сдержанно: например, если хотелось выбрасывать бутылки из окна (чем, очевидно, они часто занимались), это нужно было делать во двор, а не на улицу. Тем самым хозяин кабака по меньшей мере защищал себя от нежелательных визитов полиции[7].

Из полуприватного мира уютных кабаков пьяные студенты выходили в публичное пространство улицы. Оказавшись там, они часто озорничали и покушались на устои поведения и институты респектабельного общества. Например, Федор Буслаев в мемуарах об учебе в Московском университете рассказывал, как после вечеров, проведенных в «Британии» или «Железном», они с друзьями отправлялись на поиски приключений. Одним зимним вечером после долгого заседания в трактире Буслаев и несколько его товарищей решили прокатиться на дрожках:

---

[7] Этот случай описан в мемуарах будущего географа Петра Семенова-Тян-Шанского о Санкт-Петербургском университете в 1845–1848 годах [ЛУВС 1956: 44].

...но не так, как катаются люди, а на свой особенный манер. И все мы, человек пять или шесть, должны разместиться порознь, и каждый садится верхом на лошадь, ноги ставит вместо стремян на оглобли, а, чтобы не свалиться, руками ухватится за дугу, а сам извозчик сидит на месте седока и правит лошадью. И вот, при свете луны вдоль Александровского сада плетется гуськом небывалая процессия, оглашаемая хохотом и криками [Буслаев 1897: 14].

Многие подобные приключения с участием Буслаева и его однокурсников происходили в московском Александровском саду, который располагался между их любимыми трактирами и университетом. Например, в 1834 году в день святого Николая та же группа студентов Московского университета приняла участие «в самом курьезном образчике... кутежей», по признанию будущего академика. В тот вечер студенты собрались в трактире «Железный» в своей обычной комнате-«общежитии» и стали пить все что под руку попадется. После нескольких часов возлияний они покинули натопленный кабак, вышли на улицу и поняли, «что не могут ступить шагу по оледеневшему тротуару». Тогда компания решила возвращаться в университет прямиком через сад, пробираясь по сугробам по колено в снегу с криками и пением песен. А когда они добрались до университета, оказалось следующее: «Веселье, хохот, юный разгул до того нас опьянили, что нам казалось совершенно невозможным попасть наверх». Тогда Буслаев, как старший среди своих товарищей, ударил в колокол, висевший у входа в университет, после чего «явилось несколько солдат» из их служителей, которые помогли им взобраться по лестницам и благополучно уложили их спать. А на следующий день за эту публичную демонстрацию пьяного буйства все были удостоены «расправы» от студенческого инспектора [Буслаев 1897: 15–16].

Агрессивное поведение

Выпивка подогревала не только веселое озорство, описанное Буслаевым, но и агрессивное и деструктивное поведение — от кабацких драк до домогательств и нападений на представителей власти. Примеров насилия и агрессии со стороны студентов в источниках содержится множество. Устраивая драки друг с другом, нападая на прохожих и представителей власти, студенты самоутверждались в смелости и мужественности, тем самым они воплощали маскулинный идеал, который противоречил модели послушного и аккуратного слуги.

Выбравшись из университетских стен в кабак, чтобы выпить, студенты устраивали друг с другом потасовки, которые далеко не всегда были безобидными. Однажды утром студент Казанского университета Иван Клобуков ушел из университета без разрешения начальства. Вернувшись вечером в стельку пьяным, он направился прямиком в свою комнату в общежитии и на глазах у группы однокашников ударил своего сокурсника и соседа по комнате Николая Кудаша[8]. Из доклада об этом происшествии непонятно, за что Кудаш получил от Клобукова, однако несомненно то, что поступок последнего вызвал определенное уважение в глазах однокурсников. Еще двое студентов Казанского университета, Александр Бобин и Александр Левингоф, как и Клобуков, тоже неоднократно покидали территорию учебного заведения без разрешения инспектора и возвращались мертвецки пьяными. Часто такие похождения заканчивались драками между ними: однажды, устроив потасовку, они протаранили и сломали дверь общежития[9].

Нередко от буйных порывов пьяных студентов страдали не только их товарищи, но и представители респектабельного общества. Студентов, которые разгуливали по улицам и затевали драки с прохожими, часто ловили университетские власти

---

[8] РГИА. Ф. 733. Оп. 40. Д. 278.

[9] РГИА. Ф. 733. Оп. 40. Д. 119; Загоскин 1906: 98–99. Во втором из этих источников автор обращает внимание на то, что Бобин был татарином, в связи с чем университетские и государственные власти относились к нему с гораздо меньшим снисхождением. Описанных случаев, когда одни студенты дрались либо с другими, либо с кем-то, кто не имел отношения к университету, и бывшими студентами, более чем достаточно. К архивным документам с упоминанием драк первого типа относятся ГИМ. Ф. 404. Оп. 1. Д. 32. Л. 13; РГИА. Ф. 733. Оп. 47. Д. 85; ЦИАМ. Ф. 16. Оп. 39. Д. 213; о драках второго типа см.: ГИМ. Ф. 404. Оп. 1. д. 32. Л. 28–32; ЦИАМ. Ф. 16. Оп. 39. Д. 161.

и полиция. Например, в 1832 году в одном московском ресторане объявилась пара пьяных студентов, которые нарывались на драку. В полицейском протоколе говорится, что хозяин заведения, заметив, что они пьяны, попросил их уйти. В ответ один из студентов, обидевшись, ударил посетителя ресторана деревянной тростью, а другой разбил несколько окон кулаком, из-за чего во все стороны брызнула его кровь[10]. Еще один подобный случай описан в дисциплинарных рапортах Московского университета за 1839 год. Однажды утром студенты Эдуард Ян и Михаил Кропотов, известные нарушители спокойствия, подошли к особняку богатого московского купца и стали колотить в окна. Услышав шум, хозяин подошел к двери, чтобы поговорить с дебоширами. Кропотов при попытке прорваться в дом ударил сторожа, но тот что было сил стал звать на помощь, и студенты убежали[11].

Иногда катализатором насилия становилось присутствие женщин. В январе 1845 года в заключительной части общественного бала-маскарада студент Казанского университета Петр Курдосов танцевал с привлекательной женщиной, как вдруг к паре подошел некий офицер и начал заигрывать с дамой. Смерив Курдосова бесцеремонным взглядом, офицер заявил, что дама «находится в неподобающей компании» и должна оставить своего партнера, чтобы танцевать с ним. В ответ на эти слова Курдосов, дабы не уронить свою мужскую репутацию, ударил соперника по лицу[12].

В октябре 1837 года студент Московского университета Васильев, его приятельница и несколько однокашников, гуляя по городу, наткнулись на еврейского купца Розенберга с женой и ребенком. Один из студентов неосторожно толкнул жену Розенберга, проходя мимо нее, и та упала на колени с младенцем на руках. Розен-

---

[10] РГИА. Ф. 733. Оп. 30. Д. 61.

[11] ГИМ. Ф. 404. Оп. 1. Д. 32. Л. 26–27. Еще один похожий случай произошел в Москве в 1848 году, когда власти задержали двух пьяных студентов университета, которые преследовали на улице несколько незнакомых им людей с намерением устроить ожесточенную драку (ЦИАМ. Ф. 418. Оп. 265. Д. 31; см. также: НАРТ. Ф. 18. Д. 977).

[12] НАРТ. Ф. 18. Д. 977.

берг закричал, что студенты не имеют права толкать его жену, но Васильев решил защитить честь своего друга и трижды ударил купца по лицу, несмотря на попытки товарищей его удержать. В присутствии своей подруги он не мог допустить публичного унижения собственной персоны, особенно со стороны еврея[13].

Впрочем, женщины тоже не были застрахованы от агрессивности студентов. Согласно рассказу одного из очевидцев, в 1837 году в Москве случился следующий инцидент. Некий студент Александр Иванов, проходя через Лубянскую площадь, заприметил одну женщину, подошел к ней с соблазнительным предложением, но она его отвергла. Осознав, что отказ задел его чувство собственного достоинства, Иванов влепил женщине затрещину, и та упала на землю[14].

В отдельных случаях студенты намеренно посягали на представителей власти и официальные учреждения. Буслаев вспоминал:

> Как-то раз мы охмелели в воинственном расположении духа; мы были в мундирах со шпагою и с треуголкой на голове. Нам пришла счастливая мысль обревизовать будочников, исправно ли они сторожат при своих будках, и, кто из них не сделает нам чести под козырек, подобающую нашему офицерскому чину, того колотить. Не знаю, сколько мы совершили опытов такого дозора, хорошо помню только вот что: каждый раз, как только кто из нас обидит будочника, тотчас же сунет ему в руку гривенник или пятиалтынный сердобольный Каэтан Андреевич Коссович, который тогда находился в числе нас [Буслаев 1897: 14–15][15].

Не удавалось избегать агрессии студентов по отношению к Церкви. В последнюю неделю пасхального поста 1839 года студент Казанского университета Петр Аристов пригласил сокурсников собраться у него на квартире, чтобы отметить свой

---

13 ГИМ. Ф. 404. Оп. 1. Д. 32. Л. 24.

14 ГИМ. Ф. 404. Оп. 1. Д. 21. Л. 32. Другие описания агрессии пьяных студентов в отношении женщин см. в: ГИМ. Ф. 404. Оп. 1. Д. 75.

15 Упоминаемый в мемуарах Буслаева Каэтан Коссович (1814–1883) впоследствии также стал известным филологом, одним из авторов двухтомного «Греческо-русского словаря». — *Прим. пер.*

день рождения с вином и едой, привезенными его отцом. Один из студентов, будущий военный Павел Вистенгоф, вспоминал в своих мемуарах, что поначалу отказывался присоединиться к попойке, но в конце концов поддался уговорам хозяина и напился до беспамятства. Что произошло дальше, Вистенгоф не помнил, но в дисциплинарных рапортах университета сообщается, что студенты, выйдя из квартиры Аристова, отправились бродить по улицам Казани. Остановившись около церкви рядом с университетом, они начали бить стекла камнями и голыми руками. Согласно ряду свидетельств, они разбили до восьми окон и разбежались только после того, как священник вызвал полицию[16].

Можно привести и такой случай. Одним весенним вечером 1846 года группа казанских студентов собралась отпраздновать окончание учебы своего товарища по фамилии Кириллов. Уже подвыпившие, они собрались в саду дома, где жил выпускник, но, после того как буйная компания стала безобразничать, один из жильцов вызвал полицию. Прибывший первым офицер Николай Фадеев, сам заметно пьяный, сразу же попытался выставить молодых людей из сада, однако нарушители сопротивлялись, и Фадеев набросился на Кириллова. В ответ двое студентов повалили полицейского на землю, били его кулаками по лицу и макушке, таскали за уши и грудки, после чего скрылись с места преступления. Фадееву после этого инцидента пришлось провести три недели в больнице; двое студентов были задержаны и помещены в карцер, но остальные тем же вечером отправились на улицу и продолжили предаваться веселью[17].

Подобные стычки могли поставить администрацию университета в затруднительное положение. Например, в 1854 году восемь пьяных студентов Казанского университета подошли к полицейской будке в одном из старых кварталов города и на-

---

[16] Описание этого инцидента присутствует в следующих источниках: РГИА. Ф. 733. Оп. 42. Д. 182; Вистенгоф 1884: 349.

[17] ГАРФ. Ф. 109. Экс. 1. Д. 52. Л. 10. Еще одним вечером 1846 года группа пьяных казанских студентов намеренно бросала камни в окна инспектору (ГАРФ. Ф. 109. Экс. 1. Д. 52. Л. 3–4).

пали на стоявшего внутри городового. Затем толпа студентов избила и офицера, пришедшего на помощь своему сослуживцу. Совершив все это, студенты разошлись и скрылись под покровом ночи. Руководство университета затем заявило, что лица, напавшие на полицейских, не были учащимися, а следователи городской полиции не смогли доказать вину студентов, но в рапорте министру просвещения и Третьему отделению сообщалось, что виноваты были именно студенты. Эта путаница в показаниях вызвала недоумение среди всех, кто имел отношение к инциденту, однако попечитель Казанского учебного округа был вынужден признать, что в целом наблюдение за студентами ослабло и в силу этого невозможно с уверенностью сказать, кто же был виновником, при этом попечитель пообещал, что для «свершения целей и чаяний Государя Императора» будут приняты меры по усилению контроля над поведением студентов[18].

Университет и бутылка

Пьянство и потасовки нарушали нормы приличного и достойного мужского поведения, закрепленные в университетских кодексах поведения, и, как показывают приведенные выше примеры, могли приводить к открытому неповиновению государственной власти. Неудивительно, что за нападениями на полицейских следовали дознания и аресты, однако разбор более рутинных инцидентов, связанных с пьянством и буйством, как правило, не выходил дальше дисциплинарных кодексов, которые существовали в самих университетах, при этом действия университетского начальства свидетельствуют о неоднозначном отношении к отступлениям студентов от административного идеала.

Разумеется, в университетах следили за пьяными выходками студентов и пытались налагать дисциплинарные взыскания за самые вопиющие проступки. Студенческим инспекторам, например, вменялось в обязанность не допускать, чтобы их подопечные

---

[18] ГАРФ. Ф. 109. Экз. 1. Д. 52. Л. 3–4; см. также: РГИА. Ф. 733. Оп. 46. Д. 88.

проживали в зданиях с кабаками или «подозрительными ресторанами», а также следить за ними в трактирах, посещение которых иногда было строго запрещено для студентов[19]. Например, в Наставлениях московским студентам 1833 года говорилось, что «всем учащимся в университете строго воспрещается вход в трактиры, кофейни и любые места, где подают крепкие напитки и играют на бильярде»[20]. Тем не менее начальство, как правило, относилось к подобным нарушениям порой с пониманием, а то и с легким одобрением. Возможно, одна из самых откровенных подобных оценок студенческих проступков прозвучала через год после смерти Николая I: «Буйное поведение студентов неизбежно — этого невозможно полностью избежать при таком огромном количестве молодых людей»[21]. Порой казалось, что лица, уполномоченные надзирать за «цивилизующей миссией» университета, сами были готовы признать, что подвластные порядку и послушные мужчины, которых они готовили, будут сохранять хотя бы толику юношеской несдержанности.

Действия чиновников определялись тем, что известная степень буйного поведения была неизбежна, поэтому молодым людям требовалась определенная свобода действий. Такое несколько снисходительное отношение к студенческому пьянству и проявлениям буйной распущенности, а то и разврата отражалось в готовности начальства предоставлять молодым людям возможность раскаяться в своих проступках и получить право начать все сначала[22]. Виновным в непослушании, насилии и пьянстве чаще всего давали возможность исправиться, прежде чем при-

---

[19] Такие правила представлены, например, в: ГИМ. Ф. 404. Оп. 1. Д. 24. Л. 10об.

[20] ГИМ. Ф. 404. Оп. 1. Д. 32. Л. 3–4.

[21] ГАРФ. Ф. 109. Экз. 1. Д. 52. Другие администраторы подчеркивали неизбежность дисциплинарных проблем среди студентов. Один университетский чиновник высказывал мнение, что молодые люди могли бы «вести себя хорошо», но им неизменно присущ «слабый характер», поэтому они будут с готовностью предаваться дебоширству (РГИА. Ф. 733. Оп. 40. Д. 278).

[22] Например, упоминавшихся выше студентов Бобина и Левингофа после трех происшествий, связанных с пьянством и драками, отправили в солдаты (РГИА. Ф. 733. Оп. 40. Д. 11).

менять к ним суровые наказания[23]. К таким случаям, несомненно, относится история, когда несколько казанских студентов в 1854 году появились в очевидно пьяном состоянии во время молитвы перед иконами. Инспектор, настояв на том, чтобы они немедленно вернулись в университет, отпустил их, а поскольку прежние свидетельства непослушания этих студентов отсутствовали, инспектору необязательно было их наказывать[24]. Правда, при следующем проступке студентам уже могло не поздоровиться.

Так или иначе ключевое значение для наказаний, применяемых к студентам, имело их предыдущее поведение: чем меньше было проступков, тем мягче было наказание, и наоборот. Когда в 1848 году группа казанских студентов сорвала церемонию венчания сестры своего сокурсника в одной из городских церквей, суровым санкциям подверглись только «те, кто ранее имел взыскания за неподобающее поведение»[25]. Один из предводителей этой группы дебоширов по фамилии Виноградов благодаря своему незапятнанному прошлому получил значительно меньшее наказание — всего-то неделю в *карцере* на хлебе и воде, тогда как при иных обстоятельствах за такое можно было пожизненно отправиться в солдаты. Еще одного зачинщика описанного инцидента попечитель и вовсе отпустил «за его добрую нравственность и похвальное поведение в прошлом». Но при наличии предшествующих проступков наказание было более

---

[23] Во многих дисциплинарных делах студентов содержится переписка между должностными лицами, в которой обсуждается вопрос о смягчении наказания. Например, когда в 1834–1835 годах некая группа московских студентов была неоднократно уличена в сборищах в городе ради того, чтобы пить, петь и «предаваться озорству», эти проступки много раз сходили им с рук, прежде чем были приняты санкции в виде высылки. Но даже после вынесения этого решения нескольким молодым людям удалось добиться смягчения наказания (РГИА. Ф. 733. Оп. 30. Д. 138). Другие подобные истории см. в: ЦИАМ. Ф. 418. Оп. 252. Д. 7.

[24] РГИА. Ф. 733. Оп. 46. Д. 188. Л. 27.

[25] РГИА. Ф. 733. Оп. 45. Д. 104. Интересно отметить, что предшествующая репутация была главным фактором при определении наказания даже в случае подозрительной в политическом отношении деятельности, что требовало привлечения тайной полиции (РГИА. Ф. 733. Оп. 30. Д. 103).

суровым. За студентом Белгиновичем, в отличие от его подельника Виноградова, тянулся долгий шлейф пьянства и буйств, в связи с чем он был отправлен на военную службу. В целом те, кто прежде был замечен в невежливом и неуважительном поведении, получали за проступки одинаковой степени тяжести «полное наказание»[26].

Самые суровые взыскания в итоге доставались тем, кто отказывался становиться на путь истинный и продолжал пренебрегать правилами поведения. Именно так произошло с петербургским студентом Николаем Митинским и казанским студентом Георгием Стадлером, которые неоднократно — и всякий раз лживо — заявляли, что решили бросить пить. Митинский в 1832 году несколько раз самовольно покидал университет, ночевал где-то вне его стен и возвращался пьяным. Сначала ему угрожали военной службой, но все же разрешили остаться и закончить обучение, чтобы студент мог избавиться от своей «слабости» и реализовать профессиональные амбиции — стать учителем. В итоге Митинский закончил учебу, но армии не избежал. Не сумев преодолеть пристрастие к алкоголю, он продолжал пить, даже когда стал школьным учителем, и не раз являлся пьяным перед учениками. Учитывая предыдущую репутацию Митинского, власти больше не могли проявлять к нему снисхождение — он был отправлен служить в армию в низшем звании[27].

---

[26] НАРТ. Ф. 977. Оп. 977. Д. 13. Л. 42–43. В 1830 году приключилась такая история. Однажды после вечерней молитвы студент Николай Шабанов выкрикнул оскорбительные слова в адрес помощника инспектора в присутствии множества студентов. За это инспектор отправил его на три дня в *карцер* на хлеб и воду. Однако за повторное нарушение в следующем семестре, когда Шабанов снова нецензурно выражался в адрес помощника инспектора, последовало куда более строгое наказание. За этот второй проступок студент был отправлен под арест на хлеб и воду на целый месяц. Власти считали повторные проступки особенно позорными, поскольку они свидетельствовали о том, что виновные не смогли проявить смирение, необходимое для исправления, и сделать выводы из своего поведения.

[27] РГИА. Ф. 733. Оп. 22. Д. 33. Этот сюжет еще более интересен тем, какую роль сыграли в нем родители Митинского, которые поручились перед властями за своего сына (об этом еще будет сказано в главе 5).

История неисправимого пьяницы Георгия Стадлера также закончилась военной службой. Сын французского дворянина, Стадлер неоднократно проявлял «дерзость» по отношению к начальству. Он регулярно покидал территорию университета без разрешения, приходил в аудиторию пьяным и не проявлял раскаяния при общении с инспектором. После первого дерзкого проступка в феврале 1830 года его хотел исключить сам попечитель, но в дело вмешался ректор, которому удалось выступить в защиту Стадлера. Однако к августу того же года Стадлер еще несколько раз попадался на таких же выходках, а после того, как он подговорил однокурсников участвовать вместе с ним в одной из попоек, начальство больше не проявляло к студенту благосклонности: вместо обычного заключения в *карцере* он был отправлен служить в армию[28].

Неоднозначные сигналы, которые подавались студентам в случае их плохого поведения, порой выходили за рамки простой терпимости начальства к пьянству и дракам[29]. Неудивительно, что в университетской иерархии присутствовали лица, которые сами были известны привязанностью к бутылке[30], а были и такие,

---

[28] Одним из затруднявших выбор наказания для Стадлера обстоятельств было то, что его отец являлся французским дворянином, поэтому власти не могли с легкостью отправить студента в солдаты, как это обычно делалось с сыновьями разночинцев. Но поскольку Стадлер был дворянином иностранным, это давало начальству определенную свободу действий. В конечном итоге он был отправлен на военную службу, но не в самом низком звании (РГИА. Ф. 733. Оп. 40. Д. 419). Стоит отметить, что еще до поступления в университет Стадлер имел дисциплинарные взыскания: в 1827 году он был наказан за подстрекательство к дуэли.

[29] Возможность искупить вину для некоторых студентов заключалась в переводе из одного университета в другой. Вместо исключения или отправки на военную службу за повторные дисциплинарные нарушения студент мог получить возможность начать все с чистого листа — при усиленном надзоре — в новом учебном заведении. Подобные примеры в архивных материалах присутствуют в избытке, см., в частности: РГИА. Ф. 733. Оп. 45. Д. 104; Оп. 30. Д. 102. Подобным образом завершилась и описанная в главе 1 история Оже де Ранкура.

[30] В насмешливом письме, составленном казанскими студентами в 1855 году, в пьянстве обвинялись инспектор Ланге и попечитель Молоствов (ГАРФ. Ф. 109. Экз. 1. Д. 52. Л. 44). Один из бывших студентов, оставивших мемуары, упоминает о пьянстве среди преподавателей в целом [Вистенгоф 1884: 340–341].

кто не препятствовал пьяному и шумному поведению студентов и даже наставлял их в этом. Более того, в течение нескольких лет после смерти Николая I стали появляться полицейские рапорты, где были запротоколированы случаи совместного неформального времяпрепровождения преподавателей со студентами[31]. По меньшей мере в одном таком случае выяснилось, что студенческий инспектор — лицо, которому непосредственно поручалось следить за поведением студентов и совершенствовать его, — обучал своих подопечных навыкам кабацкого общения и мужского поведения во хмелю.

Ярким и хорошо задокументированным образцом того, как представитель университетского начальства мог одновременно выступать в двух ролях — надзирателя за дисциплиной и соучастника питейной культуры студентов, был знаменитый в своем кругу Платон Степанович Нахимов, старший инспектор Московского университета в 1830–1840-х годах. По воспоминаниям студентов, привлекательность его образа отчасти была основана именно на слабости к выпивке. Студенты с гордостью распространяли слухи о том, что Нахимов изобрел уловку, позволявшую ему каждый день выпивать по дороге домой. Якобы, дойдя до угла неподалеку от университета, инспектор взмахом платочка сигнализировал своему помощнику, чтобы тот налил ему стакан рома из соседнего окна [Попов 1884: 687].

Нахимов был снисходителен к пристрастию своих подопечных к алкоголю и наставлял их в том, как следует употреблять спиртное. Однажды вечером в трактире «Британия» он заметил

---

[31] В декабре 1856 года один офицер казанской полиции писал: «Здесь, в Казани, юные студенты, в особенности *своекоштные*, повсеместно заимствуют дурные примеры у многих молодых гражданских профессоров, которые ведут развратную жизнь, предаются пьянству и карточной игре. Они зазывают студентов участвовать в их бурном веселье» (ГАРФ. Ф. 109. Оп. 1. Д. 32. Л. 54–54об). В еще одном казанском рапорте, датированном 1858 годом, также подчеркивается развращающее влияние профессуры: в документе говорится, что майской ночью компания, состоявшая из студентов, профессоров и горожан, затеяла стычку на бильярде в трактире на окраине Казани. Проиграв партию, профессор подстрекал студентов удирать от соперников, вместо того чтобы рассчитаться с ними (ГАРФ. Ф. 109. Экз. 1. Д. 32. Л. 79).

группу студентов, глотавших из стаканов некую темную жидкость, и поинтересовался у них, что это они пьют. Опасаясь строгого выговора со стороны начальства, студенты нервно ответили: «Чай!» Тогда инспектор с досадой поинтересовался, действительно ли это чай, попробовал напитки из каждого стакана, а затем вышел из кабака, не отчитывая и не предупреждая молодых людей. Но на следующее утро один из студентов, пивших «чай», был вызван в кабинет инспектора, где Нахимов сурово спросил его: «Какую ты дрянь вчера пил?» Когда студент ответил, что это был алкогольный пунш, Нахимов принялся его ругать:

> Да другие-то пунш так пунш пили, это я видел, а ты пил черт знает что такое; положил в стакан с чаем, верно, ложки две только рому-то, и вышла какая-то бурда. Разве это пунш, а? Пошел в *карцер*!.. Те пили пунш, а ты бурду! [Афанасьев 1887: 651].

Применив свои полномочия представителя дисциплинарной системы университета, Нахимов отправил студента в *карцер*, чтобы тот обдумал на досуге, как в следующий раз сделать свой напиток покрепче. Инспектор любил студентов, которые умели держать себя в руках и рисковать. Особенно забавные отношения сложились у него с неким Новаком, известным студентом-пьяницей. Однажды Нахимов поймал Новака, шатавшегося по университету в пьяном виде, и попросил студента подышать на него, чтобы выяснить, пил ли он, и вот что произошло дальше:

> Новак никак не может широко раскрыть свой рот, а если и раскроет, не дышит как следует, явственно, — точно сказочный дурак, которого яга-баба сажает на лопату, чтобы бросить в пылающую печь, а он не умеет на лопате усесться. К таким россказням о себе Новак обыкновенно прибавлял: «Этот опыт проделывал со мною Платон Степанович всегда натощак, а после обеда никогда, потому что, как известно, и сам любит выпить, и стало быть, моего духу не расчухает». Одним словом, связь между поколениями — между наставником и учеником — была для Нахимова сильнее, чем чувство официального дисциплинарного долга [Буслаев 1897: 31].

Нахимов также помогал студентам скрывать от начальства пристрастие к курению. Как-то, совершая привычный обход общежитий, инспектор заметил, что в одном из шкафов все пальто студентов пропахли табаком. На следующий день он вызвал двух студентов к себе в кабинет и посоветовал им, как избавиться от этого запаха и избежать выговора со стороны ректора или младших инспекторов: «Обойдите три раза кругом здания университета и тогда идите домой... Сигарный запах и выветрится» [Афанасьев 1887: 652][32].

Обучая студентов искусству пить и курить, Нахимов выступал в роли посредника между ними и властями, образцом для подражания, «заступником и другом» для молодых людей [Попов 1884: 686]. Он заботился об их интересах, связанных с преподавателями, университетским начальством и Церковью. Студенты обращались к Нахимову, когда у них случались личные или учебные неурядицы. Один студент, желая узнать оценку по какому-то предмету, не очень уместно попросил о помощи инспектора: «Будьте так добры, посмотрите, сколько мне профессор поставил?» Нахимов понял, что студент умоляет его вмешаться и поговорить с профессором, но его первая реакция была суровой: «Знаю я вас, зубоскалов; убирайся вон!» Но всего через несколько часов он подошел к этому студенту и не без торжества сообщил: «Четверка», и студенту больше ничего не оставалось, как ответить тихим вкрадчивым голосом: «Благодарю вас, Платон Степанович» [Попов 1884: 687][33].

В обязанности Нахимова входило не только строго следить за «порядком, дисциплиной и... приличиями», но и защищать студентов при их столкновениях с полицией. Студенты знали, что

---

[32] В воспоминаниях бывших студентов есть и другие свидетельства того, что Нахимов любил выпить, см., например, [Попов 1914: 136–137].

[33] В этом фрагменте мемуаров Попова из уст самого Нахимова также звучит его прозвище среди студентов — Флакон Стаканович (Нахимов притворяется, что не хочет помогать просителю, поскольку тот вместе со своими товарищами потом за глаза будет называть его этим прозвищем). В мемуарах Александра Афанасьева упоминается, что Платон Степанович, родной брат знаменитого российского адмирала Павла Нахимова, пристрастился к выпивке во время службы во флоте, однако Афанасьев уточняет, что при исполнении обязанностей инспектора никогда не видели в подпитии. — *Прим. пер.*

в случае неприятностей с городскими властями им следует «прежде всего обратиться за помощью к своему любимому инспектору» [Георгиевский 1915, 162 (6): 467]. Николай Дмитриев в воспоминаниях о московском студенчестве отмечал, что у Нахимова была негласная, но передававшаяся из уст в уста договоренность со студентами, предполагавшая ходатайство инспектора перед университетским попечителем [Дмитриев 1858–1859, 119: 86]. Однажды студенты обратились к Нахимову за помощью, когда священник запретил паре их буйных товарищей причащаться во время пасхального поста. Однако священник отказал Нахимову в просьбе о снисхождении, пояснив: «Нет, Иисус Христос мне не позволит», и тогда инспектор решил действовать через его голову, обратившись за консультацией к надлежащим церковным инстанциям. В конце концов студентам разрешили причащаться [Афанасьев 1887: 359].

Чтобы защитить своих подопечных от городских и университетских властей, Нахимов обычно отлавливал пьяных студентов на улицах. Он особенно активно ходил по самым популярным студенческим местам в праздники, «не шляется ли где пьяненький студентик, да еще, пожалуй, без формы (то есть без треугольной шляпы и шпаги)» [Попов 1914: 687]. Во время одного праздничного гулянья Нахимов заметил мертвецки пьяного студента-медика, который сидел на улице сгорбившись, без мундира и шпаги. Студент умолял оставить его в покое, но инспектор не позволил ему остаться на улице и отвел его в *карцер*. Студент был наказан не за нарушение университетских правил поведения, а за глупость появиться на публике настолько пьяным, особенно в праздник [Попов 1914: 688].

Нахимов был самым популярным и пользовавшимся наибольшим доверием инспектором среди студентов. Как вспоминал один из них, «каждый хранил в сердце благодарные воспоминания» о нем после выпуска [Дмитриев 1893: 726–727][34]. Упоминания

---

[34] Афанасий Фет в своих мемуарах отмечал, что Нахимову отведена выдающаяся роль и в его студенческой поэзии, и в творчестве его сверстников, упоминая, например, стихотворение, которое инспектору посвятил Яков Полонский [Фет 1893: 210–211].

о положительных качествах Нахимова изобилуют в дневниках и воспоминаниях студентов. Николай Дмитриев вспоминал «глубокую доброту прекрасной души» инспектора, отмечая, что это был «поистине *чистый сердцем*» человек [Дмитриев 1858–1859, 119: 86]. В годы работы инспектором Нахимову «комфортно жилось среди студенческой молодежи», и студенты так любили его, что «заслужить его выговор и вообще смотреть ему в глаза после какого-нибудь трескучего скандала... для них было крайне тяжело» [Попов 1914: 687].

Авторитет Нахимова отчасти основывался на его личных отношениях со студентами. Эти трогательные чувства между инспектором и его подопечными способствовали формированию привязанности поверх поколений и «официальных границ». По словам одного из студентов, Нахимов напоминал отца: описывая чувства к нему, бывшие студенты в своих воспоминаниях используют семейные термины. Нахимова, вспоминал Александр Афанасьев, «любили от души, и он любил студентов, как собственных детей» [Афанасьев 1887: 359]. Несмотря на формальную дистанцию между инспектором и студентами, Нахимов относился к своим воспитанникам так, будто они были его семьей, «он искренне и горячо любил студентов» [Попов 1914: 686].

В исторических документах Нахимов, с одной стороны, выступает представителем административного идеала государства, а с другой — наставником в правилах кабацкого общения. В глазах своих подопечных он олицетворял государство и одновременно способствовал тому, чтобы студенты нарушали правила, установленные самодержавием. Историческая реконструкция таких пограничных фигур, как Нахимов, позволяет увидеть, что самодержавное государство даже на вершине своего автократического контроля никогда не было монолитной абстрактной сущностью: скорее, оно представляло собой совокупность людей с противоречивыми импульсами и приверженностью. Вписывается ли такая фигура, как Платон Степанович Нахимов — отец, пьяный друг и университетский инспектор, — в избитые исторические категории государства и общества? Конечно, нет: он находился в обеих этих сферах.

Мир университета — как для инспекторов, так и для студентов — требовал нахождения равновесия. В какой-то момент студент должен был вести себя прилично, а в другой ситуации мог бросать камни в окна церкви. Он должен был проявлять смирение перед начальством и Богом, одновременно демонстрируя свой авторитет тем, кто находился ниже его на социальной лестнице как по профессиональному (таким как мелкие городские чиновники), так и по гендерному (таким как мать / бабушка) статусу. Как студент мог узнать, в какие моменты вести себя как покорный слуга государя, цивилизованный джентльмен или пьяный товарищ? Ему оставалось лишь обращаться к своим наставникам, которые проводили его через этот лабиринт. Отсутствие должного наставничества — как в истории с бедным Благово, который предпочел, чтобы им руководили мать и бабушка, — могло способствовать остракизму со стороны сверстников или, что еще хуже, утрате мужского авторитета. Но если студент мог демонстрировать верность самодержавию, а заодно пить водку и бить по лицу своих соперников, то его, скорее всего, замечали сверстники и терпели (а то и поощряли) власти.

Глава 3
Студенческие братства и дуэли

Наши корпорации... сдерживали неразумную и подчас бурливую молодежь в пределах благоразумия и приличия.

А. А. Чумиков [Чумиков 1881: 374][1]

Вскоре после того, как 19-летний Иван Белов[2] в 1840-х годах приехал в Санкт-Петербург для начала обучения в университете, он оказался в одной студенческой квартире, переполненной молодыми людьми в оранжевых, белых и черных мундирах. По команде *Silentium!* [тихо! — лат.] разговоры и смех резко прекратились, и молодые люди молча слушали напоминания об их коллективной обязанности хранить свою честь «без пятна и укора» [Белов 1880: 781][3].

В этом фрагменте своих мемуаров Белов описывает «сходку» участников студенческой корпорации. Воспоминания Белова приоткрывают завесу над малоизвестным миром российских студенческих обществ, которые были важной составляющей жизни некоторых учащихся Санкт-Петербургского университета. Корпорации, созданные по модели немецких студенческих братств, получили распространение в российских университетах благодаря бывшим студентам из Дерпта (нынешнего Тарту в Эсто-

---

[1] Чумиков А. А. (1819–1902) — третьеразрядный писатель, педагог и издатель. — *Прим. пер.*

[2] Белов И. Д. (умер в 1866 году) был уроженцем имения Демидовых в Нижнем Тагиле. После окончания университета стал педагогом и публицистом. Регулярно публиковался в журнале «Исторический вестник». — *Прим. пер.*

[3] Чумиков в своих мемуарах описывает униформу корпорации «Рутения» [Чумиков 1881: 372–373].

нии), преимущественно населенного немцами города в Прибалтике, который был присоединен к Российской империи в 1721 году. В студенческих корпорациях, как и в кабаках, действия молодых людей определялись представлениями о маскулинности, которые формировались на более масштабной культурной базе, не следуя предписаниям университетской администрации. Но если кабацкая жизнь регулировалась неформальными представлениями о мужественном поведении, то корпорации опирались на собственные кодексы чести, столь же четкие, как и университетские своды дисциплинарных правил.

Специалисты по истории Европы подчеркивали связь между честью и маскулинностью в Новое время[4]. Например, Роберт Най, изучавший французское общество после революции 1789 года, делал акцент на том, что «честь — это мужское понятие», которое «регулировало отношения между мужчинами, выступало квинт-эссенцией доминирующих идеалов маскулинности и обозначало границы мужского поведения» [Nye 1993: VII]. После революционной эпохи мужская добродетель во Франции, в особенности для представителей формирующихся средних слоев, все больше ассоциировалась не только с силой воли и собственно мужеством, но и с честью. Сохранение чести требовало от мужчины соблюдения правил в самых разных контекстах, включая мужские объединения. Последний момент, возможно, был особенно важен [Mosse 1996: 3–4]. Это, безусловно, относилось и к студенческим ассоциациям в европейских университетах. Уте Фреверт в работе о немецких студенческих обществах поясняет, что такие ассоциации «прививали маскулинность при помощи кодексов чести»: мужчины в соответствии с правилами братств «формировались из мальчиков» [Frevert 1995: 90].

Понятие чести было прочно укоренено и в российском обществе. Нэнси Коллманн, Ирина Рейфман и Яков Гордин подробно описывали, как понятие личной чести помогало регулировать социальные отношения как в Московском царстве, так и в после-

---

[4] История взаимосвязи маскулинности и чести в западноевропейском контексте рассматривается в следующих работах: [Frevert 1995; Gay 1993, в особенности глава 1; Mosse 1985, 1996; Nye 1993].

петровской России, несмотря на изменение содержания этой идеи: со временем большее значение стало придаваться действиям и отношениям отдельного лица и меньшее — его месту в устоявшейся социальной иерархии. К концу XVIII — началу XIX века российское представление о чести под влиянием потока переводов западноевропейской литературы о надлежащем поведении и морали стало охватывать как внутренние (мораль), так и внешние (манеры) характеристики[5].

Какое бы определение ни получала честь в конкретном культурном контексте, она, как указывает Коллманн, выступала «независимым дискурсом, открытым для манипуляций, новых формулировок и изменений со стороны отдельных лиц» [Kollmann 1999: 28]. Честь представляла собой нечто исходившее от общества в целом, что наделяло конкретных людей правом судить равных себе по статусу вне рамок государства. Исследование особенностей жизни студенческих корпораций в Санкт-Петербурге, представленное в этой главе, демонстрирует, что честь выступала в роли дискурса, которым вполне уверенно владели студенты университетов николаевской России.

Студенческая самоорганизация в Российской империи

Формальные студенческие общества были частью российской университетской жизни еще с момента основания Московского университета в 1755 году. Через два года после появления указа императрицы Елизаветы (правила в 1741–1762 годах) о создании университета московские студенты организовали официальный дискуссионный клуб, который собирался один раз в месяц по субботам. Во время правления Екатерины Великой (1762–1796) стали активно разрастаться ученые общества. Идеи эпохи Просвещения и распространение салонной культуры среди представителей образованного российского общества способствовали

---

[5] О московском периоде см. работы Нэнси Шилдс Коллманн: монографию [Коллманн 2001] и статьи [Kollmann 1991; Kollmann 1992]. О специфике XVIII–XIX веков см. [Reyfman 1999] и [Гордин 1996].

созданию в Москве студенческих литературных кружков. Члены одного из таких обществ, появившегося в 1787 году, разработали собственный свод формальных правил и опубликовали сборник научных трудов студентов. В 1789 году, в момент революционных потрясений во Франции, московские студенты создали собственное литературное общество, задачи которого перекликались с целями самодержавия. Устав общества предписывал его участникам взаимное совершенствование манер и нравов — «исправление сердца, очищение ума и вообще обработку вкуса»[6].

За 25 лет правления Александра I возникали и прекращали существование многочисленные студенческие общества, значительная часть которых создавалась под эгидой университета и получала официальное одобрение самого царя. В целом эти группы держались в духе университетского устава 1804 года, выступая на стороне программы самодержавия и требуя от своих участников, чтобы те не заявляли «ничего противного религии, нравственности или правительству» [Мельгунов 1904: 17][7]. Но, несмотря на то что студенты подчинялись требованию укреплять официальные ценности в своих организациях, многие из них также пытались отстаивать некоторую степень автономии. Например, казанское «Общество для усовершенствования ораторского искусства и письменных работ» проводило как открытые, так и закрытые публичные собрания [Мельгунов 1904: 17].

---

[6] Студенческие уставы цит. в: [Мельгунов 1904: 8]. В этом же источнике приводится информация о студенческих обществах начиная от основания Московского университета в 1755 году до конца XIX века с акцентом на первой половине XIX века.

[7] Мельгунов указывает, что созданное в Кременецком лицее «Общество для усовершенствования в авторстве и ораторстве» ожидало от своих участников подобной патриотической лояльности. Интересно отметить, что студенты создавали похожие общества и в других образовательных учреждениях. Например, в Александровском (Царскосельском) лицее, который представлял собой школу-интернат для молодежи из представителей российской элиты, студенческой ассоциацией, известной как «Общество лицейских друзей», руководил сам «просвещенный директор лицея Е. А. Энгельгардт». Его участники часто проводили публичные встречи, собирали средства и каждую неделю устраивали литературные дискуссии [Мельгунов 1914: 20–21].

Еще до смерти Александра власти отказались от относительного попустительства по отношению к студенческим организациям[8]. При Николае I страх перед «заразой, столько лет таившейся» [Пресняков 1925: 16–17], а именно — революционным заговором, привел к созданию Третьего отделения Собственной Его Императорского Величества канцелярии, которому было поручено выслеживать подрывные заговоры любого рода. Третье отделение и другие органы государственного аппарата не только преследовали оппозиционные группы наподобие петрашевцев в 1848–1849 годах (см. [Seedon 1985]), но и устанавливали наблюдение за (на первый взгляд) более благовидными формами общественной самоорганизации. Например, в конце 1840-х годов московская городская полиция следила за группой студентов университета, подозревая, что за их литературными вечерами скрывается заговор[9]. Аналогичным образом, когда в 1831 году в Москве университетские власти обнаружили студенческий кружок «Литературное общество» из полудюжины участников, которые проводили свои собрания в каморке одного из преподавателей, на них была организована облава, книги были конфискованы, а нескольких студентов исключили из университета[10]. Риск исключения за участие в литературном обществе присутствовал всегда, в особенности после 1848 года[11].

Однако это беспокойство официальных кругов не мешало студентам организовывать литературные и театральные собрания, которые на протяжении 1830–1840-х годов по-прежнему играли важную роль в университетской жизни. Для кого-то такие встречи были альтернативой учебным занятиям. Будущий знаменитый

---

[8]   14 января 1822 года министр просвещения Голицын известил директора лицея, что «Его Величество соизволил признать учреждение такого общества между воспитанниками лицея ненужным» [Мельгунов 1914: 20–21].

[9]   ЦИАМ. Ф. 16. Оп. 39. Д. 213.

[10]   РГИА. Ф. 1405. Оп. 29. Д. 2896.

[11]   В 1849 году в Санкт-Петербурге состоялись аресты студентов за чтение «вредных книг» (РГИА. Ф. 735. Оп. 10. Д. 223). Особо серьезные проблемы возникали, когда в кружках участвовали польские студенты, как это было в одном читательском сообществе в Москве в 1849 году, которое стало мишенью властей (РГИА. Ф. 735. Оп. 10. Д. 221). Кроме того, имеются официальные рапорты 1849 года о помещении студентов под надзор за предполагаемое участие в некоем литературном обществе (ЦИАМ. Ф. 16. Оп. 39. Д. 213).

хирург Николай Пирогов вспоминал: «Не проходило дня, в который я не слыхал бы или не увидел чего-нибудь новенького» [Пирогов 1914: 96]. В своих воспоминаниях студенты рассказывали о долгих часах, проведенных вместе в этих порой небольших и неформальных литературных и театральных обществах.

В Москве в начале 1830-х годов группа студентов, включая Н. А. Аргилландера, П. И. Прозорова и начинающего литературного критика Виссариона Белинского, организовала театрально-литературное общество, собиравшееся в комнате № 11 общежития и получившее соответствующее название — «Литературное общество одиннадцатого нумера». Студенты проводили еженедельные собрания, читали как собственные произведения, так и драмы Шиллера и Шекспира. Кроме того, они ставили пьесы в костюмах, порой перед аудиторией, состоявшей из сокурсников, профессоров и по меньшей мере в одном случае инспектора [Аргилландер 1989: 97–101]. У этого общества также появилась собственная (пусть и слабо очерченная) организационная структура. Прозоров вспоминал: «В нашем обществе не было президента, а только секретарь, которого обязанность состояла в том, чтобы читать во время заседаний приготовленные сочинения» [МУВС 1989: 108].

Такие автономные коммуникации часто возникали в студенческих общежитиях. В общежитии, вспоминал учившийся в Московском университете в 1840-х годах фольклорист А. Н. Афанасьев, «составлялись... вечера, иногда концерты; даже устраивались танцы, конечно, только между собой... Какая огромная разница с настоящей жизнью студентов-стипендиатов!» [Афанасьев 1887: 646]. У этой разновидности полуофициальных обществ были аналоги и за пределами общежитий — в московских пансионах или на частных квартирах студентов, живших на собственные средства[12].

---

[12] Например, мемуарист И. И. Михайлов вспоминал о литературных собраниях в Казани, проходивших еженедельно на квартире одного харизматичного студента, которого товарищи называли Ч-в (правда, кружок распался, когда он уехал в Москву) [Михайлов 1899: 50–99]. Борис Чичерин, будучи кандидатом Московского университета, вместе со своими братьями организовал на их квартире небольшое сборище — Майков клуб (по названию улицы, где происходили встречи). Чичерин описывает, как компания студентов собиралась по вечерам, чтобы знакомиться друг с другом, ужинать и бесе-

При Николае I самой известной формой студенческой само-организации были неформальные кружки, о которых еще пойдет речь в главе 4. Участники кружков собирались с регулярной частотой на частных квартирах для общения и интеллектуальных занятий[13]. Участвовавшие в кружках мемуаристы Павел Анненков и Александр Герцен в книге «Замечательное десятилетие» и автобиографии «Былое и думы» описывали кружки как ключевой институт в процессе зарождения радикальной интеллигенции: здесь молодые люди из студенческой среды могли формировать тесные узы дружбы, обсуждать различные идеи и укрепляться в своем неприятии режима, общаясь друг с другом. Помимо политического значения (как одного из средоточий зарождения радикальной интеллигенции), кружки были средой, где происходили философские дискуссии и оживленное общение, а многие нашли там близких друзей. Для его участников кружок был сферой автономной социальной активности вдали от классных комнат и бдительного ока студенческого инспектора.

Полупубличные литературные собрания и еще менее публичные кружки были теми двумя площадками, где даже в условиях николаевского режима компаниям студентов удавалось осуществлять неформальную организацию и преследовать общие интересы[14].

довать. Когда в 1850 году существование клуба было обнаружено инспектором, последний доложил властям, что в таких собраниях не было ничего экстраординарного, и не стал применять дисциплинарные меры к его участникам (о Майковом клубе см. [Чичерин 1991: 70], о расследовании инспектора см.: ЦИАМ. Ф. 16. Оп. 40. Д. 40). Еще одна студенческая компания регулярно собиралась для общения, пения и чтения стихов в комнате № 15 московского пансиона «Ирландия», см. [Дмитриев 1858–1859, 119: 1–15].

[13] Этой неофициальной сфере социальной жизни, в особенности в годы правления Николая I, посвящено большое количество исследований. Александр Герцен в «Былом и думах» подчеркивал ключевую роль кружков. Другие работы в той или иной степени следуют за его позицией, см. [Малиа 2010; Brown 1966; Gleason 1980].

[14] Валери Кивельсон в исследовании жизни российской провинции XVII века оспаривает мнение «государственной школы» русских и советских историков о том, что «единый, помазанный Богом правитель» контролировал все аспекты общества Московского царства. Напротив, Кивельсон обращает внимание на автономные сферы социальной жизни, где отдельные лица вели собственные дела вне компетенций государства [Kivelson 1996: 1].

А более формальный контекст для объединения студентов Санкт-Петербургского университета обеспечивал еще один подобный институт — корпорация студенческой братии.

Студенческие корпорации
в Российской империи

Историки во многом упустили из виду такое явление, как студенческая корпорация в российском университете XIX века, — либо в силу разрозненности свидетельств, либо из-за мнения, что это было просто «подражание» аналогичному феномену в жизни немецкого студенчества[15]. Тем не менее начиная с 1820-х годов признаки студенческой корпоративной культуры присутствуют в университетах по всей империи. А к середине 1830-х годов, согласно существующим оценкам, пятая часть студенчества Санкт-Петербургского университета, или примерно 50 молодых людей, принадлежала к тому или иному корпоративному объединению [Чумиков 1888: 12][16]. Сложно с точностью судить, насколько культура студенческих корпораций была влиятельна в Санкт-Петербурге за пределами этой полусотни человек, однако и мемуарная литература, и официальные источники свидетельствуют о том, что в жизни участников корпораций она играла ключевую роль[17]. Соответствующие

---

[15] Историк Синтия Уиттэкер в биографии министра народного просвещения Сергея Уварова отмечает, что в конце 1830-х годов петербургские студенты «стали подражать своим германским товарищам, формируя братства для совместного проведения пикников, пения песен и пирушек» [Whittaker 1984: 176].

[16] В 1838 году в Санкт-Петербургском университете насчитывался 241 студент, 193 из которых были представителями дворянства и/или детьми чиновников. Поскольку открытие Санкт-Петербургского университета состоялось лишь в 1819 году, численность студентов оставалась низкой на протяжении рассматриваемого периода. Данная статистика приведена в [Hans 1964: 79].

[17] Подробные описания петербургских студенческих корпораций даны в мемуарах Чумикова и Ивана Белова, см. [Чумиков 1890: 367–380; Белов 1880: 779–804].

данные для Москвы более разрозненны, хотя можно с уверенностью утверждать, что роль студенческих корпораций там была менее значима, чем в столице.

Однако ядром студенческих корпораций в Российской империи был не Санкт-Петербург или Москва, а Дерпт. Местный университет, основанный в 1632 году, функционировал с перерывами до 1710 года и вновь открылся в 1802 году в рамках широкомасштабных образовательных реформ Александра I. В XIX веке большинство студентов Дерптского университета были выходцами из балтийских немцев, и немецкий был основным языком как в аудитории, так и в кабаке (большинство профессоров также были немцами). Попытки министра народного просвещения Сергея Уварова в 1830–1840-х годах требовать, чтобы в рамках политики официальной народности в университете использовался русский язык и нанимались русские преподаватели, мало что изменили. На протяжении всего николаевского правления на русском в Дерпте говорило незначительное меньшинство студентов и преподавателей [Whittaker 1984: 200–201].

Студенческие корпорации начали появляться почти сразу после повторного учреждения Дерптского университета в 1802 году. Эти ассоциации воспроизводили более масштабные образцы корпоративной жизни немецких университетов XVIII–XIX веков. До начала XIX века в студенческой культуре Германии доминировали дуэли и питейные объединения, организованные по принципу принадлежности к определенному региону (*ландсманшафту*). *Ландсманшафты* происходили от старинных земляческих братств студентов. Нередко для них было характерно очень избирательное отношение к социальному происхождению их участников, а цели таких объединений явно не имели ничего общего с политикой. Примерно в 1815 году в жизни немецких студентов появилась еще одна организационная структура — ассоциации, известные под названием *буршеншафтов*. Менее элитарные в социальном отношении, чем *ландсманшафты*, эти общества могли похвастаться тем, что в них принимались представители всех слоев вне зависимости от региональной принадлежности, за исключением евреев. Под лозунгом «Честь, свобода и Отечество» участники *буршеншафтов* стремились превратить «студента из школьника в гражданина» [Jarausch 1974: 538] (см. также [Jarausch 1982] и [Gay 1993: 19–20]).

В Дерпте первые корпоративные объединения студентов (1803–1804 годы) делились по факультетскому признаку, но в течение следующего десятилетия они превратились в земляческие ассоциации, берущие за основу место происхождения студентов, что воспроизводило элитарную структуру немецкого *ландсманшафта*. Двумя наиболее известными ассоциациями были «Рутения», объединявшая русских студентов, и «Балтика», сплачивавшая балтийских немцев[18]. Однако *ландсманшафт* недолго оставался единственным типом корпорации среди дерптских студентов. К концу 1820-х годов в Дерптском университете полным ходом формировались более демократичные общества наподобие *буршеншафтов*, и к началу следующего десятилетия многие студенты отказались от элитарных *ландсманшафтов* в пользу союзов, основанных на «полном равенстве в отношениях между студентами»[19]. Например, в 1833 году Третье отделение представило рапорт, где утверждалось, что в Дерптском университете с 1827 года действовали так называемые тайные общества, именующие себя *буршеншафтами*. В этих обществах, по данным охранки, состояло около 150 студентов, находившихся под сильным влиянием немецких студенческих обычаев. В иерархии дерптской корпорации использовался немецкий язык — от прозвищ ее членов до тостов за братство (*брудершафтов*) [Чумиков 1890: 357, 365][20].

Хотя дерптские корпорации явно возникли на основе немецкой культуры, примечательно, что в них участвовали и русские студенты университета. Его бывший студент Павел Тверитинов вспоминал, что русские учащиеся в Дерпте, собиравшиеся по

---

[18] РГИА. Ф. 735. Оп. 10. Д. 273.

[19] РГИА. Ф. 735. Оп. 10. Д. 273. Один из вариантов русского и немецкого устава *буршеншафта* содержится в: РГИА. Ф. 735. Оп. 10. Д. 97. Л. 25–57. См. также [Белов 1880: 781–794].

[20] Кроме того, существует официальное свидетельство обнаружения этих обществ университетским начальством в 1833 году, см.: РГИА. Ф. 735. Оп. 10. Д. 273.

воскресеньям в православной церкви города, создавали собственные корпорации [Тверитинов 1859: 1–28]. Что же касается студентов других российских университетов, то они, по-видимому,
познакомились с немецкой корпоративной моделью благодаря
действиям властей против корпораций Дерпта.

В 1833 году администрация Дерптского университета совместно с Третьим отделением обнаружила существование *буршеншафтов*. Поскольку эти объединения представляли собой неза-
регистрированные группы, они были признаны тайными, следовательно — незаконными. Корпорации были официально
распущены, а глава Третьего отделения Бенкендорф и министр
просвещения Уваров приказали исключить 17 их предводителей
с запретом на продолжение обучения в других университетах.
Это наказание понадобилось, чтобы сделать приятно персональ-
но царю, «которому само слово “буршеншафт” было противно»
[Чумиков 1888: 367]. Однако уже в начале 1835 года исключенным
студентам было разрешено возобновить обучение в любом
российском университете, кроме Дерптского.

По мемуарам и официальной переписке можно предположить,
что именно приезд из Дерпта этих немецких и русских студентов
и стал основным стимулом для создания в Санкт-Петербурге
и Москве корпораций[21]. В 1836 году дерптские студенты были
приняты в Санкт-Петербургский университет и, по всей вероят-
ности, привезли с собой устав *буршеншафта*, написанный на
немецком и переведенный на русский[22]. А. А. Чумиков, вспоминая
о своем студенчестве в Санкт-Петербурге, указывал, что появление корпораций в столичном университете датировалось приез-
дом бывших студентов из Дерпта [Чумиков 1881: 372–373].
Е. А. Матисен, еще один участник студенческих корпораций
в Санкт-Петербурге, подчеркивал эту связь с Дерптом в описании
событий 1837 года:

---

[21] Состоявшееся примерно в это время появление дерптских студентов со своими
уставами описывается в мемуарах Чумикова. Например, в конце 1837 года из
Дерпта приехал студент П. Прайс, разрешивший спор между участниками
братства в Санкт-Петербургском университете [Чумиков 1881: 369, 372].

[22] РГИА. Ф. 735. Оп. 10. Д. 97.

Молодая жизнь... требовала свои права, и начали развиваться по примеру университетов германских, в особенности
же Дерптского, из которого многие студенты... начали пе-
реходить в Петербург и, конечно, переносили и дерптские
обычаи и самостоятельность. Завелись разные партии со
своими сходками, *коммершами* [собраниями] и дуэлями,
принят был немецкий *комман*, то есть студентское обычное
право [Матисен 1881: 156].

Более того, когда в 1844 году министр просвещения обнаружил
сеть корпораций уже в Санкт-Петербурге, оказалось, что один из
самых значимых участников этих столичных обществ был родом
из Дерпта[23]. В Москве студенческая корпоративная культура появилась под немецким влиянием, похоже, еще раньше. В 1833 году, расследуя слухи о гипотетическом тайном обществе студентов
в Москве, Министерство просвещения выяснило, что один из
заметных участников московской корпорации Иосиф Колрейф
только что прибыл из Дерпта[24].

Хотя описание жизни российских студенческих корпораций
скудно, имеющиеся фрагменты мемуаров, полицейских прото-
колов, дисциплинарных рапортов университетов и уставов
корпораций помогают составить представление о структуре
и ценностях таких объединений. Большинство петербургских
корпораций 1830-х годов сливались в три основные группы, такие
как «Рутения» (русские), «Балтика» (прибалтийские немцы)
и условные «Аристократы», хотя о последних есть лишь краткое
упоминание в официальных или мемуарных источниках[25].

Представители «Рутении» носили оранжевые, белые и черные
цвета, а представители «Балтики» — синие, белые и золотые.

---

[23] РГИА. Ф. 735. Оп. 10. Д. 175. Этот эпизод имел место в рамках более масштабного расследования в отношении студенческих корпораций Санкт-
Петербурга, которое проводилось образовательным начальством совместно
с Третьим отделением. Кроме того, в ходе расследования его отделением
деятельности корпораций в Дерпте Бенкендорф обнаружил, что один из
главных участников местных студенческих корпораций конца 1830-х годов
к 1844 году очутился в Санкт-Петербурге (РГИА. Ф. 1286. Оп. 7. Д. 24).

[24] РГИА. Ф. 733. Оп. 30. Д. 102.

[25] РГИА. Ф. 735. Оп. 10. Д. 97; РГИА. Ф. 725. Оп. 10. Д. 273.

Кроме того, членов «Рутении» можно было отличить по фуражке с высоким военным козырьком, а у «Балтики» фуражка была в дерптском стиле — с более низким козырьком [Чумиков 1888: 372–373]. Кроме того, в 1830-х и начале 1840-х годов в Санкт-Петербургском университете появлялось все больше выходцев из аристократии, и эти студенты (по утверждению по меньшей мере одного наблюдателя) объединились в собственную ассоциацию, которая, согласно единственной версии, встречающейся в архивных документах, так себя и называла — «Аристократы» ([Чумиков 1888: 372]; РГИА. Ф. 735. Оп. 10. Д. 175).

Правила (*комман*) *буршеншафта*, зародившиеся в Дерпте и привезенные в Санкт-Петербург, определяли общую структуру, порядок членства, руководящие должности и повседневную деятельность корпоративных объединений. Коллективные собрания проводились дважды в течение учебного года. На одном из таких собраний совместно определялись цели на год вперед, назначались руководители. Общая организация была разбита на небольшие секции, состоявшие из пары десятков или меньшего количества студентов на разных этапах обучения; эти группы собирались ежемесячно. В каждой секции были «старейшины», чей руководящий пост предполагал ответственность за внедрение правил корпорации и принятие в нее новых участников[26].

Все члены корпорации голосовали за кандидатов на руководящие должности, такие как глава корпорации, ее секретарь, заместитель главы по внутренним коммуникациям, казначей, наблюдатель за фехтовальными залами и надзиратель. У каждого, кто занимал выборную должность, был свой круг обязанностей, прописанный в уставе корпорации. Дважды в год корпоранты выбирали нового главу (*сеньора*, как именует его Белов), но могли переизбирать его несколько раз, что обычно и происходило. Глава обладал исполнительными полномочиями и должен был «следить за тем, чтобы все члены выполняли цели общества *и следовали его правилам*». Секретарь «следил за порядком в бумагах общества», а заместитель главы отвечал за то, чтобы на ежегодном собрании все — начиная с очередности выступле-

---

26 РГИА. Ф. 735. Оп. 10. Д. 97. Л. 33–37.

ний членов корпорации и заканчивая их уважительным обращением друг к другу — проходило гладко. Студент, отвечавший за наблюдение за фехтовальными залами, инструктировал участников корпорации, а также следил за тем, чтобы помещение для фехтования содержалось в порядке. Казначей проверял средства корпорации первого числа каждого месяца, а надзиратель содержал список мест проживания студентов. Выборный совет обладал «правом наблюдения и одобрения» действий главы[27].

Правила корпорации устанавливали иерархию среди ее членов: студенты имели статус *фуксов* (новоиспеченных участников) либо *буршей* (полноправных участников). *Фуксы* были обязаны присутствовать на всех организованных корпорацией попойках ее более старших участников и обслуживать их, наливая вино и зажигая трубки. Спустя год *фукс* мог стать полноправным *буршем*, и тогда вино наливали уже ему[28].

Уставы, привезенные из Дерпта в Санкт-Петербург, содержали подробные инструкции по проведению общих собраний корпорации, которые проходили два раза в год. Например, в этих правилах указывалось, что организатор любого собрания должен был встать, объявить время и дату, назвать имена присутствующих и передать проведение мероприятия главе. Члены корпорации должны были надевать на собрание одежду соответствующих цветов. Тем, кто опаздывал более чем на 15 минут, запрещалось входить на заседание, а тем, кто прибыл вовремя, предписывалось не покидать собрание до конца[29].

Наличие у корпорации устава, разумеется, не означало, что он соблюдался в точности. Иван Белов, вспоминая собственный опыт членства в петербургской «Рутении», допускал, что русские студенты следовали правилам менее строго, чем их немецкие товарищи из «Балтики». Различие практики участников «Рутении» и «Балтики» стало очевидным во время совместной встречи этих ассоциаций, которую однажды было решено устроить.

---

[27] РГИА. Ф. 735. Оп. 10. Д. 97. Л. 33–37.

[28] Иерархия, установленная членами корпорации, описана в [Белов 1880: 786–788].

[29] РГИА. Ф. 735. Оп. 10. Д. 97. Л. 36.

Мероприятие началось с привычно строгой пунктуальностью и в течение некоторого времени проходило в соответствии с правилами. Однако примерно в середине встречи члены «Рутении» стали спонтанно исполнять русские народные песни, что явно шло вразрез с немецким уставом, где «известная песня поется в известное время и при этом выпивается известное вино, даже в определенном количестве, так что немец может наперед сказать, в котором часу он будет уже совершенно не способен ни к дальнейшему пению, ни к дальнейшему питью». А затем участники «Рутении» и вовсе отбросили «всю немецкую дисциплину, снимали сюртуки и оставались в одних рубашках. Взгромоздившись на стол, они посреди пирующих произносили речи, неизвестно кому и неизвестно о чем. Поднимался, как говорится, дым коромыслом». Представители «Балтики» были «вне себя от злости» и «дали себе клятву никогда вместе... на *коммерше* не участвовать» [Белов 1880: 793–794].

В этом же эпизоде своих мемуаров Белов описывает еще один пример взаимного непонимания, который свидетельствует о том, что участники «Рутении» гораздо менее буквально следовали корпоративным правилам, нежели их немецкие товарищи. Два приятеля из «Рутении» на встрече с немецкой корпорацией поприветствовали друг друга в не санкционированной правилами манере — обнялись и поцеловались, а затем обменялись шутливыми оскорблениями: «Какая же ты свинья, Павлушка! Экая ты дурачина!» Услышавший этот разговор немецкий студент принял безобидные шутки за серьезное оскорбление и заявил, что разрешить обиду может только дуэль. На следующий день этот инцидент обсуждался на специальной встрече «Рутении», и, хотя один из приятелей-студентов заявил, «что драться с Павлушкой для него дело немыслимое, ибо они друзья закадычные и привыкли обращаться друг с другом без всяких церемоний», им во имя соблюдения формальностей перед немцами все же пришлось устроить притворную дуэль (*шкандал*) [Белов 1880: 793–794].

Истории из мемуаров Белова демонстрируют, что студенты порой допускали вольности в отношении формальных правил корпораций, и это вряд ли удивительно. Из скудных описаний повседневного быта корпораций невозможно сделать уверенный вывод, насколько типичными были такие нарушения и насколько правила корпорации действительно определяли поведение ее участников. Тем не менее свидетельства, разбросанные в нескольких мемуарных историях, позволяют предположить, что корпорация и ее правила имели реальное значение в жизни студентов. Сам факт существования такой организованной структуры, как корпорация, и наличие у нее тщательно разработанного кодекса поведения указывают на то, что в распоряжении студентов (по меньшей мере в Санкт-Петербурге и Дерпте) имелась некая модель мужского поведения, подкрепленная определенным источником авторитета в виде корпорации, которая не являлась детищем университетского начальства или государства в целом. Центральное место в этой модели маскулинности занимала идея чести.

Почтенный *корпорант*

Уже упоминавшийся студент юридического факультета Петербургского университета Иван Белов заслужил посвящение в братство корпорации «Рутения» через год после того, как впервые посетил ее собрание. Во время церемонии инициации, удостоверявшей его мужскую состоятельность, Белов, держа в одной руке меч, а в другой — отличительный головной убор корпорации, исполнил такую песню:

> Меч, что блещешь предо мною
> Неизменчивым клинком,
> Шапку я колю тобою,
> Клятвой я клянусь святою
> Быть достойным бурсаком [Белов 1880: 787].

Со словами «Шапку я колю тобою» Белов проколол мечом красочный головной убор корпорации — этот жест, очевидно, символизировал клятву абсолютной верности. После этого один из старейшин корпорации (чаще всего ее глава), держа над головой нового участника шпагу, пропел такой куплет:

> Твое чело теперь я покрываю
> И сталью осеняю.
> Да здравствует наш брат!
> Будь проклят, кто тебе вредит.
> Тебе навек мы други,
> Будь братом в нашем круге!

А затем студенты уже пели хором:

> Да гремит над тем проклятье,
> Кто унизится из нас,
> Да не знает он объятья,
> И да глухи будут братья
> На его призывный глас [Белов 1880: 788].

Прослушав это грозное предостережение, Белов должен был продемонстрировать храбрость, выпив залпом полный бокал вина, налитый одним из старших участников корпорации. Теперь Белов был полноправным участником братского коллектива, а его собственная честь была связана с честью его сверстников. С этого момента, признается автор мемуаров, он почувствовал, что превратился в «хорошего, честного человека» [Белов 1880: 788].

Корпорация, как следует из описания инициации Белова, стремилась выступать чем-то большим, нежели просто «возможностью пообщаться» для студентов. В ритуале посвящения делался акцент на коллективности и исключительности, а символы и язык формального процесса инициации говорят о том, что этот обряд означал уступку личной автономии в обмен на отождествление с группой. Все студенты, желавшие войти в этот «неразрывный союз», должны были формально принять новую идентичность, выбрав себе псевдоним (Белов взял псевдоним Сибиряк) и подписав им журнал корпорации. Для новоиспеченного ее члена это действо становилось переходным моментом в его жизни. Превращение в участника корпорации требовало уничтожить все «привязанности к другим объединениям» — бытовым, общественным или официальным[30]. Чтобы быть «достойным членства» в корпорации, требовалась исключительная предан-

---

[30] См.: РГИА. Ф. 735. Оп. 10. Д. 97. Л. 25об., 38; [Костенецкий 1887: 334].

ность ей, а высшим выражением этой верности была приверженность коллективному представлению о мужской чести.

Честь в том виде, как она определялась уставом российских студенческих корпораций, имела как внутреннее, так и внешнее измерение. В этом смысле концепция чести перекликалась с тем, что получило название модерной маскулинности, становление которой происходило в Западной Европе. Такой резонанс вряд ли удивителен. Образованное российское общество к началу XIX века находилось под сильным влиянием западноевропейских представлений о чести (см. [Nye 1993; Mosse 1996]), а корпоративный *комман*, который использовали петербургские студенты, как уже говорилось, сам по себе был переводом устава, который действовал в преимущественно немецкой среде студентов Дерпта.

Честь каждого члена корпорации зависела как от его «внутреннего чувства достоинства», так и от его внешней «респектабельности» в «публичной и общественной жизни». Достойный корпорант должен был взращивать в себе «моральную силу и благородное сознание», а также владеть жестами и словами, соответствующими определенным социальным контекстам. Братская вежливость должна была сопровождаться достоинством, смирением и внутренней «добротой». Для достижения этого стандарта поведения требовалось покончить с «губительной страстью молодости», помочь каждому участнику корпорации избавиться от «ослепляющей страсти собственных желаний». Цель корпорации заключалась в том, чтобы «каждый ее член стремился к порядку... и [тем самым] подчинял свой образ мыслей предписанным законам общества»[31].

Хотя корпоративная честь определялась и регулировалась молодыми мужчинами, определенную роль в этом вопросе играли и женщины. Поскольку мужское самоуважение отчасти зависело от способности студента произвести впечатление на окружающих дам, последние действительно могли выступать в качестве судей чести для своих сверстников-мужчин. Однажды вечером на студенческом балу в Дерптском университете подвыпивший участник корпорации пригласил на танец даму, а когда та отказала, другой студент подошел

---

[31] РГИА. Ф. 735. Оп. 10. Д. 97. Л. 38, 42об., 45об., 46.

к даме и заявил, что она оскорбляет всю корпорацию. Он подтащил ее к пьяному товарищу и потребовал, чтобы они танцевали, причем не в зале, а на улице. Студент пояснил, что если ему не удастся потанцевать с этой девушкой, то он поставит под угрозу и собственную честь, и честь своих товарищей [Чумиков 1890: 359][32].

Практическая реализация студенческой чести

Члены студенческой корпорации должны были следить за соблюдением ее правил и наказывать нарушителей. Одним из способов, с помощью которого корпоранты выносили вердикты касательно чести своих товарищей, был процесс избрания должностных лиц общества. Устав (*комман*) гласил, например, что к критериям выбора главы корпорации относились «честь, респектабельность и способность вести хозяйственные дела ее членов». Честь главы корпорации имела первостепенное значение, поскольку отражалась на чести всей корпорации в целом[33].

Члены корпорации должны были наблюдать за действиями друг друга и сообщать главе о любых «нарушениях правил» наподобие разговоров во время собрания или драк[34]. Если нарушение было обнаружено и обе стороны не могли прийти к мирному решению самостоятельно, члены корпорации устраивали официальный суд чести для наказания нарушителей. В этой теневой дисциплинарной системе, управляемой студентами, каждый член корпорации был потенциальным судьей и присяжным для своих сверстников. Суд состоял из трех человек, два из которых привлекались участниками спора, а избранный глава корпорации выступал в качестве третьего судьи. Суд чести отстаивал «права, правду и справедливость» для всей корпорации[35]. Судьбы соперников в споре о чести

---

[32] Ирина Рейфман упоминает о роли, которую женщины играли в спорах чести, давая, помимо прочего, поводы для дуэлей, см. [Reyfman 1999].

[33] РГИА. Ф. 735. Оп. 10. Д. 97. Л. 29–32.

[34] РГИА. Ф. 735. Оп. 10. Д. 175 и 97. Л. 41, 42об.

[35] РГИА. Ф. 735. Оп. 10. Д. 97. Л. 51об.; Д. 273.

приносились в жертву принципам сообщества в целом: виновные должны были загладить свои проступки, чтобы восстановить репутацию всей корпорации.

В распоряжении судов чести имелся целый ряд санкций — начиная с нестрогого выговора, выговора перед советом корпорации, объявления немилости и заканчивая исключением из корпорации. Суровость наказания зависела от того, насколько один участник общества запятнал честь другого, тем самым поставив под угрозу честь всей корпорации[36]. Если студент совершал проступок, который признавался «вредным для внутренней или внешней чести общества», он либо исключался из корпорации, либо попадал в немилость. Последняя санкция в некоторых случаях считалась более суровой, поскольку оказавшегося в опале активно сторонились его товарищи по братству[37].

В 1830-х годах подобная участь постигла одного участника петербургской корпорации «Рутения», который предал своего товарища, выдав его полиции во время облавы в обмен на собственную безопасность. После того как об этом узнали другие члены корпорации, судьба предателя оказалась в руках его товарищей. Участники организации собрались, чтобы дать оценку нарушителю и его проступку, и в итоге суд чести объявил ему «немилость», после чего корпорация официально отстранилась от него. Товарищам этого студента было запрещено проявлять по отношению к нему даже минимальные признаки уважения и вежливости — «не следовало кланяться ему или говорить с ним сколько-нибудь долго». Иван Белов вспоминал в своих мемуарах, что, несмотря на суровость приговора, все участники корпорации подчинились этому решению. Они были уже не просто молодыми людьми: «как зрелые мужчины», они больше не могли относиться с уважением к тому, кто мог уронить честь корпорации [Белов 1880: 790–793].

Но у дисциплинарных полномочий корпораций были реальные пределы, поскольку эти структуры не имели какого-либо официального статуса. Если молодой человек принимал решение проигнорировать вердикт студенческого суда, его товарищи по

---

[36] РГИА. Ф. 735. Оп. 10. Д. 97. Л. 51об.
[37] РГИА. Ф. 735. Оп. 10. Д. 97. Л. 42об.

братству ничего не могли с этим поделать. Кроме того, участники корпорации едва ли могли рассчитывать на успех, когда требовали сатисфакции от тех, кто не входил в ее ряды. Например, в мемуарах Чумикова описан такой случай. Однажды некий студент К., не являвшийся членом корпорации, ударил по лицу студента Н., корпоранта, который потребовал, чтобы его обидчик предстал перед коллективным судом чести. Однако К. попросту отказался от этого, поскольку суд корпорации не имел к нему никакого отношения, а заодно он не был заинтересован в том, чтобы встретиться со своим противником на дуэли. Н. оказался в тупиковой ситуации: оскорбление осталось без ответа, восстановить честь было невозможно [Чумиков 1890: 369].

Если между двумя участниками одной корпорации происходила ссора и суд чести не мог прийти к удовлетворительному решению, корпоративный устав санкционировал дуэль между противниками. Поединок был последним способом восстановить честь пострадавшей стороны[38].

Обряды и ритуалы дуэли, как и идеал чести, разумеется, не были исключительной прерогативой студентов. В первой половине XIX века широкие круги российского дворянства прибегали к дуэлям для сведения счетов, и это вызывало бурную реакцию Николая I. Часто по этому поводу цитируется следующее высказывание царя: «Я ненавижу дуэли, это — варварство. На мой взгляд, в них нет ничего рыцарского» (цит. по: [Лотман 1994: 224], см. также [Гордин 1996: 31]). Но, несмотря на личное отвращение Николая к дуэлям, в дворянском обществе они продолжали быть способом восстановления чести и доброго имени в глазах равных по статусу. В царствование Николая практика дуэлей не становилась атрибутом прошлого: они происходили примерно с той же частотой, что и при Александре I [Reyfman 1995: 26].

Дискуссии исследователей о дуэлях в России велись в основном вокруг двух давно сложившихся идей, занимавших центральное место во многих сюжетах царских времен, — противопоставления государства и общества, с одной стороны, и вездесущности само-

---

[38] РГИА. Ф. 735. Оп. 10. Д. 97. Л. 48.

державия, с другой. В частности, исследователи практики дуэлей в царской России утверждают, что дворяне воспринимали поединок как способ защиты своей как коллективной, так и индивидуальной чести от посягательств государства. Ирина Рейфман в исследовании истории дуэли в обществе и литературе Российской империи предположила, что дворянство рассматривало право на дуэль в качестве способа защитить собственный статус как корпорации, с одной стороны, и в качестве декларации об оппозиции режиму, с другой (см. [Reyfman 1995] и [Рейфман 2002]). Чем «более вопиющим образом правительство игнорировало права дворянства (в особенности право на физическую неприкосновенность), тем упорнее дворяне прибегали к дуэлям», утверждает Рейфман[39]. С этой точкой зрения соглашается историк Яков Гордин, описывающий дуэль как столь необходимое дворянству оружие против николаевского режима. Поскольку министр просвещения Сергей Уваров вместе с царем Николаем I создавали удушающую атмосферу и требовали от своих подданных абсолютной преданности, утверждает Гордин, дворяне в ответ прибегали к дуэлям, выражая тем самым свою независимость и заявляя об оппозиции государству. Дуэль во второй четверти XIX века, полагают сторонники этой точки зрения, была центральным моментом в столкновении дворянства и самодержавия [Гордин 1996: 17, 20, 115].

Однако дуэли не только были жестом неповиновения (по меньшей мере косвенного), но и заодно выступали механизмом, регулировавшим поведение представителей российской элиты. Среди студентов дуэли, судя по всему, проводились в основном для того, чтобы восстановить честь отдельного человека и продемонстрировать его маскулинность перед группой сверстников, поэтому студенческие дуэли были «неразрывно связаны с сюжетом о чести и мужественности» [Гордин 1996: 5]. Они представ-

---

[39] См. [Reyfman 1995: 30]. В несколько ином ключе подобная аргументация представлена в рассмотрении дуэлей XVIII века у Эбби Маккиннон, которая подчеркивает мощную лидирующую роль государства. Дуэль и связанные с ней кодексы чести, утверждает Маккиннон, помогали дворянству в борьбе за создание «приватного пространства» вне досягаемости деспотического государства. См. [McKinnon 1988: 230].

ляли собой потенциальный выход для индивидуальной агрессии, а также выступали способом сохранения лица перед однокашниками и внешними наблюдателями, в особенности женщинами.

Честь, восстановленная при помощи дуэли в XIX веке, была исключительно мужским атрибутом. Историк Питер Гей в исследовании дуэльных клубов немецких студентов XVIII–XIX веков подчеркивает маскулинный характер студенческой дуэли (*мензура*) в Германии. Дуэли, утверждает Гей, представляли собой церемонию утверждения мужественности (*manliness*) наподобие проверки на «сексуальную доблесть и, учитывая досконально предписанные правила действа, обеспечивали надежные рамки для того, чтобы молодые мужчины могли совладать с захлестывающими их агрессивными чувствами» [Gay 1993: 32]. Все активные участники дуэльного ритуала — от непосредственных сторон поединка до секундантов и врачей — были мужчинами, а само определение мужественности было основано на способности и готовности продемонстрировать храбрость и защитить себя в поединке. Для женщин доступ в этот мужской мир был открыт только в качестве пассивной внешней фигуры — объекта оскорбления или похвалы, стимула или источника вдохновения. Официальные дуэльные кодексы обозначали границы мужской чести, определяя обстоятельства, при которых она могла быть утрачена и восстановлена [Рейфман 2002: 34]. Как только какой-либо проступок был совершен (некорректный взгляд, спор в карточной игре, тяжба по официальным делам, обмен словесными оскорблениями, использование ненормативной лексики или сексуальное соперничество)[40], мужчины рассматривали дуэль как «средство защиты достоинства оскорбленного человека» и доказательство своей храбрости в компании равных по статусу [Лотман 1994: 229].

Отказ от дуэли мог свидетельствовать о недостатке храбрости и силы характера — важных мужских качеств. Именно это произошло с Сильвио, героем повести Александра Пушкина «Выстрел», который отказался от вызова:

---

[40] Правила дуэлей описаны в следующих работах: [Лотман 1994: 164; Reyfman 1995: 26], а также [Гордин 1996: 125].

Сильвио не дрался... Это чрезвычайно повредило ему во мнении молодежи. Недостаток смелости менее всего извиняется молодыми людьми, которые в храбрости обыкновенно видят верх человеческих достоинств и извинение всевозможных пороков [Пушкин 1964: 90].

Несмотря на то что на русские дуэльные практики оказала безусловное влияние французская и немецкая культура, они не были копией европейских аналогов[41]. Историки и литературоведы отмечали, что в Российской империи дуэли были в целом более жестокими и рискованными, чем в других странах Европы. Одним из признаков того, насколько беспощадной и опасной была русская дуэль, являлось количество шагов, допустимое между противниками в поединке на пистолетах. Точные цифры разнятся, однако среди исследователей русской дуэли, похоже, сложилось единое мнение, что в Европе дуэли на пистолетах проводились на расстоянии не менее 15, а часто и 25–35 шагов между соперниками. В России же, напротив, никто и не думал стреляться на солидном расстоянии в 25–35 шагов: средним расстоянием считались 8–10 шагов, минимальным — три шага, а нередко дуэли происходили на расстоянии в шесть шагов [Гордин 1996: 93]. Еще одно отличие заключалось в том, что если в Европе во время дуэлей у секундантов было принято следить за тем, чтобы бой не велся «не на жизнь, а на смерть», то в России секунданты не считали это одной из своих обязанностей [Гордин 1996: 95].

В России студенческие дуэли, основанные на немецкой практике *мензура*, давали молодым людям, как и более старшим представителям светского общества, возможность доказать свою честь и храбрость перед товарищами. Однако правила и обычаи

---

[41] Наиболее распространенные правила, которым следовали русские дуэлянты в конце XVIII — начале XIX века были взяты из французских кодексов. Согласно одному сборнику кодексов, составленному в конце XIX века, оскорбления, которые часто приводили к дуэли, подразделялись на три основные группы: незначительные оскорбления, оскорбления с бранными словами и, наконец, ссоры, заканчивающиеся физическим насилием. Тщательное соблюдение правил предписывало, что чем серьезнее было оскорбление, тем опаснее должно быть используемое дуэлянтами оружие (см. [Гордин 1996: 93]).

студенческих дуэлей, в отличие от поединков, проводившихся за пределами университетских стен, не поощряли кровопролития. Русские студенты-дуэлянты дрались на шпагах, а не на пистолетах, и использовали в поединке одежду, которая должна была обеспечить их безопасность, делая смертельное ранение крайне маловероятным. «На голову надевалась кожаная каска, на шею волосяной галстук, на руки, до самого изгиба, перчатки, на живот волосяной набрюшник». Поединок по правилам предполагал только «разрешенные удары» и длился примерно пять минут либо до первой крови, после чего противники должны были «обняться и поцеловаться в знак примирения» [Белов 1880: 792–793]. Основной задачей студенческой дуэли было не рискнуть жизнью, а «смыть оскорбление». И в России, и в Германии студенческие дуэли были гораздо менее опасны, чем поединки за пределами университета: эти состязания были в первую очередь способом продемонстрировать контролируемую агрессию, «показать силу характера» и утвердить мужественность [Gay 1993: 31–32].

В *комманах* корпораций утверждалось, что студенческие дуэли должны следовать строгому протоколу, который именовался порядком поединка. Сам поединок должен был состояться в течение 14 дней с момента совершения проступка, хотя этот срок мог быть продлен, если суд чести тянулся долго и в итоге заходил в тупик[42]. Каждый участник поединка должен был нарядиться в цвета корпорации, а также предполагалось присутствие секундантов. Некоторые правила, похоже, были разработаны для того, чтобы защитить противников от причинения реального вреда друг другу. Дуэлянт, виновный в нанесении «неразрешенного удара», немедленно лишался права на участие в поединке. Два обязательно присутствующих на дуэли врача (по одному с каждой стороны) должны были останавливать поединок, если он стано-

---

[42] В студенческих воспоминаниях А. А. Чумикова говорится, что вопреки правилу о проведении дуэли в течение 14 дней после совершения проступка иногда между вызовом на дуэль и самим поединком проходил целый месяц. В итоге к моменту дуэли противники часто не могли вспомнить причину вызова. Такая путаница чаще всего происходила, когда обе стороны были пьяны (см. [Чумиков 1881: 373–374]).

вился опасным для жизни, а также обрабатывать раны, в основном поверхностные[43]. Насколько масштабным явлением были дуэли между студентами, непонятно, но нет сомнений, что студенческая дуэль со всеми ее мерами предосторожности и строгим контролем выступала для ее участников прежде всего способом продемонстрировать свою мужественность (*virility*), не причиняя при этом какого-либо вреда [Чумиков 1881: 373][44].

Немногочисленные студенческие дуэли, о которых упоминается в существующих источниках, похоже, были спровоцированы оскорблениями[45]. Например, когда в 1851 году студент Дмитрий Бибиков вызвал на дуэль своего товарища Петра Вердеревского, предлог был совершенно пустяковым. Одним январским вечером Вердеревский и Бибиков заседали, как это у них водилось, в кругу друзей в петербургском ресторане, а когда Бибиков стал говорить нечто неприятное об одном его знакомом, Вердеревский пришел в возбуждение и стал сыпать оскорблениями в адрес приятеля. В ответ за унижение и оскорбление в присутствии товарищей Бибиков обругал Вердеревского, а затем бросил на пол бокал с вином, разбив его вдребезги. Вердеревский, уверенный, что это был жест в его адрес, решительно повалил Бибикова на пол. Такая обида не могла остаться без ответа: Бибиков вызвал Вердеревского на дуэль ранним утром следующего дня. Однако еще до начала дуэли о ней узнало начальство, и оба молодых человека так и не смогли сразиться за свою честь[46].

---

[43] РГИА. Ф. 735. Оп. 10. Д. 97. Л. 52об.–54.

[44] В силу скудности источников, как первичных, так и вторичных, сложно дать точную оценку того, сколько студенческих дуэлей происходило каждый год. Из архивных и мемуарных свидетельств можно предположить, что дуэль была способом разрешения споров внутри корпораций.

[45] Помимо двух дуэлей, которые рассматриваются в этой работе, в архивных материалах присутствует история о том, как в 1849 году в Москве студент Александр Неведомский был вызван на дуэль своим сокурсником, однако и здесь поединок, как явствует из документов, так и не состоялся (РГИА. Ф. 735. Оп. 10. Д. 222).

[46] РГИА. Ф. 733. Оп. 25. Д. 199.

По столь же ничтожной причине студент Белов бросил вызов своему другу Нефедову (оба входили в петербургскую корпорацию «Рутения»). Сидя в популярном среди студентов кабаке, два соседа по квартире вступили в жаркий спор из-за какого-то третьего лица, свидетелями которого стали несколько сокурсников. Вот как выглядела их перепалка:

Нефедов. Ты стоишь того, чтобы тебе послать дурака.

Белов. Я стою посылки дурака, как ты говоришь, а я прямо посылаю тебе дурака. Кушай его на здоровье.

Далее оба товарища разразились взаимными ругательствами [Белов 1880: 797], и после такого обмена грубостями и оскорблениями вызов был неизбежен: заявления Нефедова запятнали честь Белова, и одними словами восстановить его доброе имя было невозможно[47]. Без лишних разговоров или вынесения вопроса на суд чести, как это предписывала ситуация, оба студента незамедлительно выбрали секундантов из числа своих друзей, сидевших за столом кабака. Секундант Белова, согласно обычаю, передал вызов секунданту Нефедова, а тот его принял.

В день дуэли оба соседа, жившие в одной комнате и делившие стол, вышли из квартиры одновременно. Но, оказавшись в месте для дуэли, они попали в совсем другой мир. Белов описывает, как он и его противник, тщательно одетые по всем правилам, стояли друг против друга как «временные враги» и ждали в положенном месте команд беспристрастного секунданта: «Становись! Скрестись! Выпадай!» Услышав эти слова, Нефедов нанес первый удар, и дуэлянты начали поединок. Во время боя Белов едва не опозорил себя, отступив за *мензуру* (разделительную линию), что считалось настоящим проявлением трусости. Этот постыдный поступок, пишет Белов, заставил его выйти вперед к линии, сделать ложный замах и нанести удар в живот Нефедова. Не причинив противнику большого вреда, Белов вернул преимущество

---

[47] Как поясняет Чумиков, когда дуэли происходили в рамках корпораций, их участниками обычно были члены одной и той же организации: «балтики» дрались с «балтиками», а члены «Рутении» — с другими участниками этого общества [Чумиков 1881: 373–374].

и выиграл поединок. Несмотря на ошибку, он остался цел и невредим, а его соперник особо не пострадал.

В своих мемуарах Белов объяснял, что его храбрость на дуэли была вызвана «теплым» и «чистым» чувством любви к девушке по имени Оля; его товарищи по корпорации тоже связывали победу Белова с любовью к ней. Сидя вместе в кабаке после дуэли, студенты пели в честь победителя:

> Для дев храним мы сердце молодое
> И пьем за здравье их,
> Да здравствует веселье удалое
> Студентов молодых!

В заключительной части этой студенческой песни подчеркивалась роль, которую сыграла любовь в мотивации Белова к победе на дуэли: в мужском мире дуэли женственность Оли обладала вдохновляющей силой:

> Налив бокалы все полней,
> Вокруг тебя мы встанем
> И в честь красавицы твоей
> «Да здравствует!» мы грянем...
> Да здравствует же Оля,
> Да здравствует она! [Белов 1880: 797–798]

Несмотря на запрет дуэлей со стороны администрации университета, в его стенах студентов обучали навыкам, которые они могли использовать в поединке. В середине 1840-х годов, когда университет предлагал студентам дополнительные занятия по таким предметам, как рисование, танцы и искусство, были открыты и классы фехтования[48].

Фехтование, с точки зрения начальства, считалось частью основной программы внеклассного обучения, и власти намеревались

---

[48] Классы фехтования для студентов упоминаются в ежегодных отчетах Московского университета. Преподавание фехтования в нем прекратилось в 1848 году.

контролировать использование студентами этого навыка. Согласно Правилам для студентов Императорского Санкт-Петербургского университета 1843 года, те учащиеся, которые жили с родственниками, могли совершенствовать свои навыки в фехтовании дома, а те, кто жил самостоятельно, не имели такого права. Всем, однако, было строго «запрещено заниматься [фехтованием] со сверстниками на собраниях». Несанкционированные занятия фехтованием считались серьезным проступком и карались исключением из университета[49].

Тайные общества и официальная Россия

В двух случаях — сначала в Дерпте в 1833 году, а затем в Санкт-Петербурге в 1844 году — существование студенческих корпораций обнаруживали университетские и государственные должностные лица. Эти тайные общества, как называли их чиновники в своей переписке,[50] были явным нарушением правительственных предписаний наподобие Инструкции инспектору Санкт-Петербургского университета 1835 года, где оговаривалось, что «ни под каким предлогом и названием [нельзя] заводить тайные общества и сходбища» [СРМНП 1886, I: 122–173]. Как руководство университетов, так и представители Третьего отделения уделяли внимание пресечению любых признаков подозрительных связей или элементов заговора — начиная с конфискации книг студентов и заканчивая долгими и утомительными беседами с ними[51]. В письме, направленном в конце 1844 года начальнику Третьего отделения, глава жандармского корпуса пояснял, что хотел бы покончить со всеми студенческими обществами из-за возможных политических пристрастий их участников. Он же издал предупреждение для всех университетов, что «тайные общества дол-

[49] РГИА. Ф. 735. Оп. 10. Д. 175.
[50] РГИА. Ф. 735. Оп. 10. Д. 273, 97.
[51] Имеется множество полицейских рапортов о конфискации писем и книг у студентов, см., например: ЦИАМ. Ф. 16. Оп. 224. Д. 6; ЦИАМ. Ф. 16. Оп. 41. Д. 327.

жны быть распущены, а в случае их обнаружения они понесут очень суровое наказание»[52].

На практике, однако, администраторы проявляли определенную двойственность в отношениях со студенческими корпорациями. Государство, как отмечалось выше, исключило предводителей *буршеншафтов* из Дерптского университета после их обнаружения в 1833 году, но затем исключенным студентам было позволено учиться в других российских университетах. Снисходительность, проявленная министром просвещения, свидетельствует о граничившей с негласной поддержкой приемлемости студенческих корпораций для высокопоставленных чиновников государственной образовательной бюрократии.

В 1840-х годах государство проявило некоторую терпимость и по отношению к участникам корпораций «Рутения» и «Балтика» в Санкт-Петербурге. В письме к попечителю Московского учебного округа министр просвещения Уваров признал, что «министерству всегда было известно о существовании собраний между студентами», хотя в официальном меморандуме в 1844 году Уваров заявил, что в Санкт-Петербургском университете корпорации были незаконными: «Правительству известно о существовании студенческих обществ, или, точнее, собраний. Эти собрания не нарушают духа университета, но противоречат двум сводам законов: государственным законам и правилам университета».

Но, как и в случае с дерптскими студентами, отсутствие у корпорантов явных политических целей заставляло министра отнестись к этим организациям относительно благожелательно. Уваров сообщил, что разоблаченные сети «не имели намерения заниматься чем-то политическим», а потому не подлежали осуждению. Из доклада министра следует, что особенно обнадеживающим фактом было отсутствие среди членов корпораций польских студентов[53].

Несмотря на официальные полномочия, позволявшие объявить тайные общества вне закона, Уваров оправдывал их существование. В переписке с другими чиновниками он отмечал, что «в раз-

---

[52] РГИА. Ф. 735. Оп. 10. Д. 273.
[53] РГИА. Ф. 735. Оп. 10. Д. 175.

луке с родителями [и] вне дома» для молодых людей представляется совершенно естественным образовывать сплоченные социальные круги[54]. Такая формулировка свидетельствует о том, что Уваров сделал еще один шаг навстречу студентам и с пониманием отнесся к необходимости их общения друг с другом.

В речи, произнесенной в 1844 году перед петербургским студенчеством, Уваров пояснил, что у него есть два возможных пути исправления ситуации с тайными обществами студентов. Первый заключался в том, чтобы наказывать учащихся в обычном строгом порядке за нарушение правил, безотносительно к «будущему и надеждам» студентов и их семей. Второй же путь, который был для Уварова предпочтительным, заключался в том, чтобы доверять студентам и побуждать их к признанию и осуждению своих «ребяческих поступков». Уваров выбрал последний вариант: «Я поверю им, в их честь и в честь университета». В обмен на это доверие он рассчитывал, что каждый студент даст письменное свидетельство, что «его действия не вредят» единству правительства или университета,[55] а невыполнение этого требования приведет к суровому наказанию. Уваров предупредил студентов, что он без колебаний применит все свои министерские полномочия, если студенческие общества примут тайный, заговорщический и антиправительственный политический уклон. Однако студенческие корпоративные объединения продолжали действовать до тех пор, пока сохраняли благонамеренность и открытость.

Таким образом, существовало явное противоречие между официальной политикой запрета студенческих обществ и терпимым отношением к ним Уварова и других представителей государственного и университетского начальства (в особенности это касалось петербургских корпораций). Чиновники признавали, что запрет любых форм студенческой самоорганизации может оказаться более опасным, чем разрешение некоторых из них, если только они остаются явно аполитичными, а какие-либо свидетельства того, что петербургские корпорации имели политические намерения, отсутствуют. Кроме того, вполне возможно,

---

54 РГИА. Ф. 735. Оп. 10. Д. 175.
55 РГИА. Ф. 735. Оп. 10. Д. 175.

что чиновники, которым было поручено следить за соблюдением запрета студенческих организаций, сами были членами корпораций во время своей учебы в университете либо другом российском или зарубежном учебном заведении.

Примечательно, что заявляемые ценности корпораций, выраженные в их *комманах*, во многом дублировали официальные предписания о надлежащем поведении. В кодексах корпораций, как и в университетских дисциплинарных руководствах, делался акцент на чести, порядке и дисциплине. Членство в корпорации, как и участие в студенческом сообществе, требовало от каждого молодого человека культивировать хорошие манеры (внешний аспект) и добропорядочные нравы (внутренний аспект). Подобно идеальному типу респектабельного слуги, участники корпораций воспитывали в себе достоинство: как вспоминал один бывший дерптский студент, «спесь они осмеивают, а гордость презирают, мужество уважают» [РУУВ 1914: 155]. Для достижения этого сочетания внешней респектабельности и внутренней морали от студентов ожидалось (со стороны как начальства, так и корпорации), что они будут подавлять личное своеволие, беспорядочные и страстные порывы. Корпорация, как и государство, опиралась на иерархическую и упорядоченную систему повседневной деятельности. Чиновники наподобие Уварова, вероятно, смирились с существованием корпораций именно потому, что эти внегосударственные институты укрепляли, а не подрывали цели государственной администрации по обучению молодежи империи.

Хотя Уваров и другие чиновники могли с симпатией относиться к корпоративным организациям, они не считали, что любое студенческое общение благотворно. Некоторые студенческие мероприятия вызывали у университетского начальства серьезную озабоченность. Именно так обстояло дело с польскими студентами, особенно после восстания поляков против российской власти в 1830–1831 годах. После этих событий Николай I закрыл Виленский и Варшавский университеты, чтобы держать под контролем лиц, которых он считал подрывными элементами в этих учебных заведениях. Многим студентам из Варшавы и Вильно, подозреваемым в вынашивании демократических идей, было рекомендовано перевестись в другие российские университеты, расположенные ближе к центру империи, где за ними могли наблюдать и где могли заниматься их перевоспитанием.

Администрация полагала, что сможет более тщательно отслеживать потенциальную угрозу, если студенты будут на виду[56]. Оказавшись в Казани, Москве и Санкт-Петербурге, поляки восстановили свою групповую солидарность, но находились под пристальным наблюдением. Вскоре после перевода в другие университеты некоторые из польских студентов были обвинены в неподобающей общественной деятельности. Их заподозрили в чтении запрещенных книг и распространении антигосударственных полонофильских настроений в своих литературных кружках или тайных обществах[57].

Однако самым примечательным моментом является даже не то, что недоверие Николая к полякам вылилось в более пристальное внимание к польскому студенчеству, а то, что, несмотря на все подозрительное к ним отношение в 1830-х годах, польским студентам все-таки удалось создать собственные сети общения. В Санкт-Петербурге, где в 1830-е годы поляки составляли пятую часть студенчества, этому землячеству удалось достичь социальной самодостаточности. Его участники «надзирали за нравственностью своих членов» с «молчаливого согласия» студенческих инспекторов [Remy 2000: 201]. Администрация терпела автономные социальные практики поляков до тех пор, пока они не бросали вызов самодержавным принципам. Как и их российские сверстники, польские студенты могли заниматься взаимным укреплением дисциплины при помощи формальных корпоративных институтов и неформального общения. Чиновники

---

[56] После закрытия Варшавского и Виленского университетов их студенты хлынули в Казань, Москву и Санкт-Петербург. В 1836–1837 годах в Санкт-Петербурге было 47 польских студентов из 269, хотя в Москве их доля была гораздо ниже — 30 из 436, см. [Remy 2000: 76–78]. Реми также указывает на сложности в выяснении того, кто именно из них был поляком.

[57] Некоторые студенты были исключены не только за свою политическую деятельность, но и за совершение проступков, противоречащих кодексу поведения, таких как удар кулаком однокурсника, вызов на дуэль или даже «безделье», см.: ЦИАМ. Ф. 16. Оп. 39. Д. 185; а также; РГИА. Ф. 735. Оп. 10. Д. 167.

предпочитали сохранять «пассивность», если только при этом не возникало неотложной политической угрозы [Remy 2000: 215, 76–78]. Даже с теми, кого считали опаснейшими — подрывными в политическом смысле — элементами, самодержавие проявляло гибкость и было готово разрешать студентам вернуться в более престижные университеты в центре империи, дабы в процессе присмотра за ними убедиться, что в неформальном общении они остаются в пределах допустимого.

Несмотря на официальную идеологию и законы, запрещавшие тайные общества, российское самодержавие смотрело сквозь пальцы на появлявшиеся в университетах студенческие корпорации. Хотя университетское начальство, полиция и Третье отделение следили за социальной жизнью российских студентов, последние создавали автономные сети корпоративных обществ, главным образом в столице. Члены корпораций проводили сходки и, руководствуясь немецкими уставами из Дерпта, вырабатывали собственные представления о маскулинности и чести. Подобно московскому инспектору Нахимову, который разрешал своим воспитанникам употреблять алкоголь и даже учил их этому, правительственные чиновники в Санкт-Петербурге, включая министра просвещения Уварова, дозволяли деятельность корпораций, если те оставались в рамках определенных параметров.

Вскоре после смерти Николая в 1855 году организованная студенческая общественная жизнь получила возможность выйти из тени: в университетах появилось много студентов, объединявшихся в различные группы, включая корпорации-фратрии, которые в Дерпте были признаны законными уже в конце 1855 года [Мельгунов 1904: 53]. В этот момент местные чиновники объявили, что «студенческие общества в Дерпте существовали под названием корпораций в течение пятидесяти лет». Тогда же попечитель сообщил ректору, что Министерство просвещения теперь «разрешило укрепление студенческих корпораций» [Чумиков 1881: 368]. К 1862 году корпоранты в Дерпте могли свободно проводить шествия в университетском городке и на улицах с использованием своих отличительных цветов [Чумиков 1881: 369].

А пока Николай оставался у власти, студенты не только пили со своими товарищами и устраивали дружеские дуэли, но и демонстрировали задушевную привязанность к своим друзьям. Дружба, как и корпорация, способствовала тому, что студенты формировали взаимные горизонтальные связи и привязанности в автономном пространстве социальной жизни, несмотря на то что чиновники пытались привить им одну-единственную лояльность — царю. Студенческая дружба возникала в рамках более широкой культуры аффективных отношений, в которой выражение эмоциональной привязанности было привычным делом.

Глава 4
Товарищество, любовь и романтическая дружба[1]

Жизнь без друга не сладка, а довольно скучна[2].

Когда в 1830 году в Московском университете разразилась эпидемия холеры, он был закрыт на протяжении большей части учебного года. Студентам было запрещено видеться друг с другом, некоторых поместили в карантин, а других выслали из Москвы. Яков Костенецкий в своих мемуарах писал, что эта изоляция причиняла ему немалые страдания, ведь он очень хотел видеть своего друга Алексея Топорнина. Далее Костенецкий вспоминал, что, как только холерные ограничения были сняты, он побежал к дому профессора Погодина, где жил Топорнин, для того чтобы просто увидеть своего друга в дверях. Когда это произошло, двое молодых людей, «не отпуская рук друг друга», поговорили несколько минут, а затем были вынуждены расстаться «со слезами на глазах» [Костенецкий 1887: 329]. В описании этой встречи присутствуют детали, характерные для мужской дружбы в рассматриваемые нами десятилетия: слезы, боль из-за разлуки и привязанность, выражавшаяся в том, что друзья держались за руки.

Что еще демонстрирует этот пример — так это то, что дружба играла центральную роль в социальной и эмоциональной жизни

---

[1]   Отдельные фрагменты этой главы представлены в статье [Friedman 2003].

[2]   Отрывок из письма Михаила Орлова, написанного из Пензы его учившемуся в Москве другу Василию Буслаеву (РО РГБ. Ф. 42. Оп. 12. Д. 38).

российских студентов[3]. Изучение студенческих воспоминаний, дневников и корреспонденции позволяет предположить, что в эти десятилетия крепкая мужская дружба, взращенная в рамках более масштабной культуры европейского романтизма, сопровождала опыт вступления в совершеннолетие многих студентов. В течение трех-четырех лет обучения студенты проводили досуг в компании товарищей, и в ряде случаев между ними складывались глубокие личные отношения, которые напоминали узы романтической любви и даже превосходили их. Этот мир романтической дружбы давал студентам представление о маскулинности, включавшее страстное самовыражение и эмоциональные связи, которые противоречили призыву Николая I к послушанию и единственной лояльности — государю. Тем не менее, несмотря на попытки чиновников внедрить административный идеал маскулинности и превратить студентов в респектабельных и послушных государевых слуг, студенты — как в своих сочинениях, так и в общественной жизни — были увлечены этой культурой мужественной (*manly*) любви.

Культура мужественной любви

Для историков, изучающих Россию XIX века, дружба в целом не является новой темой. На протяжении многих десятилетий, в основном благодаря исследованиям, посвященным радикальной интеллигенции, феномен дружбы в николаевской России рассматривался в политическом контексте — в перспективе революции 1917 года. Исследователи подчеркивали, что в российских универ-

---

[3] Ричард Уортмен в первом томе работы «Сценарии власти» утверждает, что в первой четверти XIX века дружба играла заметную роль в идеологии самодержавия. Царь Александр I использовал образ дружбы, дабы придать сакральный характер связи между монархом и подданными. При вступлении на престол Александр создал комитет «молодых друзей» и «лучших сынов России», которые должны были помочь ему в проведении реформ. Обращаясь к чувствам дружбы и привязанности, Александр ассоциировал себя не только с личным «комитетом молодых друзей», но и со своими подданными в целом, которые, в свою очередь, были обязаны исполнять пожелания своего друга и царя [Wortman 1995–2000, 1: 195, 204].

ситетах XIX века крепкие дружеские связи между представителями зарождающейся радикальной интеллигенции процветали в силу отсталой и деспотичной природы самодержавия[4]. Такой подход подразумевает, что в кругу радикально настроенной молодежи дружба возникала как одно из последствий тяжеловесной, дисфункциональной и устаревшей социальной и политической системы России. Отсутствие «нормальных» для развитого гражданского общества способов времяпрепровождения, таких как свободная пресса, общественные клубы по интересам и гражданские организации, некоторые мужчины компенсировали аффективными проявлениями. Близкая дружба для этой небольшой группы молодых людей выступала оплотом против посягательств государства (см. [Riasanovsky 1976], а также [Venturi 1960] и [Hamburg 1992]). Мартин Малиа в своей интеллектуальной биографии Александра Герцена (возможно, самого известного представителя этого поколения радикально настроенной молодежи) предполагает, что «гиперболическая форма выражения» дружеской любви, характерная для университетских студентов, «стала лишь отражением того, что ничто в опыте ребят, наполненном мечтами, не было таким же бесспорно реальным», поэтому, добавляет Малиа, «там, где не было больше ничего, дружба стала всем» [Малиа 2010: 93].

Сам Герцен в грандиозном автобиографическом произведении «Былое и думы» тоже делал акцент на взаимосвязи дружбы и политики[5]. В следующем описании своего подросткового товарищества с Николаем Огаревым Герцен подчеркивает преобразующую силу дружбы — как в политическом, так и в эмоциональном смысле:

> Запыхавшись и раскрасневшись, стояли мы там [на Воробьевых горах], обтирая пот. Садилось солнце, купола блестели, город стлался на необозримое пространство под горой, свежий ветерок подувал на нас; постояли мы, постояли,

---

[4]   Масштабное рассмотрение радикальной молодежи см. в работе [Brower 1975].

[5]   К исследованиям, авторы которых обращаются к теме дружбы и указанной взаимосвязи, относятся следующие работы: [Малиа 2010; Brown 1966; Гинзбург 1977; Carr 1961].

оперлись друг на друга и, вдруг обнявшись, присягнули, в виду всей Москвы, пожертвовать нашей жизнью на избранную нами борьбу [Герцен 1954–1965, VIII: 81].

В этом фрагменте Герцен описывает, как он и его товарищ детства — оба в недалеком будущем станут студентами Московского университета — придали своей дружбе сакральный смысл и приняли решение посвятить свои жизни борьбе с несправедливостью, навязанной самодержавием. Это драматическое изображение Герценом неразрывной связи между близкой дружбой (символом которой выступают спонтанные объятия с Огаревым) и преданностью политической борьбе (о чем свидетельствует их клятва «пожертвовать нашей жизнью») давно стало основой для дискуссий исследователей о наличии взаимосвязи между таким институтом, как дружба, зарождением радикальных идей и политическим развитием России.

Вне зависимости от того, насколько правдива неизменно красноречивая, а порой и приукрашенная автобиография Герцена, принципиальное значение дружбы в кругу образованной российской публики выходило далеко за пределы ее радикального крыла. Какими бы ни были политические убеждения студентов, в самых разных ситуациях — во время летнего отпуска, зимних каникул и еще долгое время после окончания университета — они ставили преданность друг другу на важнейшее место в своей жизни. Как и их сверстники, обучавшиеся в университетах Европы, российские студенты того времени вступали в пору совершеннолетия в среде, проникнутой экспрессивностью и торжеством романтических настроений, где молодые люди выражали свои искренние, а иногда и страстные чувства друг к другу.

Важно отметить, что такое явление, как близкая мужская дружба, не было уникальным ни для России, ни для Европы XIX века. Близкие отношения между мужчинами задолго до вступления Николая I на престол стали общепризнанной частью европейской культуры, уходящей корнями в Древнюю Грецию и Древний Рим. Испокон веков мужчины заявляли о своей привязанности друг к другу как об одной из нормальных составляющих повседневной жизни. В средневековой Европе или Англии XVII века мужская дружба была фактом общественной жизни и сопровождалась целым рядом ритуалов, предполагавших различные формы близкого контакта наподобие мужских объятий и общего ложа[6].

По мнению многих исследователей, эта традиция близких дружеских отношений сохранялась и на протяжении большей части XIX века[7]. В образованном английском обществе начала Викторианской эпохи существовала культура мужской любви, основанная на идеях духовного братства, взаимного служения, а также на большей значимости гомосоциальных связей в сравнении с отношениями с женщинами — сексуальными и прочими [Richards 1987: 93]. В этом викторианском контексте такие проявления близости между мужчинами, как нежные объятья или взаимные романтические чувства, не угрожали социальному порядку. Напротив, в рамках нормативных предписаний поведения друзьям «позволялось» выражать свою преданность и привязанность друг к другу, не опасаясь обвинений в испорченности или аморальности. В различных образцах — от близких отношений между поэтами Байроном и Шелли до героев драм и очерков Шиллера — многие молодые люди обнаруживали друг в друге эмоциональное, а порой и эротическое самоосуществление[8].

Образцом этой идеи страстной дружбы в викторианском контексте выступает знаменитый пример товарищества между

---

6   См. [Ailes 1999: 240; Bray, Roy 1999: 65–84].

7   Сегодня появляется все больше работ на тему мужской дружбы и способов выражения желания в период до «изобретения» гомосексуальности в конце XIX — начале XX века. Помимо упомянутых выше источников, отметим такие исследования, как [Katz 2001; Hoffmann 2001; Sedgwick 1985; Mosse 1988; Rotundo 1993; Richards 1987].

8   Биограф Байрона Джон Бакстон указывает, что «дружба была в их жизни самой важной разновидностью отношений», см. [Buxton 1968]. Критик Джейн Бламберг в своей параллельной биографии Байрона и семейства Шелли указывает, что у Байрона постоянно были какие-то отношения с юношами. См. [Blumberg 1992].

лордом Альфредом Теннисоном и поэтом Артуром Халламом, запечатленный в поэме Теннисона «In memoriam A. H. H. (Памяти А. Г. X.)». Написанная по случаю ранней смерти Халлама, поэма демонстрирует, как дружба с этим молодым человеком уподоблялась для Теннисона любовному роману. После смерти друга Теннисон считал себя «вдовцом» [Теннисон 2018: 26][9] и признавался читателю, что очень одинок:

> Так и места всех наших встреч
> Навеки света лишены.
> Усильем солнца иль луны
> Твоей улыбки не зажечь
> [Теннисон 2018: 20][10].

Столь близкие связи между мужчинами в XIX веке были, по мнению некоторых исследователей, порождением юношества и находили особенно благодатную почву в образовательных учреждениях, если в этой среде присутствовали только мужчины. Во Франции, в Англии, Германии и даже США такие связи представлялись неотъемлемой составляющей «чувственного и сексуального воспитания» молодого человека [Perrot 1990: 562–563]. Э. Энтони Ротандо в работе о формировании современной американской маскулинности указывает, что близкая дружба между мужчинами в XIX веке была «в основном результатом конкретной фазы жизненного цикла — юности» [Rotundo 1993: 76]. Эта задушевность мужской дружбы для большинства ограничивалась «промежутком между отрочеством и зрелостью», то есть в основном тем временем, когда молодые представители элиты

---

[9] Существует много примеров, свидетельствующих о том, что подобная дружба сохранялась и во второй половине XIX века. См., например, работу [Newsome 1980: 39].

[10] Как отмечает историк Джонатан Нед Кац в работе, посвященной дружеским отношениям между мужчинами в XIX веке, существовавшая в то время «сексуальная иерархия по иронии судьбы накладывала больше ограничений на интимные отношения между мужчинами и женщинами, нежели на отношения между мужчинами и мужчинами или женщинами и женщинами» [Katz 2001: 41].

учились в колледжах и университетах [Rotundo 1993: 84–85][11]. Такая студенческая дружба воспринималась как некая генеральная репетиция, которая заканчивалась после завершения учебы или вступления в брак[12]. Как и другие молодые люди по всей Европе, студенты российских университетов, затронутые мощью романтических идеалов, посвящали себя друг другу в процессе учебы и возмужания. Однако среди российских примеров существует также ряд свидетельств того, что близкая мужская дружба сохранялась и после завершения юношеской поры.

Романтизм в России

Романтизм с его интересом к эстетике, национальному духу, всемогущей дружбе и силе любви оказывал влияние на политику и культуру николаевской эпохи на самом высоком уровне[13]. Многие сторонники идеологической системы Николая — православия, самодержавия и народности[14] — сами находились под

---

[11] Ротандо упоминает, что в высших и средних учебных заведениях мальчики обычно спали в одной кровати. Этот факт упоминается и в работе [Chandos 1984: 292–293]. Однако в России дело обстояло иначе. С правилами, регулирующими порядок сна кадетов, можно ознакомиться в таком документе, как [СВП 1838: 178].

[12] Вольтер признавал, что любовь между юношами имеет особый характер. Хотя, указывал Вольтер, однополое желание есть «позорное возмущение против природы», оно является «слишком естественным», когда юноши «воспитываются вместе... и часто похожи на прекрасных девушек». Однако такие увлечения редко длились долго. Цит. в [Neff 2002].

[13] Интересно отметить, что сама идея современного исследовательского университета была вдохновлена романтизмом. Как указывает Майкл Дж. Хофштеттер, такие авторы, как Фихте и Шеллинг, были уверены, что «университеты могут сделать общество более нравственным, более культурным», что университет будет способствовать «моральному возрождению человека». См. подробнее [Hofstetter 2001: XII, 40].

[14] Полномасштабное рассмотрение николаевской доктрины «официальной национальности» см. в работе Николая Рязановского [Riasanovsky 1969]. Три этих знаменитых догмата официальной идеологии — православие, самодер-

влиянием «романтических течений» [Riasanovsky 1969: 165]. Осмыслению самим Николаем самодержавия и его неразрывной связи с русской национальной идентичностью способствовали труды немецкого философа-романтика Иоганна Готфрида Гердера. В контексте нарастающего духа романтического национализма в Европе присутствовала убежденность, что у каждого народа есть своя национальная судьба, «национальная идентичность» [Wortman 1995–2000, 1: 275][15], собственный «национальный дух». Как известно, начавшийся после Наполеоновских войн период российской истории ознаменовал наступление новой эпохи русского национального самосознания среди широких слоев образованного общества. Когда военные возвращались домой из заграничных походов, они с трудом принимали свою «русскость»[16]. Для Николая же национальный дух России «выражался только в самодержавном государстве» и личности самодержца. По утверждению Ричарда Уортмена, «император был неотъемлем для нации, а нация была неотъемлема для самодержавия и императора» [Wortman 1995–2000, 1: 275]. Следствием этой идеи оказывалось представление, что подданные должны были посвятить себя России, самодержавию и царю. Вертикальные узы верности между подданными и монархом были тем раствором, который скреплял Россию воедино, способствуя появлению национального духа.

жавие и народность (последнее понятие на английский чаще всего переводится как «национальность») — провозгласил в 1833 году министр народного просвещения Сергей Уваров.

[15] Механизмы влияния романтических идей на официальные круги в правление Александра I рассматриваются в работе Александра Мартина [Martin 1997].

[16] К возрождению национального духа в период после войны 1812 года обращаются такие исследователи, как Орландо Файджес [Figes 2002] и Александр Мартин [Martin 1997]. Катриона Келли [Kelly 2001, особенно p. 137–153] изучает многообразные проявления этого вновь возникшего акцента на «русскости» среди столичных образованных элит, включая ношение крестьянской одежды и женитьбу на крестьянках, что должно было продемонстрировать их преданность России.

Начиная с 1820-х годов и вплоть до официального закрытия кафедр философии после европейских революций 1848 года представители российского университетского сообщества все больше увлекались немецкой философией[17]. Романтические идеи распространялись не только на собраниях политических радикалов, но и в лекционных аудиториях и профессорских гостиных. Несмотря на то что в эти годы учебная программа в определенной степени русифицировалась в смысле большего упора на преподавании предметов, связанных с Россией, а также в ней становилось больше технических аспектов, в стенах Московского университета преподавание философии продолжалось. Во времена правления Николая философия в российских университетах фактически была «в моде» [Whittaker 1984: 154], а профессора — от сторонников до критиков самодержавия — приветствовали романтизм[18]. Такие профессора Московского и Санкт-Петербургского университетов, как Тимофей Грановский, Михаил Павлов, Петр Редкин и Никита Крылов, знакомили своих студентов с европейскими, в особенности немецкими, теориями философии и истории [Whittaker 1984: 165]. Влияние романтизма распространялось и на самих студентов, которые впитывали его идеи в аудиториях, университетских коридорах и кружках.

Заметную роль в жизни российских студентов как в стенах университета, так и за его пределами играли идеи Фридриха Шиллера, хотя Николай, как известно, относился к нему пренебрежительно[19]. Как отмечал один исследователь, в эти годы «Шиллер

---

[17] Подробнее об этом см. следующие работы: [Малиа 2010; Brown 1966; Raeff 1972].

[18] Среди профессоров Московского университета приверженцами романтизма были как консерваторы Михаил Погодин и Степан Шевырев, так и либерально настроенный историк Тимофей Грановский, см. [Roosevelt 1986].

[19] Николай интересовался рядом мотивов романтического национализма Гердера, однако к идеям Шиллера — философа, который оказывал наибольшее влияние на его будущих слуг в юношеском возрасте, — царь был нетерпим. Действительно, известно, что во время революционных потрясений 1848 года Николай заметил: «Эти ваши Шиллер и Гете развратили молодежь» [Смирнова 1895: 85].

поселился у русских в сердце» [Malia 1971: 170]. Описывая свои студенческие годы в Москве в середине 1830-х годов, Константин Аксаков рассказывал, как он и его сокурсники читали Шиллера в аудитории: однажды Аксаков по просьбе профессора Геринга, который по вечерам проводил занятия в своем кабинете, прочитал наизусть перед сокурсниками одну из баллад Шиллера в русском переводе [Аксаков 1989: 317]. Из воспоминаний студентов можно сделать вывод, что Геринг был не одинок в своей любви к Шиллеру: восхищение перед немецкими романтиками внушали впечатлительным юношам многие профессора [Whittaker 1984: 165].

В произведениях Шиллера утверждался культ страстного самовыражения и исключительной преданности. Благодаря дружбе, утверждал Шиллер, человек мог стремиться к «реализации своих глубочайших возможностей», тянуться к свободе и «красоте души» [Малиа 2010: 97]. Юные герои драмы «Дон Карлос» (Карлос и маркиз Поза) и «Философских писем» (Рафаэль и Юлий) Шиллера являют собой простые модели мужской дружбы, особенно привлекательные для юношества[20]. В шиллеровском художественном мире дружба торжествовала над всеми другими привязанностями, включая сыновние или любовные отношения[21]. Например, дружба Карлоса и Позы не только придает благородство смерти и вдохновляет на восстание против тирании монарха, но и неразрывно соединяет навеки души двух юношей[22]. Разумеется, не все

---

[20] Малиа рассматривает влияние этих двух произведений Шиллера на биографии Герцена и Огарева в главе своей книги о Герцене под названием «Шиллер и Огарев» [Малиа 2010: 82–105].

[21] Важно отметить, что шиллеровская эстетика вдохновляла и предшествующее поколение. Марк Раев предполагает, что идеи Шиллера значительно повлияли на российские интеллектуальные круги в первые годы XIX века. Одна из таких групп сформировалась вокруг Андрея Тургенева, второстепенного поэта и видного участника «Дружеского литературного общества», существовавшего в самом начале правления Александра I. По оценке Раева, дружба «играла решающую роль в революционном движении» [Raeff 1972: 45–46, 54].

[22] Историк Гэри Хэмбург, описывая возмужание Бориса Чичерина, отмечает, что к близким отношениям между мужчинами его могло склонить чтение не только Шиллера, но и Байрона. Хэмбург также отмечает влияние Шиллера на характер дружеских отношений Чичерина [Hamburg 1992: 35–37] (Из

российские студенты общались на таком возвышенном языке, но многие все же демонстрировали свои чувства друг к другу в подобном выразительном и задушевном контексте.

В 1830–1840-х годах некоторые из начинающих интеллектуалов формировали дружеские отношения в стенах Московского университета на основе идеалов Шиллера. Например, Александр Герцен в автобиографических «Записках одного молодого человека» писал: «Дружба, прозябнувшая под благословением Шиллера, под его благословением расцветала: мы усвоивали себе характеры всех его героев» [Герцен 1954–1965, I: 281]. Именно Шиллер впервые пробудил у подростка Герцена ощущение духовной близости с другом его детства и сокурсником Николаем Огаревым: «Мы явно понимали, что каждый из нас адресует эти слова от себя, но боялись прямо сказать. Так делают *неопытные* влюбленные, отмечая друг другу места в романах; да мы и были *a la lettre* [в полном смысле слова — фр.] влюбленные, и влюблялись с каждым днем больше и больше» [Герцен 1954–1965, I: 280–281].

Герцен и Огарев — самый известный образец подражания шиллеровской эстетике — были не единственным подобным примером (см. также [Полонский 1898: 644–687]). Виссарион Белинский (возможно, самый известный русский литературный критик) отмечал в письме к одному из друзей то глубокое влияние, которое Шиллер оказал на его жизнь: «Я осознал наконец свое родство с Шиллером; я кость от кости, плоть от плоти его... ибо он — мой высший и благороднейший идеал человека» [Белинский 1914: 196]. Критик Павел Анненков в своих отличающихся своеобразным стилем воспоминаниях о том периоде подчеркивал «чары дружбы», которые околдовали многих, кто читал Шиллера, включая Белинского, философа

этой ремарки Фридман может сложиться впечатление, что знаменитый философ и правовед Борис Чичерин был склонен к нетрадиционной сексуальной ориентации. Документальных подтверждений этого нет, хотя женился Чичерин в очень зрелом возрасте и не оставил наследников. В то же время хорошо известно, что его племянник, нарком иностранных дел СССР Георгий Чичерин был фактически открытым гомосексуалом. — *Прим. пер.*).

и анархиста Михаила Бакунина, Константина Аксакова и выдающегося профессора-историка Тимофея Грановского. Анненков особо отметил один страстный момент, когда Аксаков в момент философского кризиса пришел к великому московскому профессору Грановскому среди ночи, «бросился к нему на шею и, крепко сжимая в своих объятьях, объявил, что приехал к нему исполнить одну из самых горестных и тяжелых обязанностей своих — разорвать с ним связи... несмотря на глубокое уважение и любовь, какие он питает к его характеру и личности» [Анненков 1983: 214–215]. Идеологические разногласия в данном случае заставили Аксакова — по крайней мере именно так вспоминал Анненков — распрощаться с «потерянным другом»[23]. Таким образом, шиллеровский идеал любви и дружбы определял и неудачи в романтических отношениях студентов, при этом эстетика шиллеровской дружбы находила отклик не только в студенческих кругах, но и за их пределами.

В письме к Николаю Станкевичу, своему сокурснику и лидеру одного из московских студенческих кружков, Белинский сообщал о назидательном опыте чтения Шиллера:

> До чего довел меня Шиллер? Помнишь ж, Николай, как для всех нас было решено, что подло и бесчестно завести связь *con amore* [любовную — ит.] с девушкою, ибо-де, если оная девица невинна, то лишить ее невинности — злодейство, а если не невинна, то может родить (новое злодейство!), может надоесть, и надо будет ее бросить (еще злодейство!); а как человеку нельзя жить без жинки, и все порядочные люди падки до скоромного, то мы логически дошли до примирения и выхода в... и... и со всеми их меркуриальными последствиями. Видишь, куда завел нас идеальный Шиллер! [Белинский 1914: 347–348][24]

---

[23] В мемуарах Анненкова дан несколько иной контекст этого инцидента: славянофил Аксаков решил разорвать отношения с западником Грановским в связи с идейными разногласиями по вопросам «славянства и народности». Любопытно при этом, что Шиллер в книге воспоминаний Анненкова «Замечательное десятилетие. 1838–1848» упоминается всего один раз. — *Прим. пер.*

[24] Это письмо цитирует Малиа [Malia 1971: 189], также упоминая о собственных любовных неудачах Станкевича.

Романтические идеи были особенно значимы для таких фигур, как Белинский и Станкевич, которые были восприимчивы к философским дискуссиям своей эпохи. Эти идеи влияли на их общественную позицию, скрепляли их узами дружбы, а приведенный выше пикантный отрывок по меньшей мере показывает, что романтические идеалы также становились помехой на пути их стремления к романтическим отношениям с женщинами[25].

Язык любви

Процитированный фрагмент письма Белинского, даже если это несколько преувеличенное суждение, заставляет задуматься о том, стремились ли вообще российские студенты к романтическим отношениям (и, более того, общались ли они вообще с женщинами) в этой более масштабной среде мужественной любви. Относительное молчание источников на тему отношений с противоположным полом позволяет предположить, что сила мужской дружбы могла мешать бурным романам с женщинами, хотя, учитывая скудность этих источников, затруднительно утверждать об этом наверняка. В то же время важно отметить, что университетская среда, в особенности в аудиториях и общежитиях, была исключительно мужской. В целом в имеющихся источниках содержится мало указаний на общение студентов с юными дамами — имеется лишь несколько упоминаний о борделях, а о любовных романах говорится очень мало[26]. В тех редких случаях, когда в мемуарах о студенческих годах описы-

---

[25] Стоит сказать, что Станкевич был недолгое время помолвлен с сестрой Бакунина Любовью. Джон Рэндолф, излагая этот сюжет, уточняет, что помолвка была расторгнута из-за «высоких идеалов любви» этого поколения, но в то же время сообщает о любовной связи Станкевича с еще одной сестрой Бакунина, Варварой Дьяковой, см. [Randolph 2004]. Автор выражает признательность Джону Рэндолфу за возможность ознакомиться с расширенной версией его статьи.

[26] Архивные данные о борделях, находившихся поблизости от Санкт-Петербургского университета, см. в: РГИА. Ф. 735. Оп. 10. Д. 114.

ваются отношения с молодыми женщинами, эти романы почти
неизбежно заканчивались разбитым сердцем или охлаждением
студента к своей героине. Например, поэт Афанасий Фет подчеркивал обреченность своих романтических устремлений
в студенческие годы. По его признанию, желания, связанные
с молодыми женщинами, нарушались сложными дружескими
чувствами. В тот момент, когда Фет жил в доме своего однокурсника и близкого друга Аполлона Григорьева, у него завязался
роман с двоюродной сестрой Григорьева Еленой. Несколько
месяцев они скрывали от всех свои подлинные отношения,
а когда решили рассказать о них семьям, печально известный
своей строгостью опекун Елены пришел в ярость и решительно
не одобрил эту связь. Любовники хотели сбежать, но не нашли
поддержки ни у Григорьева, ни тем более у его семьи. В конце
концов Елена была отправлена в какое-то учебное заведение,
подальше от своего возлюбленного, что фактически положило
конец их роману [Фет 1893: 175–176]. Остается неясным, что
мешало им пожениться: практические соображения (Фет не
обладал значительным состоянием, а к тому же был студентом)
или же мелочная ревность его товарища Аполлона. Так или
иначе Фет и дальше жил в доме друга и был вынужден распрощаться с Еленой. А затем, когда сам Аполлон влюбился в одну
женщину, та не только была замужем, но и, как оказалось, была
влюблена в Фета: во всяком случае, именно об этом он поведал
нам в своих мемуарах (см. [Dobbler 1995: 25]). Словом, оба друга
не имели успеха в амурных делах с женщинами.

Будущий известный педагог Януарий Неверов, как и те студенты, о которых шла речь выше, разочаровался в любви во
многом из-за страстной привязанности к своему другу Владимиру Ржевскому. Тональность переписки, которую несколько лет
вели учившиеся в Московском университете Ржевский и Неверов,
позволяет судить о характеристиках дружбы в целом, а также
о том, каким образом дружба между мужчинами отодвигала на
второй план значимость отношений с женщинами — по меньшей
мере на уровне риторики.

Из писем Неверова и Ржевского можно сделать вывод, что их дружба напоминала неравные и безответные любовные отношения. Неверов, выходец из скромной семьи, приехал в Москву, не имея там ни друзей, ни связей с выходцами из родного города. К концу первого года учебы он сильно привязался к своему однокурснику Владимиру, у которого, напротив, в Москве были и семья, и друзья. Вскоре Ржевский потерял интерес к этой исключительной дружбе, но, несмотря на растущее охлаждение этой привязанности, Неверов писал в своем дневнике, что по-прежнему «относился к Владимиру иначе, чем ко всем остальным»[27].

Страницы дневника, который Неверов вел в университетские годы, и автобиографические записки наполнены выражением привязанности и любви к новому другу. На первоначальной стадии своего увлечения Неверов писал, как дружба с Ржевским заменила ему желание любви к женщине:

> Я чувствую нашу дружбу, и это благословение моей души. Поскольку я уже испытывал любовь [к женщине], я знаю ее движения в моей страстной душе. Я счастлив, что мечта о дружбе [с Владимиром] заменила мечту о любви[28].

В описаниях привязанности Неверова к Ржевскому в избытке присутствует повышенная эмоциональность, страницы его писем к другу наполнены образами «любви», «страсти» и «мечты». «Единственный человек, которого я люблю всей моей пылающей душой, — это он [Владимир]», — писал Неверов [Неверов 1915: 107–108]. Все его прежние привязанности к женщинам померкли в сравнении с этой недавно обретенной братской связью. Вспоминая свою первую попытку любовного романа с некоей Эльзой Ивановной еще до поступления в университет, Неверов теперь ощущает острую неловкость. Прежние его чувства, о которых он пишет в дневнике, должно быть, являлись результатом не только детских и наивных эмоций, но и болезни с симптомами лихорадки, которую он тогда перенес. Эта болезнь неизбежно «затумани-

---

27 ГИМ. Ф. 371. Оп. 1. Ед. хр. 1. Л. 180.
28 ГИМ. Ф. 371. Оп. 1. Ед. хр. 1. Л. 180.

вала его суждение о настоящих собственных чувствах» [Неверов 1915: 108–109]. Близкие отношения между мужчинами в итоге оказались для Неверова выше, чем отношения с женщинами.

Однако Ржевский, несмотря на проявления любви со стороны товарища, реагировал на них все более отстраненно, и Неверов сетовал, что его «чувства чистой и нежной дружбы» были встречены «холодностью» [Неверов 1915: 107]. Со временем дистанция между ними становилась все больше, превращаясь в пропасть, и Неверов, разочаровавшись в своей дружеской любви к Владимиру, в конце концов пришел в негодование от своих чувств. Вот как он объяснял это в дневнике: «Если бы я не занимал себя всецело любовью к Владимиру... то нашел бы себе девушку... которая могла бы освободить мою душу». Теперь Неверов жаждал найти замену Владимиру в виде женщины, которая стала бы «предметом самой пламенной страсти», однако дружба с Владимиром не оставляла места для романа с женщиной [Неверов 1915: 107].

У Федора Буслаева дружеские отношения в студенческие годы также напоминали ухаживание[29]. Описывая дружбу со своим однокашником Владиславом Класовским, будущий академик не только отмечал любовь к другу, но и восхищался его физическими и эмоциональными качествами. Как и в случае с дружбой Неверова и Ржевского, дружеские узы между двумя юными студентами выражались языком, близким к романтической любви. Как писал Буслаев, «товарищи видели мою дружбу к Класовскому; она была так сильна и постоянна, что ее не мог не заметить даже и Коссович, который по своей рассеянности не обращал внимания решительно ни на что» [Буслаев 1897: 23]. Укреплению привязанности двух молодых людей способствовало то, что они вместе жили в общежитии Московского университета. Вдвоем они проводили вечера в сумерках («...когда мы вместе с ним взад и вперед гуляли по

---

[29] Студент Александр Вейшторт в написанном на польском языке своему другу детства Ивану Микиличу письме, рассказывая о своем участии в скандальной истории, связанной с антигосударственной деятельностью, подтвердил чувства, которые он испытывал к товарищу: «Любимый мой Иван, [хочу, чтобы ты знал, что] твой любимый Александр теперь, как и всегда, с первого момента нашего знакомства, дышит вместе с тобой почти одним и тем же дыханием» (РГИА. Ф. 733. Оп. 99. Д. 381).

длинному коридору нашего общежития»), обсуждая различные темы. Одной из составляющих этой дружбы было восхищение Буслаева «женоподобными» качествами своего друга. Различные поводы давали Буслаеву возможность поразмышлять о «деликатной мягкости» своего друга или упомянуть, что «по нежной, как бы прозрачной белизне лица его то и дело вспыхивал легкий румянец» [Буслаев 1897: 24]. Столь близкие дружеские отношения были характерны для мужчин, которых Буслаев считал по своей природе «женоподобными»: в его записках это слово оказывается синонимом «мягкости» и деликатности. А в описании своего однокашника Войцеховского Буслаев подчеркивал привязанность к этому человеку, который обладал «нежным сердцем» и «той крайней степенью самоуничижения и верноподданности, какая доступна только сердцу женщины» [Буслаев 1897: 35–36][30].

Студенты, профессора, наставники

Культура дружбы, преобладавшая среди студентов университета, влияла и на отношения между студентами и их наставниками. Для многих вхожих в стены университета это был неформальный (и при этом совершенно мужской) мир личных отношений без ненужных церемоний, в котором «профессора нисколько не отделялись от... [студентов], считая себя солидарными с [ними]», а студенты ходили к профессорам домой, где те снабжали студентов книгами и пособиями [Дондуков-Корсаков 1902: 170]. В этих пространствах неофициального общения «отношения между профессорами и студентами были самые сердечные» [Чичерин 1991: 31][31]. В записках бывших студентов присутствует множество воспоми-

---

[30] Именно это «нежное сердце», которое привлекало Буслаева, затем привело к трагической гибели Войцеховского. После окончания университета Войцеховский влюбился в дочь директора гимназии, где он преподавал, а когда узнал, что отец его возлюбленной (и его начальник) запретил ей встречаться с ним, покончил с собой.

[31] О романтических дружеских отношениях профессора Грановского в его студенческие годы см. [Roosevelt 1986: 17–19].

наний о дружеском, порой граничившем с глубоко личным общении с их наставниками вне зависимости от того, были это профессора, инспекторы или воспитатели. Например, князь Александр Дондуков-Корсаков описывал, как профессора регулярно устраивали «вечеринки», или *кнейпы*, у себя на квартирах под предлогом обсуждения научных и философских вопросов или просто ради общения [Дондуков-Корсаков 1902: 170]. Еще один бывший студент вспоминал о посиделках в доме московского профессора Степана Петровича Шевырева, на которых хозяин, встречаясь со своими студентами, «узнавал их нужды, снабжал книгами, доставлял уроки» и даже давал деньги бедным студентам [Бартенев 1907: 554].

Профессора также регулярно приглашали студентов на свои литературные вечера, что способствовало появлению пространства для укрепления дружеских отношений между разными поколениями вне обычных рамок официальной университетской жизни. Иван Тургенев в воспоминаниях об университетских годах в Петербурге описывал, как в 1837 году, учась на третьем курсе университета, он посещал литературные вечера в доме профессора Петра Александровича Плетнева, где студенты спорили о философии и читали друг другу свои стихи и другие сочинения [Бродский 1930: 197–207]. Тогда же московский студент Владимир Бурнашов был приглашен посещать вечерние собрания, проходившие каждый четверг дома у профессора Николая Ивановича Греча. В мемуарах Бурнашова, часто посещавшего личный кабинет Греча, подробно описаны атмосфера и обстановка его дома [Бродский 1930: 246–266].

Борис Чичерин в своих мемуарах вспоминал, как они с братом завязали близкие отношения с профессором Московского университета Тимофеем Николаевичем Грановским, с которым их познакомил Николай Федорович Павлов, близкий друг их отца и благодетель братьев. Перед тем как Чичерины сдали вступительные экзамены в университет, Павлов организовал приватный обед с Грановским — событие, которое Чичерин потом вспоминал в ярких подробностях: «Здесь в первый раз я увидел этого замечательного человека, который имел на меня большее влияние, нежели кто бы то ни было, которого я полюбил всей душой и память о котором доселе осталась одним из лучших воспоминаний моей жизни» [Чичерин 1991: 9]. Чичерин вспоминал, что был совершенно очарован «печатью изящества и благородства», которую носил на своей «особе» Грановский, отмечая, что «и в мужском, и в дамском обществе разговор его был равно увлекателен». Грановский, пишет Чичерин, был «высокий, стройный, с приятными и выразительными чертами, осененными великолепным лбом, с выглядывающими из-под густых бровей большими, темными глазами, полными ума, мягкости и огня, с черными кудрями, падающими до плеч» [Чичерин 1991: 9]. После этой первой встречи братья Чичерины часто встречались с профессором либо у него дома, либо у себя. Вскоре между ними установились отношения «на дружеской ноге» [Чичерин 1991: 52]. Несмотря на строгую иерархию, которая определяла официальную жизнь университета, Грановский «любил собирать у себя за обедом студентов» и «беседовал с ними как с себе равными» [Чичерин 1991: 52].

Задолго до знакомства с Грановским Чичерин писал в дневнике о привязанности к своему воспитателю, студенту Василию (Васе) Вязовому. По утверждению Чичерина, оставшись вдвоем, они «ускользали в какой-то темный уголок»: «И там воображение мое поражали фантастические образы, которые переносили меня в заколдованный мир» (цит. в: [Hamburg 1992: 37]). После поступления в университет Чичерин продолжал часто видеться со своим воспитателем: «После завтрака мы отправлялись в путь и оставались на улице до сумерек. Мы вместе купались, вместе катались на лошадях; одним словом, удовлетворение наше было полное»[32]. Два молодых человека были связаны друг с другом не только каждодневными занятиями — переплетена была и их эмоциональная жизнь[33]. В качестве еще одного образца подобной эмоциональной дружбы, которая нарушала строгие линии иерархии и статуса,

---

[32] Как утверждает Хэмбург, близкие отношения между мужчинами отчасти были связаны с тем обстоятельством, что «в силу социальных установок... женщины не допускались к образовательному процессу» [Hamburg 1992: 37–38].

[33] Язык дружбы обнаруживается во многих образцах переписки между студентами и их товарищами из родных мест, в частности в таких источниках, как: РО РГБ. Ф. 42. Оп. 11. Д. 25; РГИА. Ф. 733. Оп. 99. Д. 381.

можно привести отношения между будущим государственным деятелем Григорием Галаганом и его наставником-студентом Федором Чижовым. Близкая дружба между ними завязалась, когда Чижов жил в доме Галагана. Однажды, когда Галаган заболел, он вписал последнюю волю в завещание, в котором оставлял наставнику свои любимые золотые часы «в знак искренней дружбы» [Галаган 1898: 203]. Культура дружбы не только позволяла студентам и их наставникам преодолевать рамки официальных иерархий, заключая друг друга в объятия, но и вдохновляла группы молодых людей, затронутых идеалом всеобъемлющей дружбы Шиллера, собираться вместе и воспевать их задушевные отношения.

Дружеские кружки

> Я не знаю, почему дают какой-то монополь воспоминаниям первой любви над воспоминаниями молодой дружбы. Дружба между юношами имеет всю горячность любви и весь ее характер: та же застенчивая боязнь касаться словом своих чувств, то же недоверие к себе, безусловная преданность, та же мучительная тоска разлуки и то же ревнивое желание исключительности [Герцен 1954–1965, VIII: 83].

В этом рассуждении представлен широкий диапазон эмоций — «горячность любви», «мучительная тоска разлуки» и «ревнивое желание», которые входили в лексикон студенческой дружбы.

Будущий видный славянофил Константин Аксаков, участвовавший в студенческие годы в московском кружке Станкевича, воспевал дружбу в университетских стенах в стихах. В 1833 году, будучи студентом второго курса Московского университета, Аксаков посвятил четырем лучшим друзьям такое стихотворение:

> Друзья, садитесь в мой челнок...
> Весла и паруса не нужно...
> Друзья, прочь страх! Давайте руки!
> И сядем на челне одном,
> И веселее без разлуки
> Мы море жизни проплывем[34].

---

[34] ПД. Ф. 3. Оп. 7. Д. 29. Л. 1.

В поэтическом изображении Аксакова, как и в автобиографическом произведении Герцена, дружба дарила небольшой группе юных университетских студентов комфорт, волнения и единение на пути от мальчишества к мужеству и в плавании по «морю жизни».

Помимо эпистолярных откровений, студенты находили дружеское единение в тех пространствах частной жизни, к которым у них был доступ. Вспоминая свою жизнь в московском пансионе, Николай Дмитриев описывал, как в окружении друзей он испытал «первые муки любви» и поделился своими «душевными устремлениями» с однокашниками. Как и Аксаков, Дмитриев писал, что в кругу этих молодых людей он познал «самоотвержение дружбы, очарование тихой полуночной беседы... пыл молодости и страсти... доблесть жизни». Такими словами Дмитриев характеризует атмосферу пансиона «Ирландия», куда студенты жаждали попасть, несмотря на отсутствие отопления в комнатах, что даже способствовало формированию «студенческой братии», для которой была свойственна «одинаковость общественного положения» [Дмитриев 1858–1859, 120: 3–4, 7]. В воспоминаниях бывшие студенты подчеркивали ту роль, которую малые группы сыграли в пробуждении их эмоций. Одной из разновидностей таких групп были *кружки*[35].

Герцен изображает собрания кружков так: студенты и прочие участники собирались небольшими группами в жилых помещениях — от университетских общежитий до семейных гостиных — и устраивали, как выразился Герцен в раннем произведении «О себе», «оргию» оживленных разговоров:

> Раз, в последних числах мая 1833 года, в нижнем этаже большого дома на Никитской сильно бушевала молодежь. Оргия была в полном разгаре, во всем блеске. Вино, как паяльная трубка, раздувало в длинную струю пламени воображение. Идеи, анекдоты, лирические восторги, карикатуры крутились, вертелись в быстром вальсе, неслись сумасшедшим галопом [Герцен 1954–1965, I: 170].

---

[35] Стоит также отметить очень интересную статью Барбары Уокер о кружках в ранний советский период, см. [Walker 2002].

Этих молодых людей связывали друг с другом не только общие интеллектуальные интересы и политические идеалы, но и дружба. Чувство привязанности выражалось, в частности, в глубоко личных признаниях тоски, потребностей и желаний. В неопубликованном фрагменте своих студенческих мемуаров Константин Аксаков, как и Герцен, пишет о том, что кружки давали своим участникам ощущение социальной сплоченности и живого обмена идеями:

> Товарищество, общие интересы, взаимное влечение связывали между собою человек десять студентов. Если бы кто-нибудь заглянул вечером в низенькие небольшие комнаты, заполненные табачным дымом, тот бы увидел живую, разнообразную картину: в дыму гремели фортепианы, слышалось пение, раздавались громкие голоса; юные, бодрые лица виднелись со всех сторон[36].

Историки, писавшие о дружбе в эту эпоху, обычно обращались именно к кружкам, которые получили известность прежде всего в качестве сакральных мест, куда молодые люди приходили, чтобы скрыться от суровой повседневной жизни. Исследователи описывают, как товарищество кружков, недосягаемое для длинных рук самодержавия, вдохновляло их участников на принятие опасных политических идей[37]. Такая интерпретация феномена кружков верна, однако ею их значение в жизни российских студентов не исчерпывается. И начинающим радикалам, и консерваторам кружки не только позволяли выплеснуть наружу свои политические разочарования, но и давали возможность для формирования личных дружеских отношений. Из товарищеского духа кружков возникли персонализированные и эмоционально насыщенные дружеские связи[38]. Двумя наиболее подробно

---

[36] ПД. Ф. 3. Оп. 7. Д. 29. Л. 1 (цит. в: [Станкевич 1964: 12–13]).

[37] Этот акцент сделан в рассмотрении ситуации XVIII века в работах Марка Раева [Raeff 1966] и Александра Малиа [Малиа 2010: 106–121].

[38] Элиот Боренштейн, рассматривая маскулинность в революционной художественной литературе, подчеркивает разницу между дружбой и товариществом в революционном контексте [Borenstein 2001].

задокументированными, самыми продолжительными и известными примерами дружбы мужчин этого поколения выступают отношения между Януарием Неверовым и Николаем Станкевичем и между Александром Герценом и Николаем Огаревым (хотя это, конечно, не единственные подобные образцы).

Прежде чем приступить к анализу письменных свидетельств, относящихся к дружбе между этими фигурами, необходимо рассмотреть вопрос о жанре, об аудитории и о целеполагании. Литературовед Уильям Миллс Тодд в своем исследовании феномена личной переписки в пушкинскую эпоху убедительно демонстрирует механизмы, при помощи которых многие авторы писем XIX века сознательно использовали эпистолярный жанр как форму литературного выражения. Рассматривая литературные практики «аристократов-дилетантов от словесности» в годы правления Александра I, Тодд утверждает, что частная переписка становилась осознанным произведением искусства, подчинявшимся строгим правилам содержания и формы. Люди, обращавшиеся к эпистолярному жанру, предполагали, что каждое их письмо получит хождение в той или иной группе, поэтому частное письмо мало отражало глубины чувств какого-либо отдельно взятого лица. Эпистолярный жанр был, по мнению Тодда, идеальным средством для выражения «культа дружбы», столь примечательного в эпоху Пушкина, поскольку атмосфера доверительности легко транслировалась не только отдельному адресату, но и более широкой аудитории: авторы писем ориентировались на то, что их прочтут потомки [Todd 1999: 40–42, 76–77].

Тем не менее, указывает Мэри Уэллс Кейвендер в исследовании личной переписки дворян в этот период, не все, кто предавался эпистолярному жанру, были «литературными львами» и рассчитывали, что их письма прочтут будущие поколения [Cavender 2002][39]. Более того, даже если отдельные немногие лица понимали литературные условности эпистолярных форм выражения, это не отменяет того факта, что письма рассматриваемого перио-

---

[39] О жанровом своеобразии писем представителей российского образованного общества см. [Randolph 2004].

да выступают проявлением имевшегося в распоряжении их авторов дискурса для выражения дружеских чувств и страсти. Отдельно от намерений авторов настрой этих писем демонстрирует дискурсивное понимание дружбы, которое было у молодых мужчин той эпохи вне зависимости от того, могли ли их излияния собственных желаний и тоски быть прочитаны посторонними людьми. Обращение к дружеским отношениям между Неверовым и Станкевичем и между Герценом и Огаревым дает возможность детально изучить фактуру и пределы мужской дружбы среди представителей этого поколения николаевской эпохи.

Кружок Станкевича

Дружба Януария Неверова и Николая Станкевича зародилась в рамках известного московского кружка 1830-х годов. Круг его участников, собиравшихся в доме профессора Михаила Павлова, где проживал Станкевич в годы своей учебы в университете, со временем менялся[40]. Среди завсегдатаев кружка Станкевича были такие известные деятели русской интеллектуальной жизни, как критик Виссарион Белинский, будущий писатель Иван Тургенев и философ-анархист Михаил Бакунин. Молодые люди проводили вместе пятничные вечера, изучая философию немецкого романтизма и распевая песни. Эта группа считается «самым значимым из множества кружков, которые образовались в Московском университете в 1830-х годах» [Brown 1966: 6].

Центральной фигурой в этой небольшой группе друзей был Николай Станкевич, «молодой человек прекрасной наружности», с «прекрасными, живыми, умными глазами»[41]. Он родился

---

[40] Кружок Станкевича давно рассматривается в качестве иллюстрации одной из ранних стадий становления российской интеллигенции. Подробнее о Станкевиче и его кружке см. монографию [Brown 1966].

[41] Фрагмент из неопубликованной части мемуаров Константина Аксакова, см.: ПД. Ф. 3. Оп. 7. Д. 29. Л. 1 (цит. в: [Станкевич 1964: 12–13]). См. также [Аксаков 1910: 27].

в 1813 году в Воронежской губернии и начал учебу в Московском университете в 1830 году. Умер Станкевич в возрасте лишь 27 лет в 1840 году от туберкулеза, но как все годы своего студенчества, так и в последующий период был ведущей фигурой в кругу молодых интеллектуалов. Его биограф Эдвард Браун отмечал, что после смерти Станкевич стал героем романтического мифа, а Лев Толстой, который не был с ним знаком лично, писал: «Никогда никого я так не любил, как этого человека, которого никогда не видел» (из письма к А. А. Толстой августа 1858 года, цит. в: [Brown 1966: 65]). Толстой был не единственным, кто давал такую оценку фигуре Станкевича.

В личной жизни Станкевич избрал своим поверенным и другом не самого блестящего и не слишком молодого человека бедного и невзрачного происхождения — того самого Януария Неверова, о чьей безответной дружеской любви к студенту Владимиру Ржевскому упоминалось выше. Николай и Януарий переписывались на протяжении почти десяти лет, с 1831 года, когда оба они приехали учиться в Москву, до 1839 года, то есть почти до самой смерти Станкевича, хотя сохранились в основном письма последнего (цит. в: [Brown 1966: 5]). Их дружба была очень близкой[42], и в то же время с ней связана определенная тайна: дело в том, что по уровню интеллектуального развития Неверов не был ровней Станкевичу. Один из биографов Станкевича отмечал, что близость их отношений в сочетании с разницей в интеллекте представляет собой «парадоксальную ситуацию» [Randolph 2004: 48]. Такая оценка подразумевает, что взаимная привязанность Станкевича и Неверова должна была основываться прежде всего, а то и исключительно на обмене идеями.

Однако в письмах Станкевича к Неверову, выступающих основным источником для этого раздела книги, отражен эмоциональный характер связи между ними. Впрочем, Неверов в автобиографии почти не упоминает о глубокой связи со Станкевичем. После первой их встречи Неверов отметил, что между ними быстро завязалась «близкая дружба», а сообщив об их взаимной

---

[42] О сохранении эпистолярного наследия Станкевича см. [Randolph 2004].

привязанности во время учебы в университете, Неверов добавляет, что они были «неразлучны»[43].

Хотя два студента часто виделись друг с другом, пока Неверов оставался в Москве, Станкевич всякий раз, когда они расставались, еще и писал товарищу короткие письма, полные безудержных просьб о новой встрече. Например, в записке, датируемой 18 марта 1831 года, Станкевич обращался к Неверову: «Милый мой Генварь![44] Приезжай, умоляю тебя приехать ко мне и поговорить со мной... Сегодня пятница. Мы всегда видимся в этот день. Я так хочу тебя видеть, посидеть и поговорить» [Станкевич 1914: 208]. Станкевич вообще часто требовал от Неверова, чтобы тот уделял ему свое время, и жаждал внимания своего друга:

Дражайший мой Генварь!.. Уже столько времени прошло без разговоров с тобой! Спи поменьше днем и приходи ко мне... Мой дорогой Генварь! Твои важные дела, которое не дают тебе покоя, это, конечно, ерунда — здесь есть дела и поважнее... Приходи! [Станкевич 1914: 208–209].

В 1833 году Неверов закончил учебу в университете и уехал из Москвы в Петербург, где работал в Министерстве народного просвещения, но чувства и требования Станкевича к нему не ослабевали. Станкевич продолжал испытывать тоску и потребность в Неверове, и первое же полученное от друга письмо придало ему сил: «Друг мой Генварь! Тысячу раз благодарю тебя за первое письмо твое. Оно у меня, сохранится, как и все твои письма» [Станкевич 1914: 217]. Письма Неверова успокаивали Станкевича: «Поверишь ли, друг мой, что, прочтши твое письмо, я стал как-то — скажу нескладно — гармоничнее (*mehr harmonisch*)» [Станкевич 1914: 220–221]. Отчаянно нуждаясь в весточке от друга, Станкевич умолял Неверова писать ему еще: «Не знаю, как благодарить тебя за твои письма! Кроме того что они прино-

---

[43] ГИМ. Ф. 372. Оп. 1. Ед. хр. 1. Л. 186об. (В оригинале автор уточняет, что слово «неразлучный» в русском языке ассоциируется с влюбленными птицами [неразлучниками]. — *Прим. пер.*)

[44] Станкевич называл друга не полным именем, а названием месяца.

сят мне известие о тебе, жизни души твоей, они еще очищают мою собственную душу» [Станкевич 1914: 221].

Эти проявления тоски сопровождались частыми упоминаниями взаимосвязи между друзьями. В своих письмах Станкевич подчеркивал, что они с Неверовым были соединены не только интеллектуально, но и духовно и эмоционально, часто восклицая, что их жизни остаются неразрывно скрепленными, несмотря на расстояние: «Душа моя! Мой друг... Теперь я знаю вполне, что ты внутри души моей... Теперь [когда ты уехал] я чувствую, насколько ты связан с моею внутреннею жизнью» [Станкевич 1914: 220]. В своих письмах Станкевич повторял фразы наподобие следующих: «Ты моя совесть», «Ты моя поэзия» или «Ты способен воскресить меня» [Станкевич 1914: 251]. В полном соответствии с романтическим каноном Станкевич утверждал, что они полностью взаимно дополняли друг друга и ощущали себя частью единого целого.

Язык этих писем переполнен высокими эмоциями — от страсти до ревности. Сам факт получения письма от друга вызывал драматическую реакцию. Вот один из фрагментов, где Станкевич признается в своих чувствах Неверову: «Если бы ты знал, как мало я пла́чу! А теперь с тобой мои слезы и любовь возвращаются... Да, да, мой ангел... Ты, ты мой друг — ты поэзия моей души» [Станкевич 1914: 251]. Не сдерживаемый каким-либо ощущением строгих границ маскулинного поведения, Станкевич вспоминает о проведенных вместе днях студенчества даже после окончания университета. Эти фрагменты писем наполнены обращением к природе: например, Станкевич просит Неверова вспомнить, как он «любил бегать по этой дороге в такую [дождливую] погоду». Но те дни остались в прошлом, и Станкевичу остается лишь констатировать: «Теперь мы предаемся фантазиям... гром бы поприветствовал нас, и молния тоже нам бы улыбнулась. Знаешь, я думаю, как страстно люблю гром и молнию. Теперь же у меня нет никого, с кем можно было бы испытать эти чувства» [Станкевич 1914: 219]. Кроме того, в письмах Станкевича проявляются ревность и гнев, когда внимание Неверова не было сосредоточено на нем и Станкевич чувствовал себя обделенным вниманием. Однажды, когда Неверов не появился у него после многочисленных просьб, Станкевич писал: «Вы ходите к [другим] молодым людям за добрыми вестями, а ко мне не прихо́дите» [Станкевич 1914: 209].

Как и Аксаков, Станкевич выражал свои дружеские чувства в поэзии и посвятил Январию Неверову такое стихотворение:

> Его зовут Январь,
> Но смотрит он веселым Маем,
> За то мы песнь ему поем
> И велегласно величаем.
>
> Его пленяете не вы,
> Невы красавицы младые, —
> Он верен прелестям Москвы
> И вам, студенты удалые.
> . . . .
> . . . .
> Кто верен так друзьям, как он,
> Хоть называется Неверов [Станкевич 1964: 116].

Здесь Станкевич не только выражает свою привязанность к другу, но и указывает на то, что Неверов, по его мнению, предпочитает мужское общение женскому. Именно дружба с мужчинами наподобие той, что сложилась у него со Станкевичем, наполняла смыслом жизнь Неверова в студенческие годы[45]. Эта дружба, становление которой проходило в переписке и во взаимных визитах, возникла в комнате Станкевича в московском

---

[45] Интенсивность писем Станкевича к Неверову снижается по мере того, как у первого появлялись более интересные корреспонденты наподобие Тимофея Грановского (с которым Станкевича познакомил Неверов) и Михаила Бакунина, а второй делал карьеру в образовательной сфере. Последний период их переписки относится к 1836–1839 годам, когда Станкевич был уже безнадежно болен, а Неверов был направлен Министерством народного просвещения за границу. После возвращения в 1839 году Неверов получил должность инспектора Рижской гимназии, а затем стал директором народных училищ Черниговской губернии. Скончался Неверов в 1893 году в возрасте 82 лет и чине отставного тайного советника. — *Прим. пер.*

доме профессора Павлова в те самые годы, когда где-то поблизости крепло товарищество Герцена и Огарева, подружившихся еще в детские годы.

Герцен и Огарев: дружба на всю жизнь

Возможно, этот сюжет — самая знаменитая история дружбы в царский период российской истории. Александр Герцен и Николай Огарев поддерживали эмоциональную связь на протяжении всей своей долгой жизни — от их первой встречи где-то в полях неподалеку от родового имения Герцена, далее в период учебы в Московском университете в начале 1830-х годов и на склоне лет в европейской эмиграции. В студенческие годы они были лидерами одного из университетских кружков, затем вместе путешествовали за границу и поддерживали близкое общение между своими семьями, обмениваясь признаниями во взаимном восхищении и в приязни в переписке, которая продолжалась почти четыре десятилетия.

Связь между Герценом и Огаревым стала более глубокой в годы их учебы в Москве, когда в 1830-х годах два молодых аристократа оказались, по определению Малиа, «нравственным центром» большого студенческого кружка[46]. В сферу общения Герцена и Огарева входили как крупные аристократы, так и представители дворянства средней руки, такие как Николай Кетчер, Алексей Лахтин, Вадим Пассек (который в дальнейшем женился на двоюродной сестре Герцена), Алексей Савич, Николай Сазонов и Николай Сатин. Эти студенты (кое-кто из них продолжил свои интеллектуальные и политические начинания и после окончания университета) регулярно встречались, главным образом для чтения работ по философии и обсуждения злободневных вопросов. Встречи кружка Герцена — Огарева продолжались в течение нескольких лет даже после того, как его участники закончили учебу, а когда кружок прекратил существование в середине 1830-х

---

[46] См. более подробное описание кружка в [Малиа 2010: 106–121].

годов, образы этого юношеского времени постоянно возникали в переписке Герцена и Огарева. В 1840 году Огарев вспоминал об их студенческих годах:

> Это святое время нашей дружбы!.. Что за чудесное время, Герцен! Наша дружба — точка отправления в даль, которую мы наполним своим существованием... Все наше прошедшее приходит мне на память [Огарев 1956: 305].

С гордостью вспоминая о юношеских годах, Огарев добавляет: «Мы плачем от любви друг к другу, нам так хорошо, мы так сильны — о, Герцен, Герцен!» [Огарев 1956: 305].

Историки рассматривали эту дружбу прежде всего с точки зрения ее места в сюжете о зарождении российской радикальной интеллигенции. Однако переписка Герцена и Огарева дает не только ключ к пониманию политических событий конца XIX — начала XX века, но и представление о коммуникативных моделях, которые существовали при жизни этих фигур[47]. Из их писем можно особенно много узнать о культуре мужской дружбы и нормативных определениях маскулинности среди представителей образованного общества первой половины XIX века.

Переписка Герцена и Огарева, как и корреспонденция тех авторов, о которых говорилось выше, наполнена языком дружеской привязанности, любви и братства. Во время учебы в университете и сразу после его окончания Герцен и Огарев с гордостью отмечали свою дружескую близость и, как у Станкевича с Неверовым, неразрывность:

> Дивна моя симпатия с тобою, мы разны, очень разны: в тебе скрытая неразвитая, глубокая поэзия — *involuta*, у меня есть поэзия некоторым образом глубокая, но живая, яркая, поэзия экспансивная — *evoluta*... Твое бытие более созерцательное, мое — более пропаганда. Я деятелен, ты лентяй, но твоя лень — деятельность для души [Герцен 1954–1965, XXI: 19–20].

---

[47] См., например, следующие работы: [Acton 1979: 106; Малиа 2010; Carr 1975; Venturi 1960].

Это письмо Огареву Герцен подписал «Твой *Alter Ego*», демонстрируя, что дружба не только воскрешала их к жизни, но и была определяющим фактором их личностей. «Великое дело в нашей жизни наша дружба — и необходимое, без нее мы не совсем мы» [Герцен 1954–1965, XXII: 104]. В еще одном письме Огареву Герцен говорит о том, как много между ними общего: «Ты занимаешь огромное место в моей психологии» [Герцен 1954–1965, XXI: 17].

В представлении Огарева они с Герценом также обладали единой органичной личностью. «Мы так созданы, что нам невозможно оторваться друг от друга», — писал он другу [Огарев 1956: 314], подчеркивая духовную природу их связи — единство душ. «Вот тебе рука моя, отныне да будет связью между нами вера друг в друга... Мы нашли в этом мире опору для целой жизни, душу, которая нас любит и которую мы любим бесконечно» [Огарев 1956: 292].

Одной из самых поразительных особенностей переписки Герцена и Огарева является то, с какой последовательностью они создавали образы страсти. Например, в письмах Герцена звучит рефреном мотив, который он сформулировал в «Былом и думах»: «Я давно любил, и любил страстно, Ника» [Герцен 1954–1965, VIII: 83][48]. Как объяснял сам Герцен, его эмоции были слишком сильны, чтобы можно было выразить их словами: «Я обещал писать к тебе, друг, большое письмо и вчера хотел начать — но нет, чувства так свежи, так горячи, так пространны, что не могу уловить их на бумагу» [Герцен 1954–1965, XXII: 19]. Страсть Герцена принимает форму обладания: «Я хочу вас сохранить себе, и себя вам — но для этого дай твой совет и твою руку. А главное безусловную веру» [Герцен 1954–1965, XXVI: 63]. Когда Герцена переполняют эмоции, он не в силах ничего предпринимать.

---

[48] Этот фрагмент из эпопеи Герцена, в котором подчеркиваются нюансы различий между представлениями о мужской дружбе и любви тех времен, стоит привести полностью: «Я давно любил, и любил страстно, Ника, но не решался назвать его "другом", и, когда он жил летом в Кунцеве, я писал ему в конце письма: "Друг ваш или нет, еще не знаю". Он первый стал мне писать ты и называл меня своим Агатоном по Карамзину, а я звал его моим Рафаилом по Шиллеру». — *Прим. пер.*

В письмах Герцена к Огареву повторяются образы силы и страсти. Например, он признается Огареву, что тот имеет над ним власть [Герцен 1954–1965, XXII: 104], и изображает их отношения как скрепленные неразрывными узами: «Нет силы, нет страсти, которая могла бы разлучить тебя со мной» [Герцен 1954–1965, XXVI: 224]. Подчеркивая прочность связи с Огаревым, Герцен ставит ее особняком в сравнении с отношениями с другими людьми: «У меня всё есть, *друг* и друзья» [Герцен 1954–1965, XXI: 25]. Подчеркивая слово «друг», Герцен ставит свой союз с Огаревым особняком в сравнении со всем прочим[49].

В свою очередь, в риторике писем Огарева Герцену присутствуют мотивы желания, отчаяния и страстной необходимости. Например, в одном из писем он объясняет, что заставило его взяться за перо («Надобно поведать тебе всю историю с моего отъезда» [Огарев 1956: 260]), и признается, что его жизнь зависит от отношений с другом: «Герцен!.. Твоя душа мне необходима» [Огарев 1956: 269]. Язык писем Огарева наполнен желанием:

> Если б мы теперь сидели друг возле друга, о! такое блаженство когда-то будет! Сколько надобно сказать друг другу; о мой Герцен! не плачь, что нас разлучили, закуси губу, и в твое сердце вопьется ядовитое чувство: *la vendetta* [Огарев 1956: 274].

В этом фрагменте перед нами предстает сочетание уязвимости (плач), желания (потребность в друге) и силы (яд чувств). То обстоятельство, что Огарев использует итальянское слово *la vendetta* (месть), вновь подчеркивает накал их эмоциональной приверженности. Чтобы выразить тоску по другу, он без колебаний использует сильные формулировки и в других письмах:

---

[49] Такой вывод автора выглядит несколько спорно, поскольку процитированный фрагмент письма Герцена продолжается так: «Есть *она*, которая любит меня до безумия». Судя по всему, имеется в виду будущая супруга Герцена Наталья Захарьина, с которой он активно переписывался в это же время (1833 год). — *Прим. пер.*

«Я люблю тебя, тут я вижу пламенную сторону твоей души — любовь» [Огарев 1956: 292].

Еще раз подчеркнем, что глубокая связь Герцена и Огарева не прекратилась и в годы после окончания университета: друзья продолжали переписку и часто встречались на протяжении всей своей долгой жизни, причем нередко несмотря на большие расстояния между ними. В их поздних письмах сохранялся прежний тон, в них все так же воспевалось чувство дружеской любви: Герцен обращался к другу с признаниями в ней на протяжении всех последующих за студенчеством лет. В одном из писем, написанных Герценом в ссылке во Владимире (датировано 21 марта 1839 года), он страстно взывает к своему другу: «О Николай, о мой друг — эта дружба, возращенная нами с 7-летнего возраста, эта любовь... — вот что мы принесли туда» [Герцен 1954–1965, XXII: 20]. Подобные чувства сохранялись и десятилетия спустя. Например, в письме, написанном в конце 1856 года, Герцен выражал отчаянную потребность соединить свою жизнь с жизнью Огарева: «Я хочу с тобой кончить жизнь, да мы ее так и кончим, рука в руку» [Герцен 1954–1965, XXVI: 62–63]. Собственно, так и случилось: при смерти Огарева в 1877 году, всего через семь лет после смерти его друга, его последние слова были посвящены Герцену [Carr 1949: 345].

Историк Эдвард Халлетт Карр в книге «Романтические изгнанники», написанной в 1933 году, отмечал, что друзья детства оставались неразрывно связанными узами семейного родства. Увлекательный рассказ Карра о встрече Герцена и Огарева в Лондоне в 1850-х годах демонстрирует, как друзья скрепили свою связь при помощи третьей стороны, подтвердив взаимную привязанность обоюдными симпатиями к Наталье Тучковой, второй жене Огарева. На смертном одре в 1851 году супруга Герцена Наталья Захарьина «завещала заботу о своих детях... своей дорогой Консуэло» — этим именем, заимствованным из романа Жорж Санд, она называла жену Огарева [Carr 1949: 186]. Выполняя эту просьбу в память об умершей жене Герцена, Наталья Тучкова-Огарева сначала взяла на себя роль матери для его детей, а затем и вступила с Герценом в сексуальную связь, от которой у них появилось несколько собственных детей. Описывая то, как любовь к Наталье Тучковой создавала дополнительные узы между друзьями, Карр отмечает радость Огарева по поводу того, что «любовь Герцена к Натали устанавливает новую связь между ним и его товарищем, связь на всю жизнь» [Carr 1949: 189]. Огарев, поясняет Карр, мечтал о «соединении в единой любви» [Carr 1949: 345][50], и они действительно воплотили идеал любви Жорж Санд в реальность[51].

Дружба, мужская любовь и государство

Этот сюжет дружеского любовного треугольника в последние годы жизни Герцена и Огарева наряду с подробно описанным выше страстным языком их студенческой переписки поднимает вопрос об эротической привязанности не только между двумя этими фигурами, чья история, несомненно, является исключительным примером, но и среди молодых мужчин в целом. Более того, в любом исследовании близкой дружбы между мужчинами как в подростковом, так и во взрослом возрасте неизбежно возникает призрак сексуальности в целом и гомосексуальности в частности. Как соотносился — если это отношение вообще присутствовало — использовавшийся российскими студентами язык страсти с эротической составляющей их жизни?

Молчание авторов различных письменных свидетельств об эротических аспектах их биографий делает трудной, если не невозможной какую-либо оценку. В то же время ясно, что определения любви и соотношение между любовью и эротикой меня-

---

[50] Эти слова Карр приводит в качестве высказывания Огарева, но в источниках оно не обнаружено.

[51] Художественное воплощение этого дружеско-любовного треугольника представлено в пьесе Тома Стоппарда «Берег Утопии», одним из персонажей которой также является Николай Станкевич (М.: Иностранка, 2007). — *Прим. пер.*

ются во времени и в пространстве. По утверждению историка Джонатана Каца, любовь между мужчинами не всегда была «кодовым словом» для содомии [Katz 2001: 36]. Более того, предполагает Кац, в первые десятилетия XIX века содомия мало ассоциировалась с чувством «чистой, настоящей любви, которая именовалась эмоциональной связью» между мужчинами. Иными словами, для многих людей того времени «любовь и содомия существовали в разных сферах» [Katz 2001: 40]. Хотя предположение Каца, что романтические отношения мужчин друг с другом едва ли имели эротический заряд, кажется преувеличенным, можно считать довольно правдоподобным, что посторонние люди не усматривали обязательную взаимосвязь между любовью и сексом, как это принято в наши дни[52]. Подробности сексуальной жизни российских студентов могут оставаться за кадром, однако несомненно то, что мнение о любви между представителями одного пола постепенно менялось.

Не так давно ученые пришли к единому мнению, что фундаментальные изменения в нормах, регулирующих отношения между мужчинами, произошли лишь в течение XIX века[53]. С зарождением характерных для среднего класса представлений о респектабельности и самоконтроле, подкрепленных руковод-

---

[52] Однако значение, которыми наделялись эти чувства в социуме, со временем трансформировалось, см. [Nye 2000: 1665].

[53] Исследователями делались определенные предположения, что российская публика не была склонна придавать такое же символическое значение сексуальным предпочтениям своих представителей, как ее западные соседи. Например, в статье Евгения Бернштейна, посвященной Оскару Уайльду, указывается, что в России эта фигура не имела такой же репутации, как в других странах Европы. В России в рассуждениях об Уайльде чаще всего делался акцент на его «бунтарстве, страданиях и святости», нежели на его сексуальных девиациях. Отсутствие внимания к эротическим желаниям в целом и гомоэротизму в частности отражало, по мнению Бернштейна, общий запрет на обсуждение вопросов сексуальности [Бернштейн 2004: 27]. См. также работы [Engelstein 1992: 57–58; Healey 1993: 29]. Как утверждает Хили, «королева» (пассивный гомосексуалист) не становилась социальным типажом до 1870-х годов. См. [Healey 2002].

ствами по поведению и появляющимися институтами гражданского общества, многие современники стали обращать внимание на страстные дружеские отношения и подозревать в безнравственности тех, кто им предавался[54]. В исследованиях Джорджа Мосса на материале Германии XVIII–XIX веков объясняется, каким образом жесты привязанности или признания в любви между мужчинами, которые в XVIII веке могли восприниматься как часть повседневного общения, к середине следующего столетия стали восприниматься с нарастающим подозрением [Mosse 1985: 66]. Этот сдвиг, утверждает Мосс, был результатом становления респектабельности среднего класса, которая подчеркивала необходимость самоограничений во всех аспектах человеческого существования.

К концу XIX века, когда отношения между мужчинами стали в целом тщательнее изучаться представителями новых европейских профессий, нормативные модели мужского взаимодействия стали еще более дистантными[55]. Поскольку на смену термину «содомит» пришло слово «гомосексуалист», близкая дружба между представителями одного пола начинала вызывать все большие подозрения[56]. В этот момент во всей Европе «[девиантные] сексуальные практики... некогда считавшиеся делом морального выбора индивида, стали рассматриваться буржуазией в качестве симптомов биологических и физиологических изъянов» [McLaren 1997: 8–9]. Появление фигуры гомосексуалиста

---

[54] При любой попытке зафиксировать сдвиги в нормативном понимании дружбы между мужчинами в XVIII–XIX веках возникает множество факторов — начиная с той роли, которую играли статус, класс и возраст, не говоря уже о культурных различиях. Все эти вопросы были рассмотрены в ходе форума журнала *American Historical Review*, итоги которого представлены в: American Historical Review. Vol. 105, no. 5 (2000).

[55] Специалисты по истории отдельных стран допускали, что до конца XIX века категория «гомосексуалист» вообще не получала признания, см., например, [Chandos 1984: 303]. Рассмотрение этой темы в российском/советском контексте см. в работах [Хили 2008] и [Engelstein 1992].

[56] К аналогичному утверждению приходит Элиот Боренстейн в работе [Borenstein 2001: 184].

происходило одновременно с возникновением его визави — гетеросексуала.

Однако до совершенного в конце XIX века специалистами в области социальных наук «изобретения гомосексуальности», о котором затем писали многие историки и Мишель Фуко в первом томе «Истории сексуальности», отдельным лицам не приписывались те или иные социальные, сексуальные либо персональные идентичности на основе их сексуальных привычек[57]. Содомия представлялась как «временный девиантный акт отдельно взятого индивида», а не как основа социального тождества [Katz 2001: 45], так что в первые десятилетия XIX века мужчины по всей Европе продолжали выражать свои чувства и обниматься, не боясь осуждения.

Несмотря на такое нормативное понимание близкой дружбы между мужчинами в Европе середины XIX века (Россия тут не исключение), российское чиновничество не оставалось совершенно индифферентным к отношениям между мужчинами. Самодержавие в этот период проявляло повышенный интерес к надзору за телами своих будущих слуг — начиная с того, как они одевались, и вплоть до того, где и с кем делили постель. Намереваясь сформировать послушных, воспитанных и нравственных мужчин, дабы создать образ цивилизованной и европейской России, Николай и его бюрократия стали контролировать поведение и телесные аспекты жизни молодых мужчин империи еще в те времена, когда юные студенты усваивали эстетику романтической дружбы в университетской среде.

По мере того как университет расширял контроль над телами мужчин, не призванных на военную службу, сосредоточенность российского образования на манерах и морали была кодифицирована в университетском уставе 1835 года. В том же году власти приняли и новые распоряжения против содомии: запрет на нее, впервые введенный в начале XVIII века Петром I в военной сфере, был распространен на гражданское население и в последующее десятилетие приобрел моральные обоснования. Как отмечают

---

[57] Об изобретении гомосексуальности см., например, [Halperin 1989].

Лора Энгелстейн и Дэн Хили, в период правления Николая содомия стала восприниматься как преступление против морали и нравов своего времени, а не как нечто угрожающее «стабильности военной иерархии» [Healey 2001: 80–81][58]. Постановления 1835 года гласили, что виновные в грехе содомии будут наказываться «плетьми и ссылкой». Насильственный акт содомии влек за собой еще более суровое наказание: виновных «лишали всех прав, били плетьми, а затем ссылали на каторгу». Высказывались предположения, что решение Николая распространить наказание за содомию на гражданское население было связано с возможным ростом случаев педерастии в пансионах для мальчиков[59]. Несомненно, тот момент времени, когда были приняты эти новые постановления, имеет большое значение. В расширяющихся рядах российской бюрократии во главе с Николаем настойчивое стремление самодержавия к сдерживанию разнообразных порывов — сексуальных и прочих — выступало ключевым элементом успеха в процессе формирования цивилизованных мужчин.

То обстоятельство, что самодержавие не поощряло физической близости между мужчинами империи, находило отражение в правилах и регламентах военных учебных заведений. В официальном уставе, регулировавшем их распорядок дня, говорилось, что кровати в спальных помещениях «должны стоять достаточно далеко друг от друга, чтобы не соприкасаться. Между ними должно быть место для маленького стула или табурета». Кроме того, по ночам во всех спальнях постоянно осуществлялся надзор, они должны были быть «довольно освещены и досмотрены» [СВП 1838: 78]. Если молодые люди находились в одной постели или просто в непосредственной близости друг от друга, они воспринимались как потенциальная угроза для организационной культуры и социального порядка.

[58] Энгелстейн подчеркивает, что в кодексе законов 1845 года моральные вопросы стали еще более акцентированными: там открыто запрещались «противоестественные контакты» [Engelstein 1992: 59].

[59] Эти пункты появились в ст. 677 уголовного раздела Свода законов Российской империи, см. [СЗРИ 1835: 213]. Дэн Хили упоминает их в: [Healey 2001: 291, n. 14].

То же самое касалось и студентов российских университетов. Если в американских и британских школах и университетах спать в одной кровати для юношей было привычным делом, то в России это выступало поводом для наказания. Университетским инспекторам как до, так и после появления постановлений о содомии 1835 года надлежало препятствовать тому, чтобы между студентами формировалась чрезмерно близкая привязанность друг к другу, в особенности физическая. В 1816 году инспектор Казанского университета Франц Броннер, совершая обычный утренний обход студенческих общежитий, отметил в своем журнале: «Осматривая спальню... обнаружил студентов Базилева и Ардашева лежащими вместе в кровати... на глазах у других студентов». В случае дальнейшего подобного поведения, отмечал инспектор, Ардашева, как зачинщика, следовало бы выслать из университета без перспектив хорошего продвижения по службе. Однако студент отказался повиноваться, и обескураженный этим инспектор Броннер сделал следующую запись в журнале: «Жаль, что такой талантливый человек станет жертвой безо всякой причины. Но, для того чтобы защитить [молодых людей] от соблазна поступиться основными моральными принципами, такая жертва необходима вне зависимости от того, преобразит она или сведет в могилу» [Нагуевский 1902: 128]. В журнале инспектора Броннера описанная близость между мужчинами предстает как физический акт, лишенный какого-либо эмоционального содержания. С другой стороны, для выражения страстной привязанности между мужчинами в их переписке и дневниках использовался столь возвышенный язык, что все это казалось выходящим за рамки самой возможности физической близости, поэтому изучение взаимоотношений между мужчинами — эмоциональных, физических либо тех и других одновременно — является сложным предметом для специалистов по истории России XIX века[60].

---

[60] В книге Игоря Кона о сексуальности в российской и советской литературе и культуре интенсивность взаимосвязей между мужчинами в XIX веке связывается с разнообразными причинами, включая сублимацию и андрогинность, см. [Kon 1995, особенно p. 23–28].

Тем не менее из исторических документов отчетливо вырисовывается картина официальной культуры, которая, несмотря на неприятие и опасения царя, не препятствовала формированию близкой мужской дружбы и не отбивала к ней охоты. Напротив, ласковые объятия и проявления глубоких чувств были ключевыми компонентами связей между мужчинами николаевской эпохи. В университетах и атмосфера, и даже учебные планы в действительности лишь способствовали развитию таких связей, несмотря на то что горизонтальные дружеские отношения могли бросить вызов иерархическому социальному порядку, подорвав «авторитет отцов, королей и императоров»[61]. Однако эмоциональные привязанности студентов не ограничивались дружбой: у фигуры романтического друга был двойник, не представлявший угрозы для идеологии самодержавия, — фигура преданного сына.

---

[61] Роберт Най упоминает этот момент в своем обзоре работ по маскулинности в китайском контексте в [Nye 2000: 1656–1666].

Глава 5
Верные сыны и домашний идеал

В одной из начальных сцен романа Ивана Тургенева «Отцы и дети» пожилой дворянин Николай Петрович Кирсанов, радуясь возвращению сына Аркадия в родовое имение после нескольких лет учебы в университете, одновременно сетует на постоянно растущую дистанцию между ними. Угнетенный грустными мыслями, Николай Петрович «впервые... ясно сознал свое разъединение с сыном» [Тургенев 1971: 509]. Продолжительное время учебы в университете увеличивало эмоциональную и философскую пропасть, которая разверзалась между поколениями. Хотя Аркадий вернулся домой, он во многом отвергал прошлое, олицетворением которого выступал его отец, в надежде на более полноценное будущее вместе со своим другом-нигилистом Базаровым. В этом хорошо известном сюжете русской литературы отдаление Аркадия от отца связано с его возмужанием, проходившим одновременно с зарождением новых, более радикальных политических идей.

Феномен бунта сыновей против отцов становится центральной темой российской политической и культурной мифологии нескольких десятилетий середины XIX века. Задолго до времени действия романа Тургенева по схожему сценарию развивалась биография Герцена: в «Былом и думах» он описывает свое перемещение из отцовского дома в Московский университет как момент великого личного освобождения, долгожданного разрыва с родителем и вхождения в новую семью товарищей-студентов. Университет для Герцена подразумевал свободу от гнетущей атмосферы отцовского дома: «Невыносимая скука нашего дома росла с каждым годом. Если б не близок был университетский курс... я бежал бы или погиб» [Герцен 1854–1965, VIII: 86]. Жизненная траектория Герцена оказалась реалистичной альтернативой, в определенной степени послужившей историкам основой для понимания взаимоотношений между студентами, их семьями и государством[1].

Сквозной темой исследований, посвященных интеллигенции XIX века, выступает связь между взрослением, отказом от родного очага и участием в антимонархической деятельности. Например, Дэниел Брауэр в своих работах о радикализме середины столетия вторит Тургеневу, указывая, что «и для мужчин, и для женщин конфликт с родительской властью представлял собой личное противостояние между старым порядком и новыми идеалами, которое могло пробудить интерес к освободительной политике» [Brower 1975: 22] (см. также [Venturi 1960]). При такой интерпретации, отражающей историю того же Герцена, становление мужчины требовало отказа от семьи, а точнее — бунта против нее. Сознательный отказ от родителей приводил к ощущению утраты корней, которое лишь усугублялось удушающей социальной атмосферой университета. Логично предположить, что связи и эмоциональные привязанности, обретенные в школе и университете, замещали семейные отношения. Попытка учебных заведений заменить юношам семью оказывалась успешной даже в те времена, когда «крепкие семейные узы пронизывали российскую жизнь» [Raeff 1966: 129, 141]. Марк Раев в работе о Московском университете в первые годы его существования описывает, как учеба в университете нередко способствовала появлению ощущения «кастовости», которое «отделяло студентов от их домашнего окружения, старших и, что особенно важно, от государства» [Raeff 1966: 141].

Но как совместить захватывающий сюжет о взрослении Герцена с опытом основной массы студентов, в большинстве своем не отвергавших устоявшегося положения дел? Для ответа на этот

---

[1] Наиболее выразительным подобным примером является биография Герцена в изложении Мартина Малиа [Малиа 2010].

вопрос необходимо обратиться к другой модели семейных отношений, которая обнаруживается в воспоминаниях бывшего московского студента Александра Георгиевского[2], который был верным и преданным сыном своих родителей. В этом документе отразился язык обширного круга официальной и личной корреспонденции — по меньшей мере в контексте университетской студенческой жизни.

В своих записках юный Георгиевский подчеркивает привязанность к отцу. Александр признается, что, узнав о его смерти, он сначала был опустошен, а затем почувствовал глубокое воодушевление, направлявшее его к тому, чтобы изменить собственный жизненный путь. Описывая этот сюжет в подробных деталях, Георгиевский вспоминает, как один из домашних крепостных вбежал в спальни Георгиевского и его братьев и со слезами на глазах сказал: «Наш барин скончался». Крепостной повторял эту фразу до тех пор, пока слова не дошли до сознания каждого. По признанию Александра, его нервы были расшатаны: «Внезапная смерть отца так поразила меня, что я в ту же ночь долго не мог заснуть, а когда заснул, со мною впервые в жизни был кошмар» [Георгиевский 1915, 163 (9): 439–442]. Но вместо того, чтобы отдаться эмоциональному погружению в это несчастье, Александр под воздействием смерти отца решил вновь посвятить себя учебе, что он и сделал на следующий год. Благодаря отношениям с отцом он стал ближе к учебе, университету и публичной (*official*) жизни.

Если оставить в стороне фигуры будущих нигилистов, большинство студентов университета, подобно Александру Георгиевскому, не отдалялись от своих семей. Напротив, и в эмоциональных, и в житейских аспектах они сохраняли тесные связи со своими воспитателями, матерями, отцами, братьями и сестрами. Мемуары, а также официальная и личная переписка демонстрируют, что студенты не только расширяли свои социальные горизонты и отдавали должное аффективным отношениям за преде-

---

[2] Александр Георгиевский (1830–1911) — один из ключевых разработчиков образовательных реформ Александра II, основатель «Общества классической филологии и педагогики». — *Прим. пер.*

лами университетской среды, но и поддерживали связи с собственными семьями. В свою очередь, университет и органы государственной власти — от простого инспектора до ректора и самого министра просвещения — признавали и в конечном итоге поощряли порядок и уважение к иерархии, которые прививались в традиционной патриархальной семье. Иными словами, акцент на послушании в иерархической домашней сфере с устоявшимися гендерными ролями также способствовал (по меньшей мере в теории) подготовке сыновей к службе самодержавию. Перед нами возникает отличающаяся от герценовского мифа об отчужденной молодежи целостная картина семейной и университетской жизни, в которой молодые люди продолжали активно участвовать в домашних делах и одновременно учились быть слугами государства. Для большинства студентов идеология семейственности с ее превознесением сентиментальных привязанностей и сыновних обязательств была частью университетского мира. Идея верного сына, как и идея романтического друга, включала в себя ценности экспрессивности и личной преданности, заложенные в предписаниях русской маскулинности XIX века, удовлетворяя при этом потребности самодержавной системы.

Николай I, патриархальность и самодержавие

Видя опасность в дружеских связях, Николай приветствовал привязанность студентов к своим семьям. Патерналистское представление царя о самодержавии подразумевало, что он стремился не только влиять на юношество — сыновей России, но и поощрять власть патриархов в конкретных семьях, которые сами зависели от Николая, их царя-батюшки[3]. Патриархат и домашний очаг в николаевской России были тесно связаны. Инсти-

---

[3] Рассматривая то, с какой серьезностью император воспринимал свою роль царя-батюшки, Николай Рязановский отмечал, что это «общенародное понятие для обозначения правителя России в правление Николая I было чем-то большим, нежели внешним эпитетом» [Riasanovsky 1969: 120].

туты семьи и государства опирались на иерархию, делали акцент на послушании и ставили фигуру батюшки на вершину власти[4]. Подчеркивая официальный акцент на самодержавном патриархате, профессор Московского университета Михаил Погодин указывал:

> Русская история представляет всегда Россию одним семейством, в котором государь — отец, а подданные — дети. Отец сохраняет над детьми полную власть, предоставляя им абсолютную свободу. Между отцом и детьми не может быть недоверчивости, измены; судьба, счастие и спокойствие их общие... Вот тайна русской истории, тайна, которой не может постигнуть ни один западный мудрец (цит. в [Riasanovsky 1969: 118–119], оригинал в [Погодин 1872: 90])[5].

Николай очень серьезно относился к своей отцовской роли, в частности, в стенах университета он полагался на чиновников, которые при помощи родителей учащихся воспитывали целые поколения преданных России сыновей.

В целом именно семья выступала «центральным символом» самодержавия. Ричард Уортмен мастерски описывает, как при помощи придворных ритуалов Николай и его супруга Александра проецировали образ собственного счастливого брака и семейной жизни на все российское общество [Wortman 1995–2000, 1: 334–335]. Предполагалось, что русские люди должны выражать свою преданность самодержавию, подражая императорской семье и культивируя домашнюю негу в собственной жизни. В этом сценарии царского правления Николай играл роль преданного

---

[4] Даже несмотря на ряд отличий между домохозяйствами в викторианской Британии и моделями домашней жизни в России, символическая власть отца имела огромное значение для сферы домашнего быта в европейских странах. Не последними из этих отличий были состав семьи и наличие у российских женщин прав на владение собственностью (последний аспект рассмотрен в работе [Маррезе 2009]).

[5] Цитата из выступления Погодина «Историческое похвальное слово Карамзину» по случаю открытия памятника Н. М Карамзину в Симбирске 23 августа 1845 года. — *Прим. пер.*

отца и мужа, а Александра излучала материнскую любовь и женскую нежность [Wortman 1995–2000, 1: 335]. Этот «династический сценарий», по определению Уортмена, обладал всеми эталонными характеристиками «домашней» версии викторианской идеологии, такими как ангельски чистая жена, преданный, но строгий отец и послушные дети [Wortman 1995–2000, 1: 335].

Иными словами, самодержавие использовало язык патриархата и домашнего очага для контроля и утверждения власти над своими подданными точно так же, как это делали патриархальные главы отдельно взятых семей, поэтому центральными компонентами маскулинности в подобной патриархальной автократической культуре были привилегированный статус мужчины и его способность контролировать окружающих женщин. Этот патриархальный акцент оказывал существенное влияние и на нормы феминности. Учитывая то, что Николай I уделял особое внимание военному делу, феминность оказывалась подчиненной непререкаемому маскулинному и милитаристскому авторитету самого царя [Келли 2003]. Женщины должны были прежде всего подчинять собственные желания и амбиции служению государству, своим мужьям и сыновьям[6]. Согласно Своду законов Российской империи, обязанностью женщины после замужества было «воспитание достойных сынов своей Отчизны»[7], а одновременно делался акцент на ее послушании.

Однако этот упор на повиновение и порядок не отрицал практики взаимной привязанности родителей и детей. В тот самый момент, когда Герцен покинул отцовский дом, на образо-

---

[6] В инструкции 1852 года для администраторов школ для девочек говорилось: «Поскольку женщина — существо нежное и по природе своей зависимое от других людей, удел ее — семья». Обучение в таких школах было «скорее декоративным, чем практическим», направленным на изучение языков и приобретение хороших манер. По этой теме см. [Engel 1983: 24–25].

[7] Цит. в [Стайтс 2004: 28]. Кроме того, важно отметить, что замужняя женщина была обязана «повиноваться своему мужу»; ей требовалось разрешение супруга на путешествия, работу, учебу и перемещения недалеко от дома.

ванное русское общество оказывала влияние идеология домашнего очага, которая превозносила аффективные связи между членами семьи и одновременно поддерживала патриархальный порядок. Именно на фоне возросшего значения домашних связей молодые люди все чаще стали поступать в университет и браться за учебу. Студенты XIX века оказались восприимчивы к идеологии домашнего уюта, которая успешно проявляла себя и вдали от семейных гостиных — в пространствах студенческих общежитий и квартир.

Дела домашние

Историк Джон Тош в своей монографии о взаимосвязи между домашним хозяйством и маскулинностью в викторианской Англии утверждает, что гендер «конструируется посредством отношений», а домашняя жизнь была ключевым локусом формирования мужской идентичности среди представителей среднего класса в английском обществе начала XIX века [Tosh 1999: 1–2]. Дом и сопутствующая ему идеология, которая часто считается исключительной сферой женской власти и локусом формирования феминности, поясняет Тош, одновременно выступают и одним из ключей к пониманию возникновения буржуазной маскулинности. Роль любящего отца и мужа была одним из аспектов самоопределения мужчины и основным моментом в понимании обществом ожиданий от маскулинности среднего класса. Одним из главных моментов, внесенных в этот процесс викторианской культурой, полагает Тош, было укрепление связи между маскулинностью и домашней жизнью. Для представителей среднего класса дом был тем местом, где удовлетворялись «самые глубинные потребности мужчины» [Tosh 1999: 1]. В домашних взаимодействиях большое значение придавалось «качеству отношений между членами семьи, то есть всеми лицами, связанными кровным родством или браком» [Tosh 1999: 27]. В основе этого лежали представления о доме, ориентированном на ребенка, и браке, основанном на партнерстве супругов. Таким образом, семейные отношения базировались на «глубоких» эмоциональных отношениях между всеми членами семьи [Tosh 1999: 4][8].

Один из новых аспектов исторических исследований — проникновение в российскую семейную жизнь ко второй четверти XIX века распространенной в Западной Европе идеологии домашнего очага, в которой делался акцент на близких аффективных отношениях в семье[9]. Авторы соответствующих работ прямо оспаривают тезисы отдельных историков, основанные на представлении о том, что отношения между поколениями (матерями и дочерями или отцами и сыновьями) обязательно имеют конфликтный характер, что приводит к разрушению семьи и ослаблению ее центральной роли в нравственном воспитании будущих поколений[10].

Мэри Уэллс Кейвендер в работе о дворянской корреспонденции этой эпохи подчеркивает важность эмоциональных домашних привязанностей в поместьях [Cavender 2002]. На примере тверского дворянства Кейвендер обнаруживает появление идеологии домашнего быта, в которой акцент делался на «узах привязанности», объединявших членов семьи и, в свою очередь, составлявших одну из ключевых основ дворянской идентичности [Cavender 1997: 29–30]. Культ домашнего очага, который описывает Кейвендер, возник под влиянием романтизма с его задушевными проявлениями семейных привязанностей и непременными

---

[8]   О связях между домашним бытом и эмоциональностью в семейной жизни писали многие историки, специализирующиеся на Западной Европе. Помимо работ Тоша, см. [Davidoff, Hall 1987].

[9]   Способы проникновения «домашней» идеологии в Россию в середине XIX века описывает Диана Грин, которая обращается для этого к толстым и детским журналам, см. [Greene 1998: 78–97].

[10] См., например, новаторскую работу Барбары Энджел о матерях и дочерях интеллигенции XIX века. Энджел указывает, что в России «никогда не появлялось сопоставимой [с Западной Европой] идеологии домашнего быта», поскольку не было буржуазии. В результате, утверждает Энджел, матери передавали свои представления о морали дочерям, которые использовали их для обоснования собственной радикализации и антиправительственной деятельности [Engel 1983: 6].

объятиями. Посредством писем и домашних ритуалов члены семьи подтверждали свою приверженность друг другу и счастливой домашней жизни. Именно так родители сосредоточивались на воспитании детей, а братья и сестры взращивали узы близости друг с другом.

Джессика Товров, занимающаяся историей русского быта, также подчеркивает важность близких родственных связей, выделяя изменения, которые происходили в супружеских отношениях в середине XIX века. По мере приближения к середине столетия женитьба в России стала напоминать «партнерский брак», распространенный в буржуазных обществах [Tovrov 1978: 19]. Это означало, что муж и жена теперь были самодостаточной эмоциональной единицей, не отвечающей ни перед кем, кроме «друг друга, Бога и царя» [Tovrov 1978: 19]. Несмотря на то что социальные и экономические условия в России отличались от Франции или Англии (включая отсутствие таких факторов, долгое время ассоциировавшихся с появлением гендерно-маркированного буржуазного «я», как наличие среднего класса и промышленная революция), идеология домашней привязанности все же возникла и в российском ландшафте среди представителей официальных кругов и образованного общества.

Одним из ключевых компонентов этой идеологии, проявившейся в России, наряду с акцентом на сыновней привязанности было культивирование тех особых женских добродетелей, которые долгое время ассоциировались с викторианским идеалом феминности[11]. Даже если женщины представлялись неполноценными и слабыми, как то предписывала патриархальная культура, идеология домашнего воспитания укрепляла статус женщины в доме. К чертам характера, которые должны были демонстрировать женщины (по меньшей мере если судить по назидательной литературе и детским журналам, которые читали

---

[11] Массив литературы о викторианском идеале феминности огромен. К основополагающим работам на эту тему относятся: [Russett 1989; Smith-Rosenberg 1986; Davidoff, Hall 1987].

представители образованного общества), относились «благочестие, чистота и покорность» [Greene 1998: 84]. В Англии или во Франции маленьких девочек и, конечно, взрослых женщин учили быть «скромными, простыми и ласковыми со всеми» и вести себя подобно «маленьким ангелам» своей страны. Феминность тогда стала пониматься как признак естества: считалось, что женщина от природы принадлежит к домашней сфере, мирной и спокойной [Greene 1998: 86][12].

Свое влияние на нормы феминности оказывало и русское православие. Среди качеств, которые подчеркивали его приверженцы, присутствовали «смирение и способность к страданию и самопожертвованию». В целом православная церковь лишь усиливала представления о неполноценности женщин и укрепляла идею о том, что женщины «физически и морально слабее мужчин и поэтому склонны к греху». Мужчины, в свою очередь, были обязаны властвовать над женщинами ради их же блага [Clements 1991: 3].

С нарастанием в российском обществе консерватизма и национализма в эпоху после Наполеоновских войн все большее внимание стало уделяться моральному потенциалу женщин, который начал ассоциироваться с благополучием нации. Очаг стал олицетворять здоровье всей страны [Kelly 2001: 128], а феминность возводилась к способности женщины создавать мирную, уютную, домашнюю обстановку для себя, своих детей и мужа.

Маскулинное мироощущение также было связано с домашним хозяйством (по меньшей мере так утверждает Тош применительно к викторианской Англии). Интеллектуалы консервативного толка, как и члены императорской семьи, подчеркивали, что дом

---

[12] По утверждению Грин, от мальчиков не ожидалось проявления таких же черт благочестия, покорности и чистоты, однако изученные мною военные уставы кадетов свидетельствуют об обратном. Целомудрие в них, по сути, не упоминается, однако от мальчиков в возрасте от 7 до 18 лет, безусловно, требовались чистота, покорность и благочестие, см. [СВП 1838: гл. 1].

стал тем «драгоценным сосудом, в котором может быть сохранена сущность идеального патриархата». Мужчины из образованного общества должны были заниматься домашними делами, будь то работа над «обивкой кресел» или создание «санитарных условий» [Kelly 2001: 128]. Разумеется, от благородных мужчин и женщин не требовалось заниматься рутинными делами по дому; напротив, представители дворянства предполагали, что от унизительной работы их освободят крепостные крестьяне. Спокойствие в доме, управляемом в соответствии с надлежащей возрастной, статусной и гендерной иерархией, выступало ключом к созданию правильного и послушного домашнего хозяйства и, как следствие, упорядоченной нации[13]. Университетское и государственное начальство полагалось на то, что его подопечные происходят из респектабельных и иерархических семей, где царит домашнее спокойствие.

Семейный круг

Одним из аспектов семейных отношений викторианской эпохи была исключительность фамильной ячейки. Дом должен был быть миром уединенных и комфортных удовольствий, свободным от проблем внешней реальности. В Англии на протяжении XIX века по мере стремительного расширения городского ландшафта дом становился местом укрытия и комфорта. Как писал Ипполит Тэн:

---

[13] Феминные идеалы были встроены в программу преподавания в школах для девочек точно так же, как наставление в мужских добродетелях было частью образовательного процесса в основных учебных заведениях Российской империи. Например, в воспоминаниях писательницы Софьи Хвощинской об учебе в Екатерининском институте благородных девиц в Москве в начале 1840-х годов описывается, как воспитанницам преподавали женские навыки и добродетели, включавшие изъяснение исключительно на французском и расстановку сосудов с уксусом для «очищения воздуха». См. [Khvoshchinskaia 1996] (оригинал: Хвощинская 1861).

...у каждого англичанина в матримониальном вопросе есть некое романтическое место в его сердце. Он представляет себе «дом» с женщиной, которую он выбрал, они вдвоем наедине с детьми. Это их собственная маленькая вселенная, закрытая от всего мира [Taine 1958: 78][14].

Хотя становление идеологии домашнего очага в таких странах, как Англия и Франции, совпало с формированием более узкого понятия семьи, в которую теперь входили в основном родители и дети, в России (по меньшей мере на протяжении первой половины XIX века) членство в семье оставалось более открытым[15].

Барон фон Гакстгаузен[16] в повествовании о своих путешествиях по России отмечал открытость семейных отношений в дворянской среде:

Русский не может жить без крепких семейных уз. Если у него их нет, он их придумывает; если у него нет отца, он ищет и выбирает его сам и питает к нему такое же почтение, как и к своим [родным]... Если у него нет своих детей, он их усыновляет [Haxthausen 1856: 103][17].

Насколько далеко простирался русский семейный круг? В тех фрагментах мемуаров бывших студентов, где они описывают

---

[14] Этот фрагмент также цитирует Тош в работе [Tosh 1999: 29].

[15] Как показывает Тош [Tosh 1999: 21–23], в викторианской Англии круг семьи настолько сузился, что гостей даже из числа кровных родственников ждали лишь по приглашению.

[16] Прусский чиновник, экономист и специалист по аграрным вопросам барон Август фон Гакстгаузен (1792–1866) совершил путешествие в Россию в 1842–1843 годах. В России он изучал особенности земельных отношений и встречался с такими фигурами, как Константин Аксаков, Александр Герцен и Петр Чаадаев. По возвращении в Германию Гакстгаузен написал трехтомный труд «Исследования внутренних отношений народной жизни и в особенности сельских учреждений России», который был высоко оценен славянофилами. — *Прим. пер.*

[17] Этот фрагмент цитируется также в работе [Tovrov 1978: 16].

собственные семьи, а также семьи своих сверстников, в основном подтверждается характеристика, приведенная у фон Гакстгаузена. Близкие связи, которые могли зарождаться в аудитории или общежитии, перетекали в семейную гостиную. Фамильная ячейка была достаточно гибкой конструкцией, способной адаптироваться к интеграции целого ряда отношений вне кровного родства — от няни до университетского друга младшего сына. В некоторых случаях, как отмечает Джессика Товров в работе о русской дворянской семье XIX века, узы, возникавшие между некровными родственниками, с легкостью брали верх над кровными связями [Tovrov 1987: 2, 112–113].

Обучаясь в университете, молодые люди искали новые родственные связи — через собственные семейные связи или семьи своих друзей, благодаря которым они могли бы обрести домашний уют и тепло семейного очага[18]. Этот процесс неформального усыновления необязательно означал полноценное членство в семье с экономической точки зрения, однако он мог подразумевать интеграцию в аффективную жизнь семьи. Студенты участвовали в домашних ритуалах, проводили вместе досуг и удовлетворяли свои эмоциональные потребности в рамках новых, пусть и недолговечных, родственных отношений.

Многие из молодых людей, которые подобным образом обрели новые семьи, приехали учиться в университете за свой счет. Одним из таких юношей был будущий поэт Яков Полонский, выходец из рязанской дворянской семьи. Когда в 1839 году он прибыл в Москву для получения университетского образования, у него не было там ни крепких семейных связей, ни социальных контактов. Влача жалкое существование, в первом семестре Полонский по счастливой случайности завязал тесную дружбу с Николаем Орловым, выходцем из состоятельной московской семьи, и вскоре искал прибежища в доме друга. Как «член семьи»,

---

[18] О домашней сфере и маскулинности см. [Tosh 1999], о появлении домашней сферы в российском контексте см. [Tovrov 1987].

Полонский проводил с Орловыми размеренные вечера и все чаще оставался на ночь: для сна ему был отведен угол, который быстро стал считаться его собственным пространством [Полонский 1898: 645]. Вхождение в домашнюю сферу Орловых также подарило Полонскому большую привязанность к новому отцу. Он вспоминал: старший Орлов «так полюбил меня, что не раз по вечерам, когда я прощался с ним, благословлял меня» [Полонский 1898: 645]. Вдали от родной семьи Полонский, как и многие его однокашники, наслаждался нежным отношением со стороны патриарха в доме своего товарища.

Афанасий Фет в автобиографии рассказывает, как при схожих обстоятельствах он был вплетен в эмоциональную ткань повседневной жизни в доме своего однокашника Аполлона Григорьева. Эта дружба изменила ход жизни Фета: он участвовал в университетском кружке Аполлона, который собирался в доме Григорьевых, и поддерживал близкие отношения не только с товарищем, но и с его родителями. Проводя выходные дни вместе с другом либо в его московском доме, либо в усадьбе за городом, Фет проникся к отцу Аполлона Александру Ивановичу «почти сыновней привязанностью» [Dowler 1995: 12]. Благодаря связи с Аполлоном Фет смог выбраться из своей тесной студенческой квартиры в круг общения Григорьевых, где он чувствовал себя как дома. В 1839 году, после нескольких лет дружбы, Фет принял приглашение стать «членом семьи» и поселиться в московском доме Григорьевых — в тот момент он еще учился в университете [Фет 1893: 140]. Каждый день два друга вместе завтракали, шли в университет, а в три часа дня Фет с младшим и со старшим Григорьевым возвращался домой к послеобеденной трапезе. Фет также вспоминал: «В 8 часов мы снова нередко сходили чай пить и затем уже возвращались в свои антресоли до следующего утра» [Фет 1893: 150]. Фет выступал в роли брата и друга для Аполлона и сына для Александра Ивановича. Вот что писал в дальнейшем Фет об этой крепнущей братской связи: «Сидя за одним столом в течение долгих зимних вечеров, мы научились понимать друг друга с полуслова» [Фет 1893: 152]. Вместе они писали стихи и проводили долгие часы в тишине за чтением Байрона и Шиллера [Фет 1893: 142].

В отдельных случаях появление связей с «приемными» семьями способствовало укреплению социального и финансового положения студентов. Упоминавшийся в предыдущей главе Январий Неверов точно так же, как Полонский и Фет, в студенческие годы стал приемным «членом семьи» своего близкого друга Владимира Ржевского: благодаря этой дружбе Неверов приобрел близкие связи со всем кругом родственников своего товарища. Как де-факто новый член семьи, Неверов в течение двух последних лет учебы в университете жил в доме Ржевских и проводил с ними досуг. Расширение круга контактов Неверова на этом не закончилось: благодаря общению с Ржевскими он смог завязать социальные связи, которые остались с ним на всю жизнь [Неверов 1915: 109–110][19].

Подвижность границы между социальной и домашней сферами мы легко можем увидеть в мемуарах бывших студентов: ей соответствует та легкость, с которой, кажется, происходил переход от дружеской к родственной манере общения, и наоборот. Друзья называли друг друга братьями, а братья и сестры — друзьями[20]. Вот особенно трогательный пример того, как один молодой человек, которого с его другом детства, ставшим студентом университета, разделило расстояние, сокрушается об утрате. «Любимый мой дружок... наша связь одновременно родственная и дружеская. Она связывает нас как родственников и друзей», — подчеркивал расстроенный разлукой с другом юноша, сетуя на то, что дистанция между ними стала невыносимой: «Ведь родственники и друзья не живут так, чтобы между ними царила мертвая тишина». Автор письма подписал его словами «Твой любимый брат»[21].

---

[19] К этим связям относились, в частности, отношения с семьей Бейер и ее дальней родственницей Марией Александровной Дохтуровой.

[20] См.: ГИМ. Ф. 312. Оп. 1. Ед. хр. 5. Кейвендер обращает внимание на такие же языковые особенности в переписке братьев Мещерских, см. [Cavender 2002: 400].

[21] РО РГБ. Ф. 42. Карт. 12. Ед. хр. 11.

Переписка между студентами и их семьями демонстрирует и то, как язык дружбы проникал в семейные гостиные. Например, регулярные письма, которые студент Степан Ешевский получал от своей сестры Лизы, начинались с обращений типа «мой милый друг», «мой дорогой друг», «мой любимый друг» или просто «друг мой». В конце Лиза подписывалась как «друг твой и сестра». А отец Ешевского писал послания своему «милому и бесценному другу Степоньке»[22].

Студенты и их семьи

Во время учебы в университете молодые люди не только формировали новые контакты, но и поддерживали практические и эмоциональные связи с родными семьями. Хотя большинство студентов покидали свои семьи, отправляясь на учебу в университет, были и те, кто продолжал жить дома. Многие авторы писем и автобиографических заметок отмечали устойчивую связь с домом: в их сочинениях семейный очаг выступает фоном для сохранения сыновней привязанности к своим семьям и общения с ними. Эти нередко сентиментальные изображения домашней жизни резко контрастируют с историей отчуждения и изоляции, описанной у Герцена.

Например, в автобиографических заметках Александра Георгиевского подчеркивается привязанность, которая связывала студентов с домом как с физическим пространством, и, кроме того, акцент делается на тех близких связях, которые там формировались. Георгиевский отмечал: «С этим домом и особенно с его садами... связаны лучшие воспоминания моего детства и моей юности» [Георгиевский 1915, 161 (2): 347]. В семье обеспеченных дворян Георгиевских было шесть детей — три девочки и трое мальчиков. Дом их находился на окраине Москвы[23], а мальчики учились в городе. Дорога на дрожках до центра, где находился университет,

---

[22] ГИМ. Ф. 312. Оп. 1. Д. 7. Л. 8; Д. 11.

[23] В мемуарах Георгиевского указывается, что усадьба располагалась на Земляном валу Садового кольца. — *Прим. пер.*

занимала 45 минут. Воспоминания Александра, младшего из трех братьев, изобилуют сентиментальными изображениями их дома и, в частности, комнат, где он жил вместе со старшими братьями. Пока трое мальчиков учились, они жили вместе в отдельном крыле дома, выходившем в сад. Подробное описание сада, в особенности привязанности к нему отца, выступает иллюстрацией того, как в физическом пространстве семейного гнезда закреплялось ощущение домашней удовлетворенности:

> Главную прелесть [дома] составлял большой сад за значительным двором и надворным строением... с трех сторон окруженный немалыми садами и богатыми фруктовыми деревьями, особенно превосходными же яблонями, кустами малины, крыжовника, всякого рода смородины и грядами клубники и земляники. Отец любил сам заниматься садом [Георгиевский 1915, 161 (2): 347].

Фигура отца в воспоминаниях Георгиевского занимает значительное место: отец выполняет в них две функции — воспитателя и любимого родителя. С одной стороны, как следует из приведенного выше отрывка из мемуаров, семья проводила вместе свободное время в доме или саду, и можно предположить, что для счастья их автору не требовалась какая-то другая компания. Посторонние люди редко попадали в этот тесный семейный круг, причем родители полагали, что «сближение... с товарищами вне института» могло быть «небезопасно» для братьев: «Дома мы можем довольствоваться обществом своих братьев и сестер и никакого другого общества нам не нужно» [Георгиевский 1915, 162 (6): 463]. С другой стороны, в семье существовали строгие правила, мальчики постоянно находились под бдительным оком своего строгого отца. Как только сыновья-студенты перебрались из особняка в собственный флигель, в их поле зрения оказался не только сад, но и кабинет отца. На виду у всех отец следил за тем, чтобы его сыновья правильно себя вели и прилежно учились [Георгиевский 1915, 162 (6): 444–445][24].

---

[24] Пространство сада играло важную роль и в европейской домашней жизни, см. [ИЧЖ 2019: 229–231].

После смерти патриарха семейства Александр переключил все свое внимание на мать: «Днем я снова бывал на лекциях в университете, заходил читать и газеты, и журналы, а затем все время проводил дома, сидя с *maman* и услуживая ей» [Георгиевский 1916, 165 (6): 290]. Этот пример, даже несмотря на неизбежную специфику отбора воспоминаний сквозь призму ностальгических чувств, демонстрирует, что дом обеспечивал молодому студенту комфорт, дисциплину и возможность продемонстрировать чувство долга.

Еще одним свидетельством устойчивого характера семейных связей было то, что родители, обладавшие необходимыми средствами, часто снимали дом неподалеку от университета, где могла жить вся семья. Мотивы переехать поближе к месту учебы сыновей варьировались от соображений опеки до удобства, но результат был один: в таких обстоятельствах сыновья оставались в тесном контакте со своими родителями, братьями и сестрами, и эта близость выходила за рамки чисто пространственного соседства. Например, в декабре 1844 года братья Борис и Василий Чичерины, вскоре ставшие студентами, вместе со своей матерью Екатериной Борисовной отправились из родного Тамбова для поступления в Московский университет. По приезде мальчики начали готовиться к вступительным экзаменам, а их мать искала дом для размещения остальных Чичериных, которые планировали присоединиться к ним в ближайшие месяцы. Старшие Чичерины решили оставаться в непосредственной близости от места учебы их сыновей. В августе 1845 года, когда оба юноши успешно сдали вступительные экзамены, их отец Николай Васильевич вместе с остальными детьми присоединился к матери и сыновьям в Москве, где они затем жили все вместе. Так продолжалось два года, что позволяло юношам одновременно учиться и оставаться с семьей. После этого их родители уехали из Москвы в Тамбов вместе с младшим сыном и оставили других сыновей, которые еще были студентами, самостоятельно учиться в университете и получить диплом, и трое братьев Чичериных переехали в квартиру в центре города, на Тверском бульваре.

Когда сыновья уезжали из дома на учебу, они часто продолжали поддерживать близкие отношения с родственниками: регулярно писали им письма и периодически наносили визиты. В качестве подобного примера можно привести отношения между Федором Буслаевым в бытность его студентом Московского университета и его матерью Марией Ивановной Ваныкиной. Вплоть до того момента, пока будущий академик Буслаев не пустился в приключения университетской учебы, мать с сыном объединяли близкие отношения, отчасти связанные с тем, что юный Федор дважды оставался без отца: его родной отец умер, когда он был маленьким мальчиком, а отчим скончался во время эпидемии холеры в 1830 году. От второго брака у Марии Ивановны было две дочери, обе они дожили до совершеннолетия. Пока мать Буслаева была жива, ее отношения с сыном оставались очень близкими. В автобиографии Буслаев писал: «С тех пор как я стал себя чувствовать, мы жили с ней одной жизнью» [Буслаев 1897: 98]. С отъездом сына на учебу расстояние не поколебало их связи.

Когда в 1834 году юный Буслаев отправился из родной Пензы в Москву для сдачи вступительных экзаменов в университет, он продолжал регулярно (иногда еженедельно) писать матери письма, а также время от времени навещал родной дом вплоть до ее смерти в 1836 году[25]. Частота и тональность переписки матери и сына демонстрируют неизменную глубокую привязанность друг к другу. Их письма изобилуют ласковыми выражениями наподобие «милый мой Федюша» и «обними меня, голубчик мой»[26]. Мать неоднократно напоминала сыну о важности и «бесценности семейной жизни»[27]. Письма и дневники Федора Буслаева свидетельствуют о том, что он разделял приверженность матери семье.

Примерно через год после начала учебы он стал беспокоиться, что его связь с матерью ослабевает. Испугавшись, он попросил ее успокоить его и получил ответ, что ее любовь не может стать сильнее: «Ты заслуживаешь, если бы можно, удесятерить мою любовь к тебе; но любовь моя к тебе сильна и возвыситься уже не может больше» [Буслаев 1897: 98]. В поддержке и любви зависимость матери и сына была взаимной.

---

[25] РО РГБ. Ф. 42. Карт. 11. Ед. хр. 41.

[26] Там же.

[27] Там же.

В 1835 году Буслаев прислал матери свой портрет. Получив подарок, Мария Ивановна написала, что ее переполняют чувства и, хотя портрет не мог заменить личной встречи с сыном, он на время успокоил ее душу. В ожидании подарка она писала: «Ты портрет свой прислал, и я увижу твое изображение, увижу моего Федора, моего милого студента, мое утешение… Расцелуй меня: да, я скоро буду целовать твое изображение». Мать была в восторге от подарка сына и, как только портрет был помещен в ее спальне, написала: «Я очень тебе благодарна, мой друг, за портрет. Расцелуй меня, мой милый… Я смотрю на него, воображаю тебя. Все-таки, мой милый, как ты меня обрадовал этим подарком!» [Буслаев 1897: 93–94]. В год перед смертью Мария Ивановна каждый день смотрела на портрет сына на стене и тосковала по его обществу.

Уже упоминавшийся Степан Ешевский, как и Буслаев, послал матери свой портрет, чтобы так быть рядом с ней, пока он учится в университете. Этот подарок также облегчил матери тоску по сыну:

> Ты не можешь себе представить, какое это утешение для меня… Я повесила его [твой портрет] над своей кроватью и бессонными ночами смотрю на тебя. Я просто думаю о тебе и иногда даже разговариваю с тобой[28].

Письма матери Ешевского наполнены ласковыми восклицаниями и подробностями семейной жизни[29]. В задушевной манере мать и сын сообщали друг другу подробности повседневной жизни, к примеру рассказывали о здоровье и благополучии членов семьи.

Студенты поддерживали тесные контакты с членами своей семьи не только при помощи посылок, писем и портретов, но и периодически навещая родственников. Состоятельные родители часто устраивали свидания с сыновьями прямо в учебных заведениях или вызывали их домой во время рождественских праздников и летних каникул. Отцы приезжали, когда позволяли дела, а матери — при наличии средств и здоровья. Эти встречи являются еще одним подтверждением устойчивой взаимной

---

28 ГИМ. Ф. 312. Оп. 1. Д. 7.
29 ГИМ. Ф. 312. Оп. 1. Д. 11.

привязанности родителей и детей. Например, математик Эраст Янишевский в мемуарах об учебе в Казанском университете вспоминал, как радовался встрече с матерью во время рождественских каникул. Она приехала в Казань, чтобы провести это время с двумя сыновьями-студентами, и ее визит был ярким событием на фоне их привычной жизни. Обычно во время праздников и летних каникул мать посылала лошадей, чтобы мальчики ехали домой, но в этот раз она приехала сама, чтобы побыть какое-то время с сыновьями в их новом жилье. К сожалению, здоровье не позволило ей долго находиться в их обществе, поскольку, как вспоминал Янишевский, из-за плохой вентиляции матери было тяжело в их квартире [Янишевский 1893: 64–65]. Он был очень недоволен, когда вскоре мать вернулась домой. Однако на следующее лето семья воссоединилась, и Янишевский писал, как счастлив он был оказаться дома с семьей в русской деревне и снова увидеть отца после года отсутствия из-за учебы: «Не могу описать счастье, которое я испытал, встретив отца, со всеми нашими привычными домашними делами, с нашей провинциальной жизнью, охотой и прогулками» [Янишевский 1893: 79–80].

В воспоминаниях бывших студентов лето изображается как время для посещения родственников, не входивших в непосредственный круг семьи. Например, Фет в своих мемуарах с тоской описывает летние каникулы, которые он проводил в кругу семьи в усадьбе в селе Новоселки. Ранним утром он бродил по окрестностям в поисках птиц, чтобы поохотиться с ружьем, подаренным ему дядей [Фет 1893: 164–167]. Такие моменты тоже укрепляли семейные узы.

При наличии средств визиты родителей и детей были взаимными. Мать Януария Неверова, несмотря на слабое здоровье, ездила в Москву к сыну и в истинно мученической манере умерла на обратном пути[30]. Буслаев и его мать Мария Ваныкина периодически ездили друг к другу из Москвы в Пензу. В 1835 году Мария Ивановна приехала в Москву на зимние каникулы сына, где они проводили все время вместе. Разумеется, матерям не разрешалось останавливаться в общежитии, в котором проживали их сыновья-

---

30 ГИМ. Ф. 372. Оп. 1. Ед. хр. 1. Л. 170–171об.

студенты, поэтому они поселились в пансионе, где удалось создать уютную, домашнюю обстановку. В автобиографии Буслаев описывал эмоциональную и практическую пользу, которую он ощущал, когда мать была с ним рядом: «Чувства матери и сына после долгой разлуки и в краткий срок желанной встречи трудно поддаются описанию» [Буслаев 1897: 95]. С любовью описывает он моменты их близкого общения. На протяжении шести недель мать была свидетелем одного из ключевых, преобразующих моментов взрослой жизни своего сына и способствовала этому. Буслаев рассказывает, как однажды вечером мать пришла к нему в комнату и терпеливо выслушала его размышления и фантазии о желании стать профессором: «Матушка слушает и смотрит на меня, любуется и, наконец, не вытерпела — расхохоталась, обнимает меня и целует. Ей и радостно, и уж очень смешно, как ее милый сынок корчит из себя ученого мужа и профессора» [Буслаев 1897: 95].

Этот шестинедельный визит матери был весьма полезен для Буслаева и в социальном плане, поскольку Мария Ивановна очаровывала всех, с кем сталкивалась, что позволяло Федору завоевывать расположение среди сверстников и людей, стоявших выше по социальному статусу. Кроме того, его мать заслужила расположение университетского начальства, и после ее визита Буслаев почувствовал себя несколько защищенным от наказаний. Высшие представители университетской администрации, наверное, думали, предполагал Буслаев, что «сын такой рассудительной и заботливой матери не может сделаться дурным человеком» [Буслаев 1897: 95]. Обаяние матери преодолевало протокольные формальности, а личные связи (по меньшей мере в восприятии Буслаева) осложняли применение дисциплинарных санкций. Однако вскоре после возвращения в Пензу после визита в Москву Мария Ивановна умерла. Вот как Буслаев описал последнюю встречу с матерью: «Прощаясь со мною, она благословила меня последний раз на этом свете. В трудные и горькие минуты жизни всегда укрепляло, спасало и утешало меня это последнее ее благословение» [Буслаев 1897: 97].

Близость в семье проявлялась и в том, что студенты продолжали участвовать в повседневных делах своих родных. Родители наставляли сыновей в вопросах моральной и практической значимости, а заодно просили их помогать семье в домашних делах. Родительский контроль за нравственным воспитанием сыновей не был чем-то новым: в действительности к середине XIX века матери в дворянских домах постоянно следили за моральным обликом своих детей. После семи лет присмотр за мальчиками переходил от матери к отцу, однако матери по-прежнему оказывали влияние на их нравственное развитие[31]. Более того, сыновья оставались привязанными к своим матерям на протяжении всей жизни. Отношения между Федором Буслаевым и его матерью Марией Ваныкиной демонстрируют, в какой степени матери продолжали оставаться наставниками сыновей в их повседневных делах, несмотря на расстояние. В своих письмах Ваныкина призывала сына посещать церковь и читать молитвы, а также предупреждала, что если он хочет вырасти достойным человеком, то должен ходить в храм с чистой совестью. Мария Ивановна не уставала напоминать: «Ты мне не сказал, был ли ты у Иверской Божией Матери и святых мощей; если не был, то, пожалуйста, сходи и помолись им, что должно бы быть первым твоим выходом из квартиры» [Буслаев 1897: 86]. Кроме того, мать считала себя вправе влиять на социальную жизнь сына. Она не доверяла его новым университетским приятелям и предупреждала его о возможных опасностях: «Связи с товарищами ничего не могут дать тебе хорошего, кроме поселять неблагодарность к тому, что должно чтить, как святыню» [Буслаев 1897: 86]. Возможно, из чувства ревности мать Буслаева настаивала на том, что «дружество... опасно и, кроме зла, ничего не приносит» [Буслаев 1897: 90], призывая сына вместо этого полагаться на мораль, которой его учили дома в Пензе. Этот момент Ваныкина подчеркивала в своей регулярной переписке с сыном:

> Рада, мой друг, что ты знаком с такими значительными людьми и образованными, только прошу тебя ни с кем из них не дружиться. Ты поехал в Москву с хорошей нрав-

---

[31] Значимость семилетнего возрастного рубежа рассматривается в работе Джессики Товров, см. [Tovrov 1978: 22–24].

ственностью, и это в глазах добрых и честных людей ценится лучше графства и княжества. Береги себя в тех правилах, которые утешали меня [Буслаев 1897: 88].

Как видно из этого примера, студентам приходилось справляться с возможными противоречиями между влиянием своих родителей и сверстников. В ноябре 1834 года, вскоре после приезда Буслаева в Москву, мать отправила сыну письмо, где рассказывала о дошедших до нее слухах о студентах университета, настроенных против царя, и упрашивала сына хранить верность монарху: «Умоляю тебя ради всех моих бедствий: помни милости отца нашего государя, молись за него» [Буслаев 1897: 90]. Вне зависимости от того, повлияли ли эти просьбы на действия Федора, частые письма с предупреждениями и наставлениями были постоянным напоминанием о любимой матери, ее ценностях и его ответственности перед ней и перед самим Николаем I. В данном случае обязательства перед семьей и самодержавием усиливали друг друга.

Влияние матери Буслаева распространялось и на его повседневную жизнь. В письме от 16 октября 1834 года, спустя всего три месяца после приезда Федора в университет, Мария Ивановна предупреждала сына: «Хозяйский чай не пей, а свой всегда пей: это дешевле и лучше. Не мори себя, покупай на завтрак белый хлеб, ты любишь его». В ее советах присутствовал оттенок самопожертвования: советуя Федору есть белый хлеб, она добавляет: «Мы себе откажем в лакомстве: нас много, мы и черный будем есть» [Буслаев 1897: 86]. Нравственные и практические советы матери не всегда были проявлением собственной инициативы. Например, именно к матери Федор пришел просить совета о том, как ему поступить в университет, в частности спрашивая, следует ли ему изучать больше языков [Буслаев 1897: 93].

Советы в семейном кругу и семейные обязанности имели взаимный характер. Матери и отцы, сестры и братья часто обращались к своим сыновьям и братьям, учившимся в университете, за советом по домашним делам. Из семейной переписки студенческих лет будущего историка Степана Ешевского становится понятно, насколько активно студенты продолжали участвовать в принятии семейных решений, а родители по-прежнему просили совета у своих сыновей[32]. Ешевский проучился в Казанском университете всего один год (1846-й), после чего перевелся в Московский университет, где находился до 1850 года, и его отец часто писал сыну в Москву по домашним делам. Однажды отец попросил Степана высказать «мудрое мнение по бесценному вопросу о замужестве сестры» его Лизы. «Скажи мне искренне, — спрашивал отец, — должен ли я разрешить Лизе обручиться?» Здесь важно отметить, что суженый Лизы Бестужев был старым другом Степана[33] и, хотя жених, по признанию старшего Ешевского, был «хорошим человеком», он не имел достойной должности на государственной службе, именно поэтому отец и обратился к сыну за советом. Степан ответил, что с радостью даст свое благословение на брак, если Лиза с пониманием отнесется к этой ситуации. Отец последовал совету сына, и через два года пара обручилась[34]. Кроме того, родители Степана советовались с ним по поводу образования его сестры Вари, спрашивая, в какую школу ее лучше всего отдать. В этом случае Ешевские тоже прислушались к совету сына, отправив дочь в государственный пансион для девушек, а также подали заявление на получение казенной стипендии для оплаты ее обучения.

В регулярной переписке с Лизой Степан Ешевский выступал для сестры в роли учителя и наставника, предлагая ей различные книги для ознакомления, а порой присылая материалы для чтения как на русском, так и на французском языке. Лиза же рассказывала о повседневных событиях в семье, сообщала брату о днях рождения всех домашних, а также об их здоровье и благополучии. Степан в ответ рассказывал родителям и сестре о своих ощущениях и тревогах, связанных с университетской жизнью. За несколько месяцев до окончания учебы он написал отцу письмо, в котором попросил совета относительно профессиональной карьеры после выпуска из университета. Примечательно, что Степан, даже находясь далеко от дома в компании сверстников,

---

[32] ГИМ. Ф. 312. Оп. 1. Д. 5.

[33] Там же.

[34] Там же.

решил обратиться именно к отцу за мудрым советом по поводу своего будущего. Старший Ешевский объяснил сыну, что он должен «сначала спросить самого себя... а потом обратиться за руководством к Богу... Если же тебе нужно знать мое мнение, то советую тебе быть полезным в ученой сфере. Этим ты, конечно, заработаешь себе на жизнь и кров»[35]. Для начала отец предложил сыну поработать частным репетитором. Кроме того, Степан признавался отцу в глубоком одиночестве, которое он ощущал вдали от дома, и отец в ответ на жалобы сына посоветовал ему найти себе несколько хороших друзей, после чего несчастье и одиночество постепенно «уменьшатся и исчезнут»[36].

Участие отца Степана в его университетской жизни приносило и конкретную пользу. Отец пытался использовать свои связи на службе, чтобы обеспечить Степану — «своему бесценному другу» — достойную должность после окончания учебы. В частности, отец пытался добиться для него места преподавателя в Казанском университете, чтобы сын мог находиться недалеко от дома. Близость к дому была очень важна и для Степана, поскольку предполагалось, что он возьмет на себя основные семейные обязанности, когда отец достигнет преклонных лет, в противном случае «кто будет заботиться о семье?»[37]. Таким образом, первым долгом Степана была его семья.

К Федору Буслаеву в годы его студенческой юности, так же как и к Степану Ешевскому, обращались за советом в решении ряда проблем некоторые представители его большого семейного «клана» в Пензе. После смерти матери в 1836 году Федор и две его сводные сестры остались сиротами, однако это обстоятельство повысило статус Буслаева в семейной иерархии. Несмотря на то что Федор продолжал учиться в университете в Москве, теперь за ним оставалось последнее слово в важных семейных делах, причем ожидалось, что именно он станет опекуном двух девочек. Вскоре после смерти матери Буслаев получил письмо от друга Андрея Сергеева, в котором тот сообщал Федору о его новых обязанностях: «На тебе лежит от-

---

[35] ГИМ. Ф. 312. Оп. 1. Д. 7. Л. 8.
[36] ГИМ. Ф. 312. Оп. 1. Д. 6.
[37] ГИМ. Ф. 312. Оп. 1. Д. 11.

ветственность быть отцом своим сестрам»[38]. Из имеющихся источников неясно, принял ли Буслаев эту миссию формально, однако на практике после смерти матери он стал играть роль патриарха семьи.

Например, теперь за помощью к Буслаеву обращалась его няня Авдотья: на следующий год после смерти матери от нее пришло отчаянное письмо, в котором она просила «дорогого Федюшу» вмешаться в одно семейное дело[39]. Как выяснилось, Авдотья опасалась, что семья Буслаевых, в особенности сестра Федора Софья, больше не нуждается в ее услугах и может от них отказаться. Софья Ивановна, объясняла Авдотья, «отвыкла от общества кормилицы» и теперь «находит ее присутствие лишь обузой». Она жаловалась: «Я практически не нужна всей семье», поэтому попросила Федора помочь ей не только выяснить, насколько обоснованны эти подозрения, но и в случае необходимости помочь отстоять свою правоту. Поскольку ни матери, ни отчима Федора уже не было в живых, именно он считался старшим в принятии решений в подобных случаях, по меньшей мере так было заведено. Еще будучи студентом, Буслаев согласился заниматься семейными вопросами и играть новую роль[40].

Наконец, студентов университета связывали с их семьями финансовые дела. В таких вопросах, как обеспечение средствами и приобретение выгодных связей в обществе, студенты полагались на своих родителей и дальних родственников. Тот же Буслаев зависел от матери и сестер в части денег, а те, в свою очередь, беспокоились о его финансовом благополучии. Однажды мать попросила Федора: «Напиши все ко мне: почем нанял квартиру, и что заплатил извозчику, и много ли у тебя осталось денег» [Буслаев 1897: 86]. Были и такие студенты, которым родные оказывали финансовую поддержку даже в ущерб другим членам семьи. Именно таким был случай неприкаянного Януария Неверова. Осенью 1827 года, попрощавшись с матерью, он отправился в Москву на учебу и по приезде обнаружил, что у него не хватает средств на оплату репетиторов, необходимых для подготовки к вступительным экзаменам

---

[38] РО РГБ. Ф. 42. Оп. 12. Д. 58.

[39] РО РГБ. Ф. 49. Карт. 11. Ед. хр. 19.

[40] Там же.

в университет. Тогда мать пришла на помощь сыну, продав часть семейного имущества. В автобиографии Неверов писал: «Сердце матери сочувствовало и слышало мои молитвы»[41]. После смерти матери все ее имущество было продано, а деньги переданы сыну. Эта сумма в 4200 рублей и позволила Неверову закончить обучение.

Связанными друг с другом в финансовом и эмоциональном отношении оставались не только члены семей — сыновние узы занимали центральное место и в контактах студентов с государством. Самодержавная монархия рассчитывала на то, что студенты будут поддерживать родственные связи со своими семьями, укрепляя патриархальный порядок в доме и за его пределами.

Государство и семья

В июне 1833 года двоюродный брат и опекун бывшего студента Московского университета Павла Солнцева обратился к ректору с письмом, в котором просил сообщить о моральном облике и об успехах в учебе своего юного кузена и подопечного[42]. Запрос об уровне моральной и академической ответственности своего молодого родственника опекун направил властям в качестве представителя николаевской образовательной бюрократии (помощника попечителя Казанского учебного округа), поскольку не был уверен в характере Павла. Когда последний появился на пороге казанского дома опекуна без официального письменного уведомления об отчислении из университета, тот почуял, что здесь что-то не так, и обратился за советом к властям. Правда, у Павла была своя версия этой истории: он объяснил, что тяжело заболел во время учебы и вместо занятий должен был посещать государственные и частные больницы, а когда подошел срок оплаты счетов за лечение, сразу же подумал, что его спасет щедрость опекуна. Однако последний, не будучи уверенным в правдивости рассказа Павла, продолжал подозревать, что его обманывают, и, для того чтобы рассеять сомнения и проверить рассказ своего

---

41 ГИМ. Ф. 372. Оп. 1. Ед. хр. 1. Л. 170.
42 ЦИАМ. Ф. 418. Оп. 491. Д. 29. Л. 170.

подопечного, обратился к ректору университета, поинтересовавшись, не закрепилась ли за Павлом дурная репутация и не обвиняется ли он в каком-либо преступлении. Опекун поверил родственнику лишь после того, как ректор подтвердил, что Павел «вел себя очень хорошо и достойно учился»[43]. Ректор, как государственный чиновник, в данном случае выступил посредником в отношениях между двоюродными братьями, опекуном и подопечным.

Со своей стороны, чиновники также обращались к семьям за помощью в формировании нравственности и манер у юных учащихся: в этом семья и государство полагались друг на друга. Семейные отношения, построенные на ценностях патриархата, усиливали акцент самодержавия на иерархии и послушании. Государство желало сохранить патриархальный и иерархический контроль в семье точно так же, как многие дворяне стремились сохранить самодержавную политическую систему, пусть и в несколько ослабленном виде. С одной стороны, университетские дисциплинарные кодексы предписывали студенческим инспекторам избавлять юношей от дурных привычек, приобретенных дома, и превращать их в достойных слуг государства на время учебы. С другой, чиновники рассчитывали на то, что семьи будут сотрудничать с ними в реализации их начинаний по формированию будущих добропорядочных слуг. Согласно официальным уставам, представители семей должны были, например, формально участвовать в надзоре государства за своими сыновьями. Опасаясь негативного влияния бывших (в особенности исключенных) студентов, университетское начальство обращалось к родителям с просьбой следить за тем, чтобы их сыновья избегали «нравственно вредных влияний». В Москве конца 1840-х — начала 1850-х годов после подавления студенческой активности, возникшей как реакция на европейские революции 1848–1849 годов, городские и университетские власти приказали всем исключенным студентам немедленно покинуть город и вернуться в свои родные места. Начальство настаивало на том, чтобы за этими лицами был уста-

---

[43] Несмотря на то что версия Павла подтвердилась, его отправили обратно в Москву за нарушение условий подорожного документа, в котором говорилось, что он мог направляться в Орел, а не в Казань.

новлен «обязательный родительский надзор», дабы их деструктивное поведение не заразило «более добропорядочных» сверстников[44].

Кроме того, составители университетского устава придавали институциональное значение роли, которую должны были играть родители в контроле над некоторыми аспектами образования своих детей. Например, от родителей требовалось формально контролировать обучение сыновей искусству фехтования. В Правилах для студентов Санкт-Петербургского университета редакции 1843 года предусматривались разные предписания для студентов, проживавших с родителями, и тех, кто жил самостоятельно на квартирах или в казенных общежитиях. Утвержденные министром народного просвещения дисциплинарные регламенты гласили, что «живущие в домах родителей или родственников» могли «упражняться в фехтовании дома», а студенты, живущие самостоятельно, должны были заниматься этим в специально отведенных залах, где постоянно присутствовали инспектор или преподаватель[45]. Предполагалось, что при отсутствии университетского начальства именно родители должны были принять участие в обучении своих сыновей фехтованию и контролировать этот процесс.

Иногда семьи выступали непосредственными участниками взаимодействия своих сыновей с университетскими и городскими властями[46]. Привлечение родителей было особенно распространено в тех случаях, когда студенты совершали проступки и неоднократно подвергались дисциплинарным взысканиям. В таких случаях родители писали письма в различные властные инстанции с просьбой защитить их сыновей, хотя результативность таких действий отчасти зависела от социальных связей семьи и послужного списка отца. Взаимосвязь между социальным происхождением отца, его репутацией и степенью снисхождения к сыну со стороны университетских властей нашла отражение в законодательстве.

---

[44] ЦИАМ. Ф. 16. Оп. 39. Д. 324.

[45] РГИА. Ф. 735. Оп. 10. Д. 175.

[46] Как указывает в своей диссертации Кейвендер, «для членов семьи помогать друг другу взаимодействовать с государством было делом само собой разумеющимся» [Cavender 1997: 41].

Семье, из которой происходили университетские студенты, принадлежала главная роль в их будущем, и эта роль была закреплена самодержавием. Студенты из разночинцев — выходцы из таких сословий, как купцы и духовенство, — за неоднократные провинности (причем вне зависимости от того, получали ли они казенное пособие или находились на самообеспечении) формально подвергались более суровым наказаниям, чем их сверстники-дворяне. Университетский устав, принятый в 1811 году, предусматривал, что если сыновья разночинцев неоднократно совершали нарушения, то их следовало отправлять на военную службу в низшем звании. Корреспонденция между местными и центральными органами управления образованием свидетельствует о том, что на эту норму часто ссылались[47].

О студентах судили не только по социальному положению их родителей, но и — в полном соответствии с духом патриархальной культуры — по моральному облику и послужному списку на военной службе их отцов. Признавая эти критерии, студенты регулярно ссылались на лояльность своих отцов режиму в надежде получить за свои проступки более мягкое наказание, а власти, в свою очередь, полагали, что сын наследует моральный облик отца, причем достойный как восхищения, так и осуждения. Именно эту стратегию задействовал петербургский студент Дмитрий Бибиков, обвиненный в подстрекательстве своего однокурсника Петра Вердеревского к нелегальной дуэли (этот сюжет мы уже рассматривали выше). Университетское начальство поймало студентов в тот момент, когда они вызывали друг друга на поединок, и первоначальное наказание оказалось суровым: Бибиков был исключен, а Вердеревский отправ-

---

[47] Отсылка к данному положению устава 1811 года повторяется в архивных свидетельствах городов и университетов об арестах студентов. Например, после того как студенты Бирюлин и Клобуков были неоднократно уличены в нарушении правил (они самовольно покидали территорию университета, пропускали молитвенные службы, чрезмерно предавались пьянству), по уставу 1811 года им, как разночинцам, угрожала военная служба в низших чинах (РГИА. Ф. 733. Оп. 40. Д. 278). Аналогичным образом на указанный пункт устава ссылались в случае с таким упоминавшимся выше неоднократным нарушителем спокойствия, как петербургский студент Николай Митинский (РГИА. Ф. 733. Оп. 22. Д. 33). Эти сюжеты подробно рассматриваются ниже.

лен на военную службу в низшем звании. Однако эти санкции не были бесповоротными. После того как Вердеревский написал ряд покаянных писем, вердикт ему был значительно смягчен, хотя его заклятый враг по-прежнему пребывал в немилости. Тогда отчаявшийся смягчить наказание для сына отец Бибикова, респектабельный военный в офицерском звании, обратился к руководству университета, апеллируя к собственному послужному списку[48]. Свое письмо он начал с формулировки «как уважаемый слуга монархии», умоляя услышать просьбу о том, чтобы его сыну позволили закончить последний курс юридического факультета. После того как за обращением отца Дмитрия Бибикова последовали его собственные покаянные извинения, министр просвещения смягчил наказание для студента, отчетливо объяснив мотивы, по которым он изменил свою позицию:

> Ввиду вызывающего уважение характера его раскаяния, приличного прежнего поведения и особенно [благодаря] службе его отца в качестве киевского генерал-губернатора, [студент] может остаться в университете в Санкт-Петербурге до окончания курса обучения[49].

Первоначальное наказание для Бибикова — немилость и исключение из университета — навсегда повлияло бы на его будущую карьеру юриста. Однако новый вердикт — две недели в *карцере* — не препятствовал тому, чтобы закончить обучение и стать успешным специалистом без пятен на университетской репутации.

Впрочем, Петру Вердеревскому, противнику Бибикова на несостоявшейся дуэли, повезло меньше. Он не имел поддержки со стороны уважаемого отца и был вынужден немедленно покинуть университет, хотя собственных покаянных извинений оказалось достаточно, чтобы смягчить наказание. «Исключение» Вердеревскому заменили на «увольнение», и он поступил на военную службу с присвоением более высокого звания, чем рядовой солдат[50].

---

48 РГИА. Ф. 733. Оп. 25. Д. 199.

49 Там же.

50 Там же.

Разные наказания, назначенные двум студентам за совершение одинакового проступка, свидетельствуют о том, какое влияние на государственные власти могли оказывать отцы в интересах своих сыновей. Патриархальная система, которая связывала отца и сына, могла либо навредить молодому человеку, либо принести ему пользу. Начальство было более благосклонно к провинившемуся студенту, если его отец хорошо служил. Так или иначе в глазах государства молодому человеку трудно отделить себя от достижений и неудач своего отца. Характер семейных связей юноши определял его потенциальную полезность для властей, и для успеха в николаевском обществе требовалось, чтобы студент не только проявлял себя самостоятельно, но и происходил из уважаемой и верной монархии семьи.

В то же время, несмотря на приведенный выше вполне наглядный пример, каких-либо официальных правил, предписывающих, каким образом достойная служба отца могла помочь его сыну, не существовало. Следующая ситуация со студентом Казанского университета Эдуардом Фишером показывает, что на первый план в сравнении с достойным послужным списком или даже высокими чинами могли выходить другие факторы, такие как национальность и религия. После окончания университета в 1848 году Фишер попросил рассмотреть его кандидатуру на должность помощника инспектора, однако ходатайство было отклонено из-за низкого статуса его отца, учителя музыки. Хотя отец считался «верным слугой царя», такое обстоятельство, как отсутствие у него престижного занятия в сочетании с этнической и религиозной принадлежностью (Фишер был лютеранином и, скорее всего, балтийским немцем), не позволило властям определить выпускника для хорошей карьеры. Вместо этого начальство распорядилось, чтобы младший Фишер стал учителем немецкого языка в казанской средней школе. Иными словами, почтенный послужной список отца не всегда мог помочь его сыну[51].

Прошения в органы власти от имени своих сыновей подавали и матери, хотя они обращались к подобным мерам реже, чем отцы. Здесь можно привести такой довольно необычный случай.

---

[51] РГИА. Ф. 733. Оп. 44. Д. 78.

Однажды студент Московского университета Владимир Кончевский, нарядившись так, чтобы сойти за своего однокурсника Норберта Савича, сдал вместо него экзамен по латыни и получил «четверку». В дальнейшем, когда ложь была раскрыта, начальство за участие в этой афере выгнало Кончевского из университета[52], но спустя несколько лет, в 1850 году, мать студента написала от имени сына письмо попечителю Московского учебного округа с просьбой заново зачислить его в студенты для завершения учебы. По утверждению матери, Кончевский совершил «тяжкое преступление только из ложного чувства дружбы», поэтому «несчастной родительнице» пришлось оправдываться: «Он мой единственный сын и моя единственная надежда». Мольбы дать единственному сыну шанс на «новую жизнь» были услышаны: власти разрешили Кончевскому вернуться в Московский университет в качестве студента, хотя он и должен был находиться под пристальным наблюдением инспектора[53].

Сами студенты при взаимодействии с государством часто ссылались на семейные обязательства, полагаясь на подразумеваемую связь между миром сыновней привязанности и правительственной службой. В обращениях к инспектору или ректору университета с ходатайствами смягчить наказание студенты обычно просили о милосердии, ссылаясь на свою ответственность перед семьей, вызванную смертью кого-то из родных или ухудшением экономического положения. Формулировки просьб студентов к администрации университетов вне зависимости от того, насколько успешны были результаты, свидетельствуют о том, что и студенты, и начальство в значительной степени предполагали, что университетское руководство будет серьезно относиться к семейным обязательствам.

Например, студент Московского университета Федор Веретенников, объясняя причины отсутствия успехов в учебе, сообщал о неблагополучной ситуации в семье. За два года до получения диплома Веретенников, начавший обучение в 1845 году, покинул Москву, и к тому сроку, когда ему полагалось выпускаться (в 1850 году), руководство университета решило отказать моло-

---

[52] РГИА. Ф. 733. Оп. 33. Д. 175.

[53] Там же.

дому человеку в почетном «увольнении» с получением *аттестата* (документа, который выдавался недоучившимся студентам, не сдавшим выпускных экзаменов). Вместо этого Веретенникову выдали некую бумагу, где не только говорилось о том, что он не прошел академического курса обучения, но и упоминалось о его дурном нравственном облике. Такие выводы начальства были основаны на том, что Веретенников не сдавал экзамены в течение 1848/1849 учебного года[54]. Однако сам Веретенников в ответ на это унижение пожаловался руководству университета, что с ним обошлись слишком сурово, и попросил изменить официальную формулировку в бумаге об обучении с «исключен» на «уволен», что стало бы менее серьезным препятствием для его дальнейшей карьеры. В письме студент объяснял, что бросил университет не из-за личной безответственности, а «был вынужден уделить внимание семейным делам». Семья, писал Веретенников, переживала тяжелую личную и финансовую утрату и поэтому нуждалась в нем больше, чем государство. В 1848 году, когда Веретенников покинул университет, умерли его родители, на попечении Федора остались две его сестры, поэтому ситуация требовала, чтобы он остался в родном городе и занимался семейными делами. И если бы он вернулся в Москву, настаивал Веретенников, эти дела перешли бы в «чужие неизвестные руки». Наконец, пояснял студент, если бы он остался в Москве учиться, на получение образования пришлось бы потратить бо́льшую часть семейного состояния, что было неприемлемым вариантом. В итоге руководство университета удовлетворило просьбу Веретенникова и выдало ему аттестат с вполне достойной формулировкой об «увольнении».

То, насколько часто студенты обращались к инспекторам, ректорам и самому министру просвещения с просьбами о смягчении наказаний на основании семейных обстоятельств, говорит о том, что власти чтили верность семье и считали домашние обязанности законным оправданием[55]. Но и здесь были свои пределы. Например, студент Казанского университета Ларион Бирюлин, постоянно нарушавший правила поведения, неизменно ссылался на свои се-

54 ЦИАМ. Ф. 16. Оп. 40. Д. 253.
55 См.: РГИА. Ф. 733. Оп. 40. Д. 278.

мейные обстоятельства в попытке завоевать симпатии университетского начальства и государственных чиновников. В списке наказуемых аморальных поступков Бирюлина значились следующие: пропуск молитв, курение в запрещенных местах, пьянство до положения риз на публике, выкрикивание непристойностей под дверью инспектора и дебоширство. После того как дисциплинарные структуры университета неоднократно брали Бирюлина с поличным, он был наказан в соответствии со своим рангом и статусом в обществе: в качестве разночинца его сразу же приговорили к отчислению и отправке на военную службу в низшем звании.

Тем не менее Бирюлин не смирился с этой участью и решил обжаловать наказание у инспектора и ректора на основании семейных обстоятельств. В письме к начальству Бирюлин пояснил, что вынужденная служба в солдатах опустошит его родителей эмоционально и финансово. Иными словами, принудительно отправив студента в армию, университет обрек его родителей на старость в нищете, поэтому Бирюлин попросил инспектора и ректора смягчить наказание, чтобы он мог выполнять свои семейные обязанности, вернувшись к родным и помогая им по дому. В обращении к начальству Бирюлин также подчеркнул, что семья понесет большие потери, если его немедленно отправят служить рядовым солдатом: «Неужели вы отнимете у меня единственное средство отблагодарить мою семью и помогать ей?» Однако эти призывы остались без внимания, после чего в дело вмешалась мать Бирюлина, которая в собственном ходатайстве подтвердила, что ее жизнь зависит от Лариона. В письме руководству Казанского учебного округа от 5 февраля 1828 года она писала, что рассчитывает на «спокойную и легкую старость с помощью сына»; если же его отправят в солдаты, ее надежды будут разрушены. «Я знаю, что у моего сына мягкое сердце», — писала мать в защиту Лариона, рекомендуя начальству наказать его, но при этом позволить ему остаться в Казани под строгим надзором. Однако, несмотря на все эти сильные формулировки и заявления о том, что на карте стоит благополучие семьи, власти отклонили просьбы и матери, и сына[56].

---

[56] РГИА. Ф. 733. Оп. 40. Д. 278.

Аналогичные прошения подавались группой студентов — нарушителей порядка в Казани в конце 1830-х годов. Эти обращения появились после того, как нескольких студентов поймали, когда они бросали камни в окна церкви, и приговорили к суровым наказаниям — от исключения до службы в армии[57]. Некоторые студенты написали ходатайства о смягчении наказаний ректору и попечителю, связав свои доводы с сыновними обязательствами. Например, один юноша утверждал: «Вести о несчастье моем будут очень огорчать моих родителей в их преклонные годы. Я их единственный сын... и обязан помогать им в старости». Умоляя начальство не отправлять его в армию, студент писал: «Позвольте взять на себя смелость и просить вас... не отделять мою судьбу от судьбы моих родителей». Отец другого студента, генерал-лейтенант Нератов в письме попечителю Казанского учебного округа попросил разрешить его сыну закончить учебу вместо исключения, чтобы затем он мог взять на себя ответственность за семью, когда родитель станет слишком стар. По мнению генерала, если его сын станет изгоем в столь юном возрасте, это в конечном счете уничтожит его шансы реализовать свои семейные обязательства. Тронутый мольбой отца, попечитель представил дело на суд министра просвещения, в частности пояснив, что с учетом «заслуг отца Нератова перед Отечеством» и ухудшения здоровья его жены министр должен рассмотреть возможность разрешить студенту остаться рядом с семьей. Но министр, несмотря на то что отец добился определенного сочувствия со стороны попечителя, в конечном итоге отклонил его просьбу[58].

Семьи регулярно вмешивались в дела своих сыновей-студентов. Уже упоминавшаяся выше история неисправимого петербургского студента Николая Митинского демонстрирует, насколько активно родители обращались к начальству, чтобы помочь своим детям[59]. Митинский, учившийся в начале 1830-х годов, иногда уходил из университета без разрешения и возвращался поздно вечером совершенно пьяным. Сначала администрация решила использовать для его наказания положения устава 1811 года, со-

---

[57] РГИА. Ф. 733. Оп. 42. Д. 182.

[58] Там же.

[59] РГИА. Ф. 733. Оп. 22. Д. 33.

гласно которым все разночинцы, совершившие какой-либо проступок, должны были отправляться на военную службу. Однако
к проступкам Митинского спокойно отнесся петербургский попечитель, написавший инспектору, что, решая судьбу молодого
человека, «они [администрация университета] должны учитывать,
имеется ли у него семья». Родители Митинского были людьми
пожилыми и зависели от сына, поэтому вместо службы в армии
ему полагалось разрешение проживать с отцом, который должен
был наставить студента на «истинный нравственный путь» к трез-
вости и респектабельности. Первоначально было принято именно такое решение, и Митинский устроился учителем неподалеку
от дома, где проживала его семья (поскольку он получал на свое
образование государственные средства, он должен был преподавать в течение пяти лет). Но вскоре после вступления в новую
должность Митинский был обнаружен пьяным прямо в классе.
Опечаленный поступком сына и напуганный возможными по-
следствиями, его отец попросил государство дать сыну последний
шанс, прежде чем отправлять его в армию. В письме попечителю
отец Митинского объяснял, что его «сыну всего 23 года, он все
еще пребывает в той части жизни, когда можно изменить свои
привычки», а принудительная военная служба не только разрушит
его жизненные шансы, но и нарушит «благополучие всей семьи»[60].
Кроме того, Митинский-старший заверял попечителя, что такой
исход ускорит его смерть. Однако у подобных аргументов были
свои пределы, поэтому просьба отца была отклонена, а молодой
Николай отправился на военную службу.

Таким образом, сети родственных связей влияли на отношения
студентов с университетом и государством. Государство, со
своей стороны, принимало во внимание семью, вынося мнения
об учащихся. Представители самодержавной бюрократии признавали институты семейной жизни и патриархальной власти
и опирались на них. Если официальная культура поощряла
студентов ориентировать свои верноподданные чувства исключительно на государство, то университет признавал и роль семьи

---

[60] РГИА. Ф. 733. Оп. 22. Д. 33.

в жизни студентов, полагаясь на нее в контроле над их поведением. Государство и семья работали в тандеме, чтобы взрастить достойных молодых людей и гарантировать продление патриархального царского порядка.

В отличие от выразительных картин из биографии Герцена, воспоминания большинства студентов свидетельствуют о том, что семья действительно продолжала играть центральную роль в их жизни, пока они учились в университете. Идеология привязанности к дому, которой придерживались как самодержавие, так и семья, способствовала тому, что университетские студенты сохраняли отношения со своими семьями. Кодексы приемлемого мужского поведения побуждали юных студентов демонстрировать привязанность не только к сверстникам, но и к матери, отцу, сестрам и братьям. В свою очередь, самодержавие опиралось на патриархальную культуру семейной жизни с ее акцентом на подчинении, послушании и иерархии, чтобы укрепить власть над будущими российскими отцами, офицерами и чиновниками.

Эпилог

За рамками николаевского идеала: российский университет в последующие годы

В 1849 году, через пять лет после уже упоминавшегося эпизода, когда министр просвещения спустя рукава отнесся к появлению студенческих корпораций в Санкт-Петербурге, всего через год после того, как казанские студенты опубликовали обличительное письмо против своего инспектора-«негодяя» Ланге, и в разгар революционных протестов по всей Европе российские власти обнаружили в столице группу, которая вошла в историю под именем петрашевцев. Несколько десятков ее участников подозревались в подготовке заговора против самодержавия. 22 апреля 1849 года эти молодые люди, многие из которых были выпускниками самых элитных учебных заведений империи, включая Санкт-Петербургский университет, были арестованы.

Лидер кружка Михаил Буташевич-Петрашевский, незадолго до этого окончивший Санкт-Петербургский университет, регулярно проводил пятничные собрания в своем доме, где в общении с товарищами обсуждались животрепещущие вопросы современности — от крепостного права до цензуры и правовой системы. Хотя петрашевцы редко имели единое представление о какой-либо стратегии или подходе в отношении будущего России, эта группа в целом представляла собой, по определению Синтии Уиттэкер, «идейный заговор» [Whittaker 1984: 235]. Во многом петрашевцы воплощали собой именно то, чего всегда боялся Николай I. В тот весенний день, когда участники кружка были арестованы, предположение о наличии связи между образованием и революцией в глазах самодержавия обрело подтверждение.

Царь отреагировал на это событие не только арестом и смертным приговором для многих участников кружка (позднее этот приговор был смягчен), но и стремлением навязать сверху строгие правила всей системе образования России, в особенности университетам. Всего через неделю после ареста петрашевцев был издан императорский указ, ограничивавший количество студентов в университетах: теперь в отдельно взятом университете могло обучаться не более 300 студентов, каждый из которых должен был обладать «выдающимися нравственными свойствами». Хотя эта честолюбивая цель так и не была достигнута, к 1850 году общее число российских студентов сократилось до 3000 человек, то есть примерно на четверть. Особенно сильно пострадало «логово заговора» — Санкт-Петербургский университет, где в 1850 году осталось всего 378 студентов [Whittaker 1984: 235][1]. Кроме того, усилилась слежка не только за студентами, жившими на самообеспечении, но и за исключенными студентами, которые продолжали жить в городе. Начальство опасалось, что эти молодые люди «заразят» своих сверстников вольнодумством[2].

Однако сокращение количества студентов и контроль за их деятельностью были не единственными средствами утверждения власти самодержавия. После отставки министра просвещения Уварова в октябре 1849 года царь назначил на его место чиновника-подхалима — князя Платона Ширинского-Шихматова, который умер в 1853 году. «Сильной стороной» нового министра было исполнение приказаний, о чем сам он заявил в следующем знаменитом высказывании: «Вы должны знать, что у меня нет ни ума, ни собственной воли, — я лишь слепое орудие воли императора» [Whittaker 1984: 237]. Демонстрируя эту установку, Ширинский-Шихматов по приказанию Николая приступил

---

[1]   Как отмечает Самуэль Кассов, после смерти Николая I количество студентов в Санкт-Петербургском университете росло. К 1855 году их численность увеличилась до 476 человек, а к 1858 году — до 1026, см. [Kassow 1989: 53].

[2]   ЦИАМ. Ф. 469. Оп. 2. Д. 587; ЦИАМ. Ф. 16. Оп. 41. Д. 230.

к осуществлению ряда репрессивных мер. В 1850 году все занятия по философии, за исключением логики и психологии, были исключены из учебного плана, а два оставшихся курса философии теперь должны были преподавать православные священники. Кроме того, европейское государственное право и древняя история были признаны «слишком прогрессивными» предметами и удалены из программ. Иностранцам больше не разрешалось занимать кафедры, несмотря на большое количество вакансий. Цензура усилилась до такой степени, что университет перестал иметь какую-либо автономию. Когда в 1850 году цензор и профессор литературы Александр Васильевич Никитенко поинтересовался, были ли опубликованы хоть какие-то новые литературные произведения, ему ответили, что «новых книг нет» [Whittaker 1984: 238]. Учитывая крайности последних лет правления Николая, его смерть, несомненно, вызвала коллективный вздох облегчения у многих представителей российской университетской системы — от студентов до профессоров и администраторов.

От смерти Николая до принятия нового университетского устава

Смерть царя в 1855 году и унизительное поражение в Крымской войне год спустя положили начало эпохе широкомасштабных реформ российской социальной, политической и экономической систем. Крымская война, в частности, выявила «скрытую коррупцию и беспорядок в правительстве и потрясла... патриархальный авторитет, на котором был основан режим» [Raeff 1984: 203]. Война бросила вызов абсолютной вере в самодержавную форму правления, столь характерную для правления Николая I. Царь Александр II (1855–1881), хотя и был предан своему отцу, инициировал фундаментальные изменения в отношениях между самодержавием и его подданными — от крестьян до дворян[3].

---

3   О преданности Александра своему отцу пишет Ричард С. Уортмен, см. [Wortman 1995–2000, 2: 20–91].

Одним из существенных изменений, имевших отношение к новой роли, которую университет должен был играть в российском обществе, стало прекращение попыток самодержавия использовать свои институты, включая образовательные учреждения, для «навязывания общественной морали сверху» [Raeff 1984: 244]. Проект Николая, полагавшегося на государственные структуры принуждения для взращивания нравственных подданных, больше не был жизнеспособным или желательным. Вместо этого Александр обратился к российским учебным заведениям с целью простимулировать «развитие гражданственности» с ее собственным чувством ответственности [Raeff 1984: 244].

Университет должен был стать ключевой структурой в формировании активных граждан империи. Студенты александровского периода должны были служить не только *государству*, но и, что более важно, *обществу* и требовали этого друг от друга[4]. Вместе с этой трансформацией была сокращена цензура, снят запрет на зарубежные поездки, а жизнь внутри университета стала менее жестко контролироваться сверху. Однако многие изменения в университетской среде не были кодифицированы незамедлительно.

Период с 1855-го по 1863 год, то есть между смертью Николая и изданием нового университетского устава «царем-освободителем» Александром II, был временем, когда старые правила уже игнорировались, однако новые еще не были введены. Хотя формальных изменений в отношениях между университетом и самодержавием или между студентами и университетским начальством не произошло, старый дисциплинарно-административный режим разваливался на части. В течение всего четырех лет после смерти Николая многие столпы его университетской системы пошатнулись: возродились философские факультеты,

---

4 Эта трансформация дискурса упоминается в работе [Gleason 1991: 15–27]. Этот новый акцент предвосхитил изменения, наметившиеся в конце XIX века, когда отдельные люди все больше могли создавать автономные пространства для участия в растущей гражданской сфере, располагавшейся между монархией и народом.

увеличился прием студентов, была ликвидирована система студенческих тюрем, а студенты все чаще стали проводить массовые собрания с участием сотен человек. В духе нового времени было и то, что в 1857 году николаевская система университетской полиции и надзора практически перестала функционировать. Городским властям оставалось лишь выискивать проявления безнравственности, но здесь они отнюдь не отличались бдительностью [Hamburg 1992: 224]. В частности, городская полиция была печально известна своей расхлябанностью и склонностью симпатизировать студентам. К 1859 году от студентов больше не требовали ношения формы, а уже в 1855 году было разрешено создавать корпорации, по меньшей мере в Дерптском университете [Kassow 1989: 53]. Николаевский университетский режим фактически ушел в прошлое.

В целом в восьмилетний период, предшествовавший принятию университетского устава 1863 года, студентам была предоставлена, пусть и путем попустительства, все большая автономия в их повседневной жизни. Избавившись от основных механизмов государственного принуждения, студенты более свободно собирались вместе, в результате чего появлялось, по определению Самуэля Кассова, «студенческое сословие с собственным кодексом поведения, организациями, традициями и ощущением взаимных обязательств» [Kassow 1989: 52]. Этот феномен *студенчества*, укрепившийся в эпоху Великих реформ, в значительной степени произрастал из эпохи Николая I[5]. Как показано в этой книге, зерна коллективной идентичности студенчества были посеяны студентами николаевского периода, которые находили очаги автономии и полуавтономии в трактирах, корпорациях и дружеских компаниях. В последующие годы становление студенческой корпоративной идентичности ускорялось и одновременно набирало масштабы. Одним из проявлений этих изменений стало увеличение числа студенческих организаций, включая появление в 1856 году в Санкт-Петербурге литературного жур-

---

[5] О российском студенчестве в XX веке см. [Morrissey 1998].

нала, редакция которого организовала общество помощи студентам, чтобы помочь покрыть расходы на обучение в университете более бедных товарищей [Whittaker 1984: 55]. Кроме того, в этот период регулярный характер приобрели студенческие *сходки* (собрания), которые проходили в стенах и во дворах университетов [Kassow 1989: 54].

В Дерптском университете, где уже давно была развита культура корпораций, также с возрастающей скоростью увеличивалось число организованных институтов общественной жизни. 13 апреля 1855 года, всего через несколько недель после смерти Николая, Александр II предоставил студенческим корпорациям официальное право на существование [Мельгунов 1904: 53]. К 1862 году дерптским студентам было разрешено разгуливать с корпоративными регалиями не только по университету, но и по городу [Чумиков 1890: 370]. Появлялись и расширялись и другие общества, такие как «Академическая муза», куда принимали профессоров и представителей более широкой образованной публики. Лидеры дерптских музыкальных собраний не считались даже с устоявшимися статусными и гендерными иерархиями, допуская к участию в них не только профессоров, но и женщин [Мельгунов 1904: 54–55]. После смерти Николая эти новые организации процветали в России.

Протест, еще одно отражение коллективных интересов студентов, стал намного громче. Недовольство среди студентов, проявлявшееся и в годы правления Николая, теперь вырывалось наружу. Определенно именно это произошло в Казани в 1857 году, когда студенты продолжили выражать нарастающее недовольство инспектором Ланге. В эти годы относительной оттепели студенты университета все активнее стали критиковать того самого инспектора, которого их товарищи публично осудили почти десятью годами ранее. Теперь же студенты хотели, чтобы Ланге был уволен за его бесчестье и неуважительное отношение. В 1857 году в отличие от эскапады, случившейся за девять лет до этого, студенты открыто выступили против Ланге, развешав по всем помещениям университета стихотворение под заголовком «Гимн вашему высочеству».

В представлении студентов человек, которому сам царь поручил следить за нравами и моралью будущих слуг империи, оказался отъявленным вором, нарушавшим официальные правила и предписания, поэтому студенты, требуя уважения от своего начальства, вновь прибегли к протесту, причем на сей раз более открытому и громкому, чем прежде.

Процитированное стихотворение демонстрирует, что среди студентов нарастало чувство не только недовольства, но и коллективной идентичности, ощущение попрания своих прав. Когда казанский попечитель Молоствов отругал студентов за их выходки против инспектора, осудив «гнусные преступления», почитающиеся «неприличными даже для низшего сорта людей», эти заявления не остались без ответа. Вернувшись домой тем же вечером, попечитель обнаружил, что его поджидает толпа студентов[6], которые стали шипеть и свистеть в его адрес, после чего Молоствову пришлось криком звать на помощь, что заставило студентов разойтись. В результате попечитель добился, чтобы в дальнейшем ненавистный студентам Ланге служил лично при нем[7]. Длинная рука дисциплинарного режима больше не могла дотянуться до коллективных интересов студентов, как это было в прошлом.

Это все более публичное противостояние между студентами и властями стало настолько сильным, что группа казанских студентов была заподозрена в «опорочении памяти... бывшего царя-императора». Эти студенты, уроженцы Сибири и Саратов-

---

[6] В данном случае Молоствов реагировал не только на оскорбительное стихотворение, но и на растущие среди студентов настроения, что их инспектор — а заодно и попечитель — должен сложить полномочия. Эти настроения отражены в одном письме казанского студента домой своему другу, датированном 5 апреля 1856 года: «Будет тебе интересно узнать о порядках в Казанском университете: у нас... мерзавец на мерзавце... попечитель — совершеннейший дурак, марионетка в полном смысле этого слова... Инспектор Ланге от него не отстает — ужасный мерзавец, негодяй, заставляющий многих страдать... Вступиться там не за кого» (ГАРФ. Ф. 109. Экс. 1. Д. 52. Л. 48–49).

[7] ГАРФ. Ф. 109. Оп. 1. Д. 209. Л. 54–54об.

ской губернии, жили вместе в квартире, которую прозвали колонией головастиков. Городское и университетское начальство заявило, что молодые люди «привлекают к себе внимание своей безнравственной жизнью»[8]. Это обвинение вызвало бурную реакцию студентов: они составили коллективное письмо Александру II и пожаловались, что «попечитель и все полицейское начальство университета [включая инспектора] неуважительно разговаривают со студентами»[9]. Растущее ощущение студенческой солидарности вместе с увеличивающимся беспокойством властей вылилось в события 1861 года, происходившие на фоне решения царя Александра об освобождении российских крепостных.

Кульминация 1861 года

Пока власть составляла и публиковала основные программы реформ, включая освобождение крепостных и создание земств, студенты продолжали протестовать. В Казани мишенью студентов стали профессора и инспекторы. Одна группа студентов собралась, чтобы потребовать объяснения, почему был исключен их товарищ Олигер. В этой вопиющей несправедливости участники сходки обвиняли профессора Бальзана[10]. Около 30 студентов встретились в читальном зале университета и разработали план мести за своего товарища: они обратились к попечителю с требованием, чтобы Бальзан был уволен. Но оно осталось без ответа. Тогда количество протестующих студентов увеличилось до 150 человек. Теперь они обратились к инспектору. Тот тоже отказался принять их требование. В ответ студенты стали угрожать инспектору физической расправой, окружив его с криками: «Прочь! Прочь! Не нужен нам инспектор! Нет у нас инспектора!»

---

8   ГАРФ. Ф. 109. Оп. 1. Д. 209. Л. 50–50об.
9   ГАРФ. Ф. 109. Оп. 1. Д. 52.
10 ГАРФ. Ф. 109. Экс. 1. Д. 52. Л. 172.

По коридорам университета разносились слова: «Подонок, дурак, трус!»[11]. Когда число протестующих достигло примерно 400 человек, администрация приняла меры и исключила нескольких зачинщиков[12].

После издания так называемых майских правил 1861 года, «призванных восстановить дисциплину среди студентов и устранить их корпоративизм», студенческая активность стала более организованной [Hamburg 1992: 218]. По сути, эти правила были прямым ответом властей на возросшую коллективную силу студентов, их социальную автономию и организованные протесты. Новые регламенты, в частности, запрещали несанкционированные студенческие собрания и коллективные петиции, требовали от всех студентов ежегодной платы за посещение лекций в размере 50 рублей и запрещали создание студенческих обществ взаимопомощи. Возможно, самым неоднозначным аспектом майских правил была выдача *матрикула* — специального пропуска. Каждый студент должен был иметь такое удостоверение с отметкой о том, что он полностью оплатил учебу, зарегистрировался по месту жительства и получил необходимое разрешение на посещение библиотеки. Иными словами, *матрикул* позволял властям держать под надзором финансовое и физическое положение студентов, что, по сути, означало возобновление контроля и наблюдения. Руководство университетов хотело отслеживать перемещения студентов, пусть и не в такой степени, как прежде. Теперь, когда молодой человек каждое утро входил на территорию университета, он должен был предъявить свой *матрикул* дежурному полицейскому[13].

Эти новые правила были приняты в мае 1861 года, однако не объявлялись до осени. Когда в сентябре они были анонсированы

---

[11] ГАРФ. Ф. 109. Экс. 1. Д. 52. Л. 173.

[12] Там же.

[13] Хэмбург упоминает об этом требовании в своей биографии Бориса Чичерина, а также о нем сообщается в архивных источниках, см.: ГАРФ. Ф. 109. Экс. 1. Д. 52. Л. 156–166. Данные правила для студентов были опубликованы типографией Казанского университета в 1861 году.

в Санкт-Петербургском университете, его студенты отказались принять новую систему, открыто осудив ее. В ответ администрация закрыла университет вплоть до осени 1863 года. Студенты и ряд профессоров были возмущены, и 25 сентября порядка 1000 студентов собрались на акцию протеста, 32 из них были арестованы. Через несколько недель, в середине октября, последовали новые демонстрации, в ходе которых студентов избивала полиция [Hamburg 1992: 219].

Московские студенты, узнав об этих событиях в столице, приступили к самоорганизации и для начала собрались, чтобы определить, как лучше выступить. Когда власти обнаружили большую сходку студентов, она была разогнана, а несколько ее участников были арестованы. Кроме того, руководство Московского университета, опасаясь будущих неприятностей, запретило студентам первого и второго курсов юридического факультета, которых считали ответственными за организацию сходки, посещать занятия до дальнейшего уведомления[14]. Однако эти действия не остановили студентов.

27 сентября 300 московских студентов подписали петицию, осуждающую «майские правила», предложив альтернативный новый регламент. В нем были сформулированы следующие пункты: студентам не навязывается система *матрикулов*, разрешаются общества взаимопомощи, отсутствует плата за обучение, студенты имеют право подавать коллективные петиции. Кроме того, было предложено увеличить присутствие студентов в структуре управления университетом, включая «представительство студентов в судебном совете университета и наделение студентов ролью в назначении профессоров» [Hamburg 1992: 219]. К сожалению, для авторов этих инициатив подобного расширения автономии не последовало.

Хуже того, конфликт между студентами и властями обострился. 3 октября несколько больших групп студентов собрались в кабинетах профессоров с требованиями, чтобы небогатые

---

[14] РГИА. Ф. 1642. Оп. 1. Д. 36. См. также [Hamburg 1992: 218–219].

учащиеся могли посещать университет бесплатно[15]. В секретном меморандуме Третьего отделения, составленном в тот же день, утверждалось, что московские студенты требуют справедливости и для своих «братьев» в Санкт-Петербурге, заявляя: «Мы должны участвовать в делах наших братьев по учебным делам. Интересы петербургских студентов тесно связаны с нашими собственными»[16].

На следующий день, в очередную годовщину смерти любимого студентами московского профессора Тимофея Грановского, произошел взрыв недовольства. Несколько студентов решили воспользоваться этим событием, чтобы заявить о своих требованиях. 4 октября на могиле Грановского студент-вольнослушатель Сергей Борисов выступил с речью, в которой призывал «покончить с тиранией и деспотизмом»[17]. Обратившись к собравшейся публике из более чем 500 студентов, Борисов, чествуя память Грановского, «выразил недовольство новым направлением и нововведениями университета». Некоторые из участников сходки заявили, что могила Грановского не место для позерства, однако Борисова это не остановило: он призвал к расширению участия студентов в управлении университетом, в частности заявив, что они должны иметь право голоса при назначении профессоров[18]. Когда полиция разогнала собрание, несколько студентов были арестованы.

Спустя неделю студенты организовали шествие в направлении ректората, требуя дать ответ о положении арестованных товарищей, но их обращение не вызвало никакой реакции. Получив от ворот поворот, студенты переключили внимание на городские полицейские власти. 12 октября состоялось шествие к дому генерал-губернатора Тучкова: сотни студентов собрались на территории университета, а затем двинулись по центральным улицам Москвы в направлении площади на Тверской, где проживал

---

[15] ГАРФ. Ф. 109. Экс. 1. Д. 372. Л. 5.

[16] Там же.

[17] ГАРФ. Ф. 109. Экс. 1. Д. 372. Л. 18–20.

[18] ГАРФ. Ф. 109. Экс. 1. Д. 372. Л. 5.

чиновник. Подойдя к его дому, студенты выдвинули вопрос: «За что арестовали наших товарищей?»[19] На подмогу генерал-губернатору были вызваны жандармы и полиция, которые оттеснили студентов, хотя те не сдавались без боя. Многие были ранены и задержаны.

Это была последняя уличная демонстрация студентов в Москве перед изданием нового общеуниверситетского устава в 1863 году.

Самодержавие, университет и трансформация студентов

Студенты теперь, как, впрочем, и университетское начальство, выражали собственные интересы совершенно иначе, нежели в годы расцвета николаевской строгой дисциплины. Вместо того чтобы подчеркивать преданность царю и Отечеству, в своих сочинениях они демонстрировали стремление улучшать общество и служить ему, поэтому их обращения к чиновникам были продиктованы не обязанностью служить самодержавию, а желанием послужить «обществу»[20].

Этот новый акцент отражен в адресе, который студенты направили царю Александру II в октябре 1861 года[21]. В отличие от прежних времен в своем обращении к государю студенты больше не демонстрировали ощущения обязанности поддерживать николаевскую идеологию самодержавия, православия и народности, выступая в качестве представителей государства. Теперь студенты были преданы друг другу и более широкому «образованному обществу». В адресе царю, составленном во время протестов, говорилось:

---

[19] ГАРФ. Ф. 109. Экс. 1. Д. 372. Л. 28–30об., 31–34об.

[20] После инцидента возле дома Тучкова группа студентов написала стихотворение, осуждающее генерал-губернатора, которое было иронично посвящено «победе Тучкова над студентами» (ГАРФ. Ф. 109. Экс. 1. Д. 372. Л. 66–67об). Кроме того, студенты обратились к жителям Москвы с призывом встать на их защиту, пытаясь вовлечь в свое начинание всю Москву (ГАРФ. Ф. 109. Экс. 1. Д. 372. Л. 85).

[21] ГАРФ. Ф. 109. Экс. 1. Д. 372. Л. 39–40.

> Общество переживает трудный момент. Сейчас оно больше, чем прежде, нуждается в образованных и страстно преданных истине людях. Такая потребность ощущается повсюду. Все надеются, что университет оправдает эти грандиозные ожидания... Итак, мы идем к вам, наше величество, и заявляем о своих нуждах; мы и не скрывали их[22].

В конкретных требованиях студентов прослеживалось новое чувство корпоративной идентичности и обязательств перед обществом. Они выражали, в частности, желание участвовать в управлении университетом, обладать автономией в социальной жизни, помогать менее состоятельным сверстникам и, наконец, вновь открыть университет в Санкт-Петербурге. Каждая из этих просьб была направлена на укрепление автономии студентов по отношению к университету и государственным властям. «Мы хотим, чтобы студенты имели право организовывать общества», дабы «помогать бедным товарищам и иметь нравственный контроль друг над другом», — говорилось в письме. Такие общества, поясняли его авторы, должны обладать «судебным лицом, подобно судебному лицу правительства. «Просим вас разрешить нашим депутатам расследовать преступления и проступки студентов, разрушающие общие законы правительства», — такое решение, по мнению составителей письма, привело бы к «улучшению отношений между государством и студентами и уменьшению столкновений между студенческими массами и властями, которые мешают нашему прогрессу»[23]. Студенты утверждали, что предоставление автономии от администрации снизит напряженность и позволит им помогать нуждающимся товарищам.

Их идея студенчества была основана на понятии равенства. Авторы письма царю объясняли, что университет должен быть открыт «для всех независимо от звания или пола», а для бедных необходимо отменить плату за обучение. Наконец, они заявляли, что, «как и все члены образованного общества», они настаивают

---

22 ГАРФ. Ф. 109. Экс. 1. Д. 372. Л. 39–40.

23 Там же.

на возобновлении работы Санкт-Петербургского университета[24], при этом студенты не апеллировали к Отечеству и не стремились продемонстрировать собственные моральные качества. В целом в этом письме государю молодые люди выразили ощущение коллективной цели от имени не государства, а общества, в которое в данном случае входили их товарищи в Санкт-Петербурге, бедные и менее удачливые студенты и даже женщины. Интересно, впрочем, отметить, что вопреки требованиям студентов новый устав 1863 года впервые закрепил полностью мужской состав студенчества. Тем не менее шесть лет спустя, в 1869 году, в Санкт-Петербурге появились специальные Высшие женские курсы[25]. Возможно, оба эти события были ответом, пусть и запоздалым, на изменение положения университетских студентов в российском обществе и отечественной политике[26].

За эти несколько лет существенно изменился и сам университет: теперь он уже не воспринимался как в первую очередь инструмент государства. Хотя университеты продолжали обучать молодых людей, которым предстояло пополнить ряды бюрократии огромной Российской империи, предназначение их изменилось. Избавленный от многих дисциплинарных функций, университет становился все более автономным от бюрократического аппарата и теперь должен был воспитывать граждан общества

---

[24] ГАРФ. Ф. 109. Экс. 1. Д. 372. Л. 39–40.

[25] В оригинале не вполне точно указывается, что эти курсы были связаны с университетом, хотя в действительности они были признаны восполнить пробелы в среднем образовании для женщин. Первые женские курсы (так называемые Аларчинские курсы) были открыты при Санкт-Петербургской мужской гимназии, а спустя несколько месяцев, в октябре 1869 года, «публичные курсы для женщин по программе мужских классических гимназий» появились и в Москве. — *Прим. пер.*

[26] См. [СТУУ 1901: 186–202]. Университет, не функционировавший на протяжении большей части промежутка 1861–1863 годов, в соответствии с новым уставом 1863 года официально не допускал к обучению студенток. Тем не менее один из бывших студентов того времени указывал в своих мемуарах, что с осени 1860 года несколько женщин появлялись на лекциях К. Д. Кавелина, очень популярного петербургского профессора. См. очерк Л. Ф. Пантелеева «Женщины в Петербургском университете» в: [ЛУВС 1963: 62–65].

(пусть и не совершенно автономных), а не государственных служащих. Эта новая цель отражалась в майских правилах 1861 года и уставе 1863 года. Кроме того, в 1861 году были изданы Правила для студентов Императорского Казанского университета[27], в которых утверждалось, что обязанность студентов состоит в «служении делу общества», причем наказания за нарушение новых правил полагались куда более мягкие, нежели применялись ранее. О потребностях самодержавия в этих правилах не говорилось. Вместо этого сообщалось, что университет «доставляет обществу известное число деятелей: юристов, техников, педагогов, медиков — и вообще людей, развитых умственно и нравственно». В случае если университетское начальство не смогло бы выполнить эту задачу, отвечать бы им пришлось не перед Александром II, а «пред судом современного общества, пред судом истории»[28]. Такая установка подразумевала, что безответственность и неуспеваемость студентов способны привести к «упадку цивилизации в целом крае». Университет и общество рассматривались как отражение друг друга: «Одним словом, чем сильнее будет их [образованных людей] влияние на развитие общества, увеличение его умственного и нравственного капитала, тем более чести и славы университету, тем более права будет иметь он на уважение и благодарность общества»[29]. Утратив тесную связь с потребностями самодержавия, университет теперь был обязан воспитывать молодых людей и готовить их к участию в развивающихся сферах общественной жизни.

Однако это не предполагало полной свободы для студентов. Власти призывали их смириться с существованием *матрикулов* и других новых правил не по принуждению, а из чувства морального и социального долга. Эта новая моральная эстетика смогла возникнуть в университетской среде, которая после смерти Николая I стала наиболее открытой за всю историю. Например, в упомянутых правилах для студентов Казанского

27 ГАРФ. Ф. 190. Экс. 1. Д. 52. Л. 156–166.
28 ГАРФ. Ф. 190. Экс. 1. Д. 52. Л. 157–157об.
29 Там же.

университета говорилось: все его преподаватели «единогласно решили», что новые регламенты «не стесняют свободы ни умственного, ни нравственного развития слушателей университетских курсов». Студентам, в свою очередь, предписывалось гарантировать согласие с этими правилами «твердым словом честного гражданина»[30].

Введение общеуниверситетского устава 1863 года, который пришел на смену аналогичному документу 1835 года, составленному Уваровым под руководством Николая I, ознаменовало новую эпоху автономии университета от центральных органов государственной власти. Устав напрямую «восстанавливал прежнее самоуправление» и «отменял право попечителям на вмешательство» [Hans 1963: 60]. Преподавателей теперь наделили гораздо более значимыми функциями, включая выборы своих коллег и таких представителей руководства университета, как ректор или деканы факультетов.

Статус инспектора, центральной фигуры в жизни николаевских студентов, был понижен[31] и теперь напоминал инспекторское положение, определенное в самом первом российском университетском уставе 1804 года. В частности, в новых реалиях инспектор с гораздо большей вероятностью оказывался представителем профессорско-преподавательского состава, выбранным факультетом, а не чиновником, назначенным государством. Надзор инспектора за повседневными перемещениями, манерами и нравами студентов в основном прекратился; не было больше и упоминаний о надлежащем ему — а заодно и студентам — моральном облике. В уставе 1863 года в университете также появилась должность проректора, с которым инспектор должен был разделять полномочия. Проректор тоже выбирался из числа профессоров с простой процедурой утверждения министром просвещения на трехлетний срок [СТУУ

---

[30] ГАРФ. Ф. 190. Экс. 1. Д. 52. Л. 158.

[31] См. [СТУУ 1901: 186–202]. Казанский университет в 1863 году опубликовал собственный дополнительный документ, во многом повторяющий те модели, о которых говорилось выше, см.: ГАРФ. Ф. 109. Экс. 1. Д. 90.

1901: 82–83]. Система *карцеров* была ликвидирована, в результате чего в распоряжении инспекторов и проректоров осталось меньше возможностей для дисциплинарных взысканий. Если инспектор ловил студента с поличным за какой-нибудь проступок, решение о наказании можно было обжаловать в «вышестоящих инстанциях» государственной власти. В целом инспектор перестал быть слишком влиятельной и значимой фигурой в жизни российских студентов [СТУУ 1901: 82–83].

За восемь лет, прошедших после смерти Николая I, в университете многое изменилось. Студентов больше не взращивали под пристальным надзором самодержавия для служения потребностям государства. Устав 1863 года призвал их «служить нуждам» меняющегося общества, и сами студенты разделяли эту позицию. Однако, как я попыталась показать в этой книге, импульсы для подобных изменений появились еще в предшествующий период.

Ощущение коллективной идентичности студентов возникло не на пустом месте. В этой книге я привожу ряд свидетельств того, что даже в период максимального контроля со стороны самодержавия студенты находили ниши для формирования своей коллективной идентичности — на основе как уставов корпораций, так и кабацких ритуалов. История казанских студентов, выступивших против своего инспектора в 1848 году, демонстрирует, что отдельные молодые люди, восприняв официальную идеологию, задействовали ее в протестах против начальства еще за несколько лет до смерти Николая, так же как и те студенты, которые приняли эту эстафету при его преемнике.

Напоследок обратимся к двум протестным акциям, случившимся за три десятилетия до эпохи Великих реформ. Эти сюжеты демонстрируют, что требования студентов могли быть услышаны даже в период расцвета самодержавия. Первый из них — «Маловская история» — описан в «Былом и думах» Александра Герцена. Студенты Московского университета «объявили войну» «грубому и необразованному профессору в политическом отделении» по фамилии Малов [Герцен 1954–1965, VIII: 117–118]. Этот инцидент 1831 года, действительно, как и предполагал Герцен, отражал общие интересы студентов и требование уважения к ним со стороны начальства[32]. В конце концов в дело от лица студентов вмешался сам попечитель, наказавший профессора и ректора[33]. Проведя собственное расследование, попечитель Голохвостов заявил, что «студенты скучали и уставали от лекций Малова», а также считали, что он проявляет к ним личное неуважение, после чего «взбудоражились и заставили Малова ретироваться»[34]. Эта история свидетельствует о том, что вопреки утверждениям некоторых исследователей начало успешным коллективным действиям студентов было положено еще за несколько десятилетий до 1861 года[35].

А пока одни студенты топотом изгоняли неугодного преподавателя из аудитории, другие участвовали в протестах с более приземленным поводом. В том же 1831 году несколько московских *казеннокоштных* студентов отказались питаться в столовой[36], заявив, что еда испорчена и непригодна для людей. Руководство университета поначалу потребовало от студентов есть эту пищу

---

[32] Об этих событиях вокруг Малова также повествует в своих мемуарах Яков Костенецкий, называющий студенческое выступление демонстрацией. Однако приведенные им подробности говорят о том, что это было не восстание против власти как таковой, а разгневанность насмешками и грубостью профессора. см. [Костенецкий 1887: 340].

[33] ГАРФ. Ф. 109. Экс. 1. Д. 209. Л. 10–13об.

[34] ГАРФ. Ф. 109. Экс. 1. Д. 209. Л. 13.

[35] Авторы исследований, посвященных появлению феномена студенчества в 1860-х годов, как правило, оставляют без внимания период зарождения корпоративной идентичности, обнаруженной нами в университетах николаевской эпохи, и изображают ее возникновение в довольно суровых выражениях. Об этом, например, сообщает С. П. Мельгунов в работе «Из истории студенческих обществ в русских университетах» [Мельгунов 1904: 52]. Кроме того, Самуэль Кассов в своем подробном рассказе о студентах последних десятилетий XIX века утверждает, что корпоративная идентичность студентов возникла только в период резких изменений после смерти Николая. Кассов отмечает, что одним из признаков возросшей автономии студентов были их попытки смещать профессоров [Kassow 1989: 52–54].

[36] ГАРФ. Ф. 109. Экс. 1. Д. 209. Л. 10–13об. Протесты студентов не были редкостью. Например, в Москве в 1827 году группа учащихся устроила шумиху во время лекции одного преподавателя религиозных и церковных дисциплин, поскольку «он неуважительно относится к студентам» (РГИА. Ф. 735. Оп. 10. Д. 43).

независимо от ее качества, однако те отказались и обратились к вышестоящему начальству с требованием справедливости. В конечном итоге им удалось отстоять свои коллективные интересы: попечитель сделал выговор ректору, а его помощник был уволен. После этого, чтобы усугубить положение ректора, попечитель поручил следить за свежестью продуктов самим студентам, и те были «весьма довольны и искренне благодарны»[37]. Хотя два этих инцидента имели гораздо меньший масштаб, чем будущие студенческие протесты, они свидетельствуют о том, что даже под пристальным надзором Николая у студентов возникало ощущение автономии и коллективных прав — вне зависимости от того, была ли это аудитория Малова или университетская столовая.

И все же с уходом в прошлое николаевской эпохи условия радикально изменились. Респектабельный служака в треугольной шляпе, с заколотыми волосами и в застегнутом на все пуговицы мундире был уже персонажем прошлого. Перед юными студентами первых лет правления Александра II, которые одевались в штатское, отращивали длинные волосы и (по меньшей мере в Петербурге) пересекались в аудиториях с женщинами, стояли совершенно новые задачи[38]. Нормы маскулинности среди университетских студентов эпохи Великих реформ будут не столь сложны, как прежде, однако они меньше переплетались с потребностями самодержавия и были больше связаны с зарождающимися и все более автономными сферами социальной и политической жизни.

Послесловие

Населенный исключительно мужчинами университет был одним из ключевых институтов в цивилизационном проекте императора Николая I. Узурпировав институциональную авто-

---

[37] ГАРФ. Ф. 109. Экс. 1. Д. 209. Л. 10–13об.

[38] Манеры университетских студентов времен Александра II мастерски описывает Раиса Кирсанова, см. [Кирсанова 2002], в особенности главу «Московский "Латинский квартал"».

номию университетов, предоставленную Александром I, и создав систему надзора и муштры, самодержавие при Николае I пыталось воспитывать непокорных юношей, превращая их в послушных, благочестивых и добропорядочных мужчин. Таким образом, николаевская система никогда не была всецело репрессивной. Напротив, царь привлекал чиновников и различные учреждения к участию в проекте взращивания респектабельных, проникнутых административным идеалом маскулинности мужчин для службы режиму после окончания учебы в качестве учителей, врачей, администраторов и солдат. Ожидалось, что, занимая эти гражданские и военные должности, они будут распространять самодержавные ценности по дальним уголкам империи.

Конфликты, неотъемлемо присутствовавшие в отдельных предписаниях начальства, касающихся приличий и подчинения, отражают проблему, с которой столкнулся Николай в целом. Царь и его чиновники пытались создать образ России как цивилизованной европейской державы, но в то же время отстаивали самодержавные принципы[39], в которых превыше всего чтились чинопочитание и повиновение власти. Достижение этой цели означало следующее: с одной стороны, от молодых россиян, как и от их европейских сверстников, ожидали, что они станут порядочными, хорошо воспитанными, нравственными и управляемыми людьми; с другой — в отличие от таких же молодых людей в более либеральных обществах Европы, в России юноши все больше подвергались воздействию механизмов дисциплинарного контроля. Российские студенты должны были становиться не обладающими внутренним самоконтролем гражданами буржуазного общества, а верными подданными, владеющими внешней дисциплиной. В тот самый момент, когда европейские монархи начали идти на уступки зарождающимся институтам гражданского общества, российский государь создал принудительные механизмы навязывания идеологии респектабельной маскулин-

---

[39] В контексте германоязычной Центральной Европы этот процесс описывает Изабель Халл, см. [Hull 1996].

ности. Возможно, в российских предписаниях маскулинности и присутствовали какие-то отголоски буржуазного идеала, однако механизмы, которые обеспечивали его взращивание, были исключительно автократическими.

И все же российские чиновники так и не смогли безупречно выполнить работу по воспитанию и формированию личности своих учеников, да и не всегда пытались это делать. Как показано в этой книге, официальные предписания и повседневная практика часто расходились. Профессора порой не сдерживали буйного поведения своих подопечных и даже поощряли его, а студенты, в свою очередь, формировали собственные представления о маскулинности, то поддерживая официальные нормы, то идя им наперекор. Иными словами, чтобы стать мужчиной, требовалось найти определенный баланс, и российские юноши прокладывали свои жизненные траектории через этот лабиринт изменчивых ожиданий, исходящих из сфер официальной, общественной и домашней жизни.

Университет николаевский эпохи, как представлено в данном издании, дает особенно продуктивный материал для изучения тех многочисленных контекстов, в которых юноши усваивали нормы и запреты маскулинности. С одной стороны, университет был исключительно мужским государственным учреждением, где самодержавие сознательно пыталось прививать учащимся свои официальные ценности. С другой — студенты университета проводили значительную часть времени вне аудиторий, в обществе своих товарищей: вызывали друг друга на дуэли, писали личные письма друзьям или шатались пьяными по улицам. Молодые люди не только ходили на занятия и носили официально предписанные треугольные шляпы, но и учились быть смелыми, бойкими, благородными, порывистыми, страстными и верными товарищами, друзьями и сыновьями и учили этому друг друга. Даже сохраняя верность царю, многие студенты вырабатывали преданность и иному, о чем свидетельствует одно происшествие, описанное 2 февраля 1828 года в студенческом дневнике будущего цензора и петербургского профессора Александра Васильевича Никитенко:

Славный день! Давно уже предлагал я товарищам по окончании экзаменов устроить дружеский прощальный обед, для чего каждый из нас должен был пожертвовать по 20 руб. Мы собрались в четыре часа к Горлову. Первый наш тост за обедом был, по обыкновению, посвящен *Отечеству и государю*. За вторым бокалом шампанского каждый должен был избрать предмет по сердцу и пить в честь его. Крупский пил *за дружбу*; Иванов — *за успехи драматической поэзии*; Гедерштерн — *за здоровье друзей*; Гебгардт — *за любовь и дружбу*; Дель — *за Отечество*; Армстронг — *за честь и дружбу*; Михайлов — *за свою возлюбленную*; Горлов — *за святость дружеского союза*; я — *за счастие и славу друзей*. В конце обеда, выпив последний бокал, все по общему взаимному побуждению бросились в объятия друг друга. Пять часов пролетели как миг... [За это время] не родилось ни одной мысли, ни одного слова, оскорбительного для нравов, чести и дружбы. Право, Отечество могло бы пожелать, чтобы все грядущие поколения его сынов были одушевлены такою же правотою сердца и таким же благородством стремлений [РУУВ 1913, I: 111].

Описанная в мемуарах Никитенко сцена, в которой юные студенты сбрасываются на пирушку, пьют шампанское, чествуют дружбу и заявляют о своей преданности Отечеству, отражает опыт молодых людей в николаевском университете в целом. Среди этих персонажей обнаруживаются черты многих студентов, появлявшихся на предыдущих страницах: пьяных товарищей, преданных друзей и верных подданных. Несмотря на слежку и контроль, студенты собирались вместе, поднимали тосты друг за друга, выстраивали взаимные привязанности, а кое-кто из них охотно принимал самодержавие.

Множественные маскулинности

В работах ряда исследователей описывается, каким образом повседневная жизнь представителей образованной элиты в первой половине XIX века требовала играть несколько противоречащих друг другу социальных ролей, таких как православный христианин, государственный служащий, владелец крепостных, участник светского салона и патриарх-домовладелец. В этих трудах, в частности, подчеркивается, что у отдельно взятых мужчин формировалась различная приверженность, включая романтизм, национализм, сентиментализм, мистицизм, неоклассицизм, ориентализм, русское православие и религиозное мракобесие [Martin 1997: 15]. В рассмотренные десятилетия российские мужчины (как, впрочем, и женщины) боролись с импульсами и ожиданиями, которые часто противоречили друг другу. Историки и литературоведы предполагают, что в эту эпоху разнообразных влияний и ценностей отдельные люди вели раздробленную жизнь, в которой дом и очаг представляли собой сферу подлинности и чувственности, тогда как государственная служба и общество были чем-то более поверхностным, а для некоторых — и бессмысленным. Как утверждают отдельные исследователи, для того чтобы справиться с требованиями каждой из этих сфер, людям требовалось балансировать между ними и принимать «множественность перспектив» [Todd 1986: 64]. Ожидалось, что они будут придерживаться различных моделей поведения в профессиональной и личной жизни. Такие ценности, как хороший вкус и вежливость, были необходимыми формальными качествами, для того чтобы быть вхожим в светскую компанию, тогда как дом являлся сферой смысла и морали. Юрий Лотман в «Беседах о русской культуре» писал, что мужчина из светского общества был «опытным актером на сцене», который, добавляет Уильям Тодд, мог представать как «государственный служащий, православный христианин, помещик, владелец крепостных, земледелец, ведущий хозяйство по научной моде, отец семейства, поэт-дилетант и представитель светского общества» [Лотман 1994: 123; Todd 1986: 18].

Подобные наблюдения о расколотом характере идентичности среди образованных мужчин делались и в отношении более позднего периода. У. Брюс Линкольн в работе о карьере бюрократов нового типа, появившихся в николаевском обществе, показывает, как в 1820-е годы смысл жизни обнаруживался вне службы, в социальном и бытовом кругу — от светского салона до семейного очага. А спустя несколько десятилетий, когда бюрократы перестали воспринимать трудовую составляющую своей биографии как банальность, все изменилось. Тогда чиновники научились реализовывать свои моральные и идеалистические императивы не только в частной жизни, но и через служение государству [Lincoln 1982]. Иными словами, они стали целостными личностями.

Ричард Уортмен, описывая зарождение юридической профессии в России XIX века, отмечает аналогичный процесс, в ходе которого молодые юристы со временем становились более целостными личностями. В первые десятилетия XIX века молодые люди сталкивались с разделением профессиональной и частной жизни, когда добродетель обитала в домашней сфере, однако к концу 1840-х годов представители зарождающейся юридической специальности соединили свой идеализм с профессиональной идентичностью. В этот момент «типаж дипломата-сентименталиста» трансформировался в «этико-правовой типаж» [Wortman 1976: 134]. Примерно за 10 лет до эпохи Великих реформ жители Российской империи по-прежнему принимали многие ценности светского общества, мобилизуя их для службы государству, включая «храбрость, мужественность и добродетель». К концу николаевской эпохи мы встречаем молодых людей, действующих в указанных сюжетах в качестве «унифицированных субъектов» [Todd 1986: 33].

Как и три упомянутых исследования, моя книга о практиках и репрезентациях маскулинности среди российских студентов посвящена пониманию того, каким образом отдельные люди управляли конфликтующими импульсами. Я предполагаю, что процесс социализации юношей не был последовательным. Впрочем, это практически универсальная история. Процесс мужского становления университетских студентов подразумевал прохождение сквозь лабиринт ожиданий и ролей, таких как респектабельный слуга государя, благородный *корпорант*, романтический друг, пьяный товарищ и верный сын. Эти модели маскулинности были отнюдь не однородными, поэтому вместо описания того, как под опекой Николая происходило формирование некоего унифицированного типа подданных, я попыталась рассмотреть, как юноши в процессе превращения в мужчин сталкивались со множеством типов маскулинности, формировали их и маневрировали между ними. Напряженность, неотъемлемо возникавшая между покорностью респектабельного слуги и страстью романтического друга, необязательно разрешалась по окончании учебы.

Жонглирование ожиданиями, характерное для образованных россиян, не было уникальным феноменом XIX века. Российские мужчины и женщины сталкивались с конкурирующими ожиданиями относительно того, как одеваться и вести себя, еще с тех пор, как Петр Великий попытался навязать сверху западные нормы поведения представителям московской элиты. Как известно, на протяжении XVIII века элита попеременно то впитывала, то отвергала отдельные аспекты европейской культуры Просвещения в своей повседневной жизни.

В первой половине XIX века россияне столкнулись с особым набором противоречивых норм поведения: в эти десятилетия им приходилось справляться с импульсами, которые на первый взгляд не согласовывались между собой. Нараставший после Наполеоновских войн упор на русскую национальную идентичность в сочетании с постоянным притоком идей от западных соседей подразумевал, что участники литературной жизни и светских салонов первых десятилетий XIX века сталкивались со множеством убеждений в официальных и неофициальных сферах жизни и сами формировали эти убеждения.

Даже консервативные мыслители, которые, возможно, презирали отдельные аспекты французского Просвещения, не могли отвергать Европу как таковую. В конце концов они сами, скорее всего, находились под глубоким влиянием культуры и культурных артефактов Франции, Англии и германских государств. Многие из осуждавших французскую культуру одновременно нанимали французских репетиторов для своих детей и украшали дома и тела европейскими вещами (см. [Kelly 2001: 142]). Иными словами, полномасштабный отказ от европейского влияния —

как в сфере моделей повседневного поведения, так и в области философских идей или высоких литературных вкусов — был невозможен. К началу XIX века вестернизированные манеры и нравы полностью интегрировались в повседневное поведение и ценности россиян, выйдя далеко за пределы элитных кругов. Европа стала не просто территорией на географической карте, а «областью разума» [Figes 2002: 55]. Таким образом, жители Российской империи столкнулись со множеством систем ценностей, порой противоречивших друг другу. А с приходом к власти Николая I самодержавие стало проявлять повышенный интерес к тому, как его подданные мужского пола справляются с этой множественностью.

Возможно, именно поэтому, как утверждает Тодд в своем исследовании литературы и светского общества, в первой половине XIX века людям приходилось выбирать из особенно «большого репертуара ролей». Но ни в одном модерном обществе (в нашем случае — в обществе, пытающемся стать таковым) маскулинные роли никогда не были едиными или «унифицированными» [Todd 1986: 33]. Вместо колебаний между раздробленной, разобщенной идентичностью в одних случаях и целостной идентичностью в других теоретики гендера утверждают, что идентичность в целом и гендерная идентичность в частности всегда подразумевают просеивание элементов многочисленных систем ценностей[40]. Сквозь призму маскулинности мы получаем аналитическую основу для понимания того, как конкретные российские юноши по мере взросления прокладывали свой путь через этот лабиринт нередко несопоставимых культурных ценностей и социальных ролей.

Кроме того, анализ диапазона ожиданий, с которыми сталкивались и которые сами формировали студенты университетов эпохи Николая I, бросает ряд вызовов традиционному пониманию самодержавия и его отношений с обществом в десятилетия, предшествовавшие Великим реформам. В частности, на страни-

---

[40] Среди известных теоретиков гендера в данном случае актуальны работы таких исследователей, как Денис Райли, Джоан Скотт и Джудит Батлер.

цах этой книги ставится под сомнение хорошо известный сюжет о нарастающей поляризации между всеведущим репрессивным государством и однородным и все более отчуждающимся от него обществом. Взамен появляется другой сюжет — о том, как отдельные представители государства наподобие студенческого инспектора Нахимова, который был не дурак выпить, или министра Уварова, допускавшего поблажку в отношении своих подопечных, выходили за рамки властных полномочий, обучая молодежь «премудростям» пьянства или негласно поощряя формирование корпоративных ритуалов. Помимо фактора отдельных личностей, сама дисциплинарная система университетов была гибкой: как правило, она предоставляла провинившимся студентам второй и третий шанс на исправление и позволяла юношам — по меньшей мере в установленных пределах — оставаться таковыми: выпивать, распевать песни, драться, устраивать дуэли и даже признаваться друг другу в нежной привязанности.

Сами студенты жили многогранной жизнью. Сколь бы строго самодержавие ни «надзирало за социальным ландшафтом», оно так и не смогло выполнить эту работу идеально[41]. Даже в годы правления печально известного «отсутствием толерантности» Николая I представители государства и общества не были отделены друг от друга непреодолимой границей, это формировало разнообразие институтов социальной жизни. Днем находясь в университетской аудитории, после обеда заседая в кабаке, а вечерами признаваясь в дружеской любви, молодые люди, наделенные государством такими официальными атрибутами, как треугольные шляпы и шпаги, одновременно в процессе возмужания создавали собственные автономные сферы социальной и домашней жизни.

---

[41] Это утверждает Лора Энгелстейн в своей статье о гражданском обществе, см. [Engelstein 2000: 24].

Библиография

Архивы

ГИМ — Архив Государственного Исторического музея, Москва.

НАРТ — Национальный архив Республики Татарстан, Казань.

ПД — Пушкинский Дом (Институт русской литературы РАН), Санкт-Петербург.

РГИА — Российский государственный исторический архив, Санкт-Петербург.

РО РГБ — Рукописный отдел Российской государственной библиотеки, Москва.

ЦИАМ — Центральный исторический архив Москвы, Москва.

ГАРФ — Государственный архив Российской Федерации, Москва.

ЦГИА СПб — Центральный государственный исторический архив Санкт-Петербурга, Санкт-Петербург.

Нормативные акты, документы и прочие официальные источники

ЖМНП — Журнал Министерства народного просвещения.

ИДКУ 1821 — Инструкция директору Казанского университета // Казанский вестник (февраль 1821).

ИИС 1835 — Инструкция инспектору студентов Императорского Казанского университета. Казань: Казанский университет, 1835.

ОСД 1834–1855 — Отчет о состоянии и действиях Императорского Московского университета. М., 1834–1855.

ПС 1861 — Правила для студентов Императорского Казанского университета. Казань: Казанский университет, 1861.

РУУВ 1914 — Русские университеты в их уставах и воспоминаниях современников / ред. И. М. Соловьев. СПб.: Книгоиздательство типо-литографии «Энергия», 1914.

СВП 1838 — Свод военных постановлений. Часть первая. Образование военных учебных заведений. СПб., 1838.

СЗРИ 1835 — Свод законов Российской империи. Законы уголовные. СПб., 1835.

СРМНП 1866 — Сборник распоряжений по Министерству народного просвещения, т. I и II. М., 1866.

СТУУ 1901 — Сравнительная таблица уставов университетов: 1884, 1863, 1835, 1804. СПб., 1901.

Авторские источники на русском языке

Аксаков 1910 — Аксаков К. С. Воспоминания студентства. СПб.: Огни, 1910.

Аксаков 1989 — Аксаков К. С. Воспоминание студентства 1832–1835 годов // Русское общество 30-х годов XIX века: Памяти современников / ред. И. А. Федосов. М.: Издательство Московского университета, 1989. С. 312–334.

Аксаков 2009 — Аксаков К. С. Государство и народ. М.: Институт русской цивилизации, 2009.

Анненков 1983 — Анненков П. В. Литературные воспоминания. М.: Художественная литература, 1983.

Аноним 1894 — Аноним. За много лет: воспоминания неизвестного (1844–1884) // Русская старина. Т. 81 (февраль 1894). С. 172–190; Т. 82 (июль 1894). С. 109–134.

Аргилландер 1989 — Аргилландер Н. А. Виссарион Григорьевич Белинский // Московский университет в воспоминаниях студентов, 1755–1917. М.: Издательство Московского университета, 1989. С. 97–101.

Афанасьев 1872 — Афанасьев А. Н. Из воспоминаний // Русский архив. Вып. 3. 1872. № 4. С. 805–852.

Афанасьев 1887 — Афанасьев А. Н. Московский университет в 1840-х годах // Русская старина. Т. 55. Сентябрь 1887. С. 641–662.

Афанасьев 1911 — Афанасьев А. Н. Из воспоминаний // Русский архив. Кн. 1. 1911. № 2. С. 182–188.

Бартенев 1907 — Бартенев П. И. Воспоминание о С. М. Соловьеве // Русский архив. № 318. 1907. С. 553–556.

Белинский 1914 — Белинский В. Г. Письма. СПб., 1914.

Белов 1880 — Белов И. Д. Университет и корпорация // Исторический вестник. Т. 1. 1880. № 4. С. 779–804.

Белов 1885 — Белов И. Д. Рассказ об императоре Николае Павловиче // Исторический вестник. Т. 20. 1885. № 5. С. 485–486.

Беркут 1911 — Беркут Н. К. Записки // Исторический вестник. Т. 126. 1911. № 10. С. 46–90; 1911. № 11. С. 449–477; 1911. № 12. С. 876–905.

Бодянский 1887 — Бодянский О. М. Выдержки из дневника // Исторический вестник. Т. 30. 1887. № 12. С. 505–537.

Бороздин 1908–1911 — Бороздин И. В. Университеты в России в первой половине XIX века // История России в XIX веке. Т. II. СПб., 1908–1911.

Бродский 1930 — Бродский Н. Л. Литературные салоны и кружки. Первая половина XIX века. М.: Academia, 1930.

Булич 1887 — Булич Н. Н. Из первых лет Казанского университета (1805–1819). Казань, 1887.

Буслаев 1897 — Буслаев Ф. И. Воспоминания академика Ф. И. Буслаева. М., 1897.

Вистенгоф 1884 — Вистенгоф П. Ф. Из моей жизни // Исторический вестник. Т. 16. 1884. № 5. С. 329–353.

Водовозова 1987 — Водовозова Е. Н. На заре жизни: воспоминания очерки и портреты. Т. 2. М.: Художественная литература, 1987.

Воронов 1908 — Воронов Н. И. Воспоминания об императоре Николае I и его семье // Исторический вестник. Т. 114. Ноябрь 1908. № 11. С. 529–536.

Выскочков 2001 — Выскочков Л. В. Император Николай I: человек и государь. СПб.: Издательство Санкт-Петербургского университета, 2001.

Галахов 1886 — Галахов А. Д. Литературная кофейня в Москве в 1830–1840 гг. // Русская старина. Т. 50. Апрель 1886. № 4. С. 181–98; Т. 50. Июнь 1886. № 6. С. 691–706.

Галаган 1898 — Галаган Г. П. Отрывки из юношеского дневника Г. Галагана // Киевская старина. Т. 62. 1898. С. 191–224.

Георгиевский 1915 — Георгиевский А. И. Мои воспоминания и размышления // Русская старина. Т. 161. 1915. С. 343–362; Т. 162. 1915. № 4. С. 72–89; № 5. С. 353–366; № 6. С. 453–471; Т. 163. 1915. № 9. С. 414–442; № 10. С. 80–90; Т. 164. 1915. № 11. С. 252–257; № 12. С. 431–440.

Георгиевский 1916 — Георгиевский А. И. Мои воспоминания и размышления // Русская старина. Т. 165. 1916. № 1. С. 286–293; № 3. С. 454–459; № 4. С. 88–92; № 5. С. 282–292.

Герцен 1954–1965 — Герцен А. И. Собрание сочинений в 30 томах. М.: Изд. АН СССР, 1954.

Герцен и Огарев 1997 — Герцен и Огарев в кругу родных и друзей / ред. Л. Р. Ланской и С. А. Макашин. М.: Наука, 1997.

Гинзбург 1977 — Гинзбург Л. Я. О психологической прозе. Л.: Художественная литература, 1977.

Гончаров 1881 — Гончаров И. А. Из университетских воспоминаний (как нас учили 50 лет назад) // Вестник Европы. Г. 2. 1881. № 4. С. 489–516.

Гордин 1996 — Гордин Я. Дуэли и дуэлянты. СПб.: Издательство Пушкинского фонда, 1996.

Григорьев 1870 — Григорьев В. В. Императорский Петербургский университет. СПб., 1870.

де Кюстин 2000 — де Кюстин А. Россия в 1839 году. М.: Терра-Книжный клуб, Терра, 2000.

Деркачев 1899 — Деркачев И. П. Из московских студенческих воспоминаний // Воспоминания о студенческой жизни. М.: 1899. С. 189–234.

Дмитриев 1858–1859 — Дмитриев Н. Д. Студенческие воспоминания о Московском университете // Отечественные записки. Т. 119. 1858. № 8. С. 81–95; Т. 120. 1859. № 1. С. 1–14.

Дондуков-Корсаков 1902 — Воспоминания князя Дондукова-Корсакова // Старина и новизна. Кн. 5. 1902. С. 158–223.

Загоскин 1906 — Загоскин Н. П. История Императорского Казанского университета. Т. I–IV. Казань, 1906.

Зайковский 1886 — Зайковский К. В. Воспоминания об императоре Николае Павловиче // Исторический вестник. Т. 24. 1886. С. 112–119.

Иванов 1903 — Иванов П. Студенты в Москве. Быт. Нравы. Типы. Очерки. М., 1903.

ИМУ 1955 — История Московского университета (1755–1955). Т. I и II. М.: МГУ им. М. В. Ломоносова, 1955.

КУ 1979 — Казанский университет, 1804–1979: очерки истории / ред. М. Т. Нужин. Казань: Издательство Казанского университета, 1979.

Калугин 1907 — Калугин Н. Н. Студенты Московского университета // Русский архив. Вып. 11. 1907. С. 423–429.

Карцев 1888 — Карцев П. П. Личные и служебные воспоминания: из прошлого, часть первая (1831–1876). СПб., 1888.

Карцев 1902 — Карцев А. Левый глаз императора Николая I // Исторический вестник. Т. 89. Июль 1902. № 7. С. 106–108.

Кетчер 1887 — Кетчер П. Х. Воспоминания Н. В. Станкевича // Русский архив. Вып. 26. Март 1887. № 3. С. 356–368.

Кирсанова 2002 — Кирсанова Р. Русский костюм и быт XVIII–XIX веков. М.: Слово, 2002.

Ключевский 1899 — Ключевский В. О. и др., ред. Воспоминания о студенческой жизни. М., 1899.

Коломнин 1895 — Коломнин П. П. Не трогать (эпизод из времени императора Николая I) // Исторический вестник. Т. 62. Ноябрь 1895. № 11. С. 518–528.

Корбут 1930 — Корбут М. К. Казанский государственный университет за 125 лет, 1804/5–1929/30. Казань, 1930.

Костенецкий 1887 — Костенецкий Я. И. Воспоминания из моей студенческой жизни // Русский архив. Вып. 1. 1887. С. 99–117, 229–242, 321–349; Вып. 3. 1887. С. 73–81; Вып. 6. 1887. С. 217–242.

Крылов 1901 — Крылов Н. А. Кадеты сороковых годов // Исторический вестник. Т. 85. Сентябрь 1901. № 9. С. 943–967.

Леонтьев 1880 — Леонтьев К. А. Из студенческих воспоминаний // Русский архив. Вып. 2. 1880. С. 491–498.

Лотман 1994 — Лотман Ю. М. Беседы о русской культуре: быт и традиции русского дворянства (XVIII — начало XIX века). СПб.: Искусство-СПб., 1994.

Ляликов 1875 — Ляликов Ф. И. Студенческие воспоминания (1818–1822) // Русский архив. Вып. 3. 1875. № 11. С. 376–387.

ЛУВС 1956 — Ленинградский университет в воспоминаниях современников. Т. I. Петербургский университет в 1819–1894 годах / ред. В. В. Мавродин. Л.: Издательство Ленинградского университета, 1956.

ЛУВС 1963 — Ленинградский университет в воспоминаниях современников, в 3 т. / ред. В. А. Ежов, Ю. Д. Марголис и Г. Г. Прошин. Л.: Издательство Ленинградского университета, 1963.

Матисен 1881 — Матисен Е. А. Воспоминания из дальних лет, с 1824 г. // Русская старина. Т. 31. 1881. № 5. С. 149–160.

Мельгунов 1904 — Мельгунов С. П. Из истории студенческих обществ в русских университетах. М.: Издательство журнала «Правда», 1904.

Михайлов 1899 — Михайлов И. И. Университет в 1840-х годах // Русская старина. Т. 100. 1899. № 10. С. 99–113; № 11. С. 399–419.

М. Л. 1862 — М. Л. Несколько заметок о втором кадетском корпусе // Военный сборник. Т. 24. 1862. № 4. С. 405–406.

МУВС 1956 — Московский университет в воспоминаниях современников. М.: Издательство Московского университета, 1956.

МУВС 1989 — Московский университет в воспоминаниях современников. М.: Издательство Московского университета, 1989.

Нагуевский 1902 — Нагуевский Д. И. Профессор Франц Ксаверий Броннер, его дневник и переписка, 1785–1850. Казань, 1902.

Неверов 1915 — Неверов Я. М. Глава из автобиографии Я. М. Неверова // Вестник воспитания. Г. 26. Сентябрь 1915. № 6. С. 94–136.

Никитенко 1913 — Никитенко А. В. Петербургский университет по дневнику А. В. Никитенко, 1826–1828 годы // Российские университеты в их уставах и воспоминаниях современников. Т. 1. Изд. I. СПб.: изд. М. Соловьев, 1913.

Николай I 2000a — Николай Первый и его время: документы, письма, дневники, мемуары, свидетельства современников и труды историков. М.: Олма-Пресс, 2000.

Николай I 2000b — Николай I: муж, отец, император / ред. Д. Тевеклян. М.: Слово, 2000.

Ничпаевский 1908 — Ничпаевский Л. Воспоминания о Харьковском университете, 1823–1829 годы // Русская старина. Т. 131. Август 1908. № 8. С. 363–400.

Овсянников 1909 — Овсянников Н. Н. Записки студента Казанского университета (1850–1855) // Русский архив. Кн. 3. 1909. № 12. С. 469–518.

Огарев 1956 — Огарев Н. П. Избранные социально-политические и философские произведения. Т. II. М.: Государственное издательство политической литературы, 1956.

Оже де Ранкур 1896 — Оже де Ранкур Н. Ф. В двух университетах: воспоминания 1837–1843 гг. // Русская старина. Т. 86. 1896. № 6. С. 571–582.

Олешевский 1886 — Олешевский М. Я. Первый кадетский корпус в 1826–1833 гг. // Русская старина. Т. 49. Январь — март 1886. № 1. С. 63–95.

Пассек 1963 — Пассек Т. П. Из дальних лет: воспоминания. М.: Государственное издательство художественной литературы, 1963.

Пирогов 1914 — Из жизни московского студенчества 20-х годов по дневнику Н. И. Пирогова // Русские университеты в их уставах и воспоминаниях современников. Т. I / ред. М. Соловьев. СПб.: Изд. Санкт-Петербургского университета, 1914. С. 95–102.

Погодин 1872 — Погодин М. П. Речи, произнесенные М. П. Погодиным в торжественных и прочих собраниях, 1830–1872. М., 1872.

Полежаев 1881 — Полежаев А. Биографический очерк // Русский архив. Вып. 19. 1881. № 1. С. 314–365.

Полонский 1898 — Полонский Я. Мои студенческие воспоминания // Ежемесячное литературное приложение к «Ниве» (декабрь 1898). С. 641–687.

Попов 1884 — Попов М. А. Из воспоминаний старого студента // Исторический вестник. Т. 18. 1884. № 1. С. 684–694.

Пресняков 1925 — Пресняков А. Е. Апогей самодержавия. Николай I. Ленинград: Брокгауз-Ефрон, 1925.

Прозоров 1989 — Прозоров П. И. Белинский и Московский университет его времени // Московский университет в воспоминаниях студентов, 1755–1917. М.: Издательство Московского университета, 1989. С. 102–114.

Пушкин 1964 — Пушкин А. С. Выстрел // Пушкин А. С. Полное собрание сочинений. Т. 6. М.: Наука, 1964. С. 85–101.

Рождественский 1902 — Рождественский С. В. Исторический обзор деятельности Министерства народного просвещения. СПб., 1902.

Рот 1912 — Рот М. М. Из воспоминаний старого кадета о Государе Императоре Николае Павловиче // Русская старина. Т. 151. Июль 1912. № 7. С. 239–249.

Роштейн 1889 — Роштейн Д. А. Воспоминания об императоре Николае I // Исторический вестник. Т. 4. Апрель 1889. С. 356–364.

Скалон 1907–1908 — Воспоминания Д. А. Скалона // Русская старина. Т. 131. 1907. № 9. С. 516–526; Т. 132. 1907. № 11. С. 75–81; Т. 133. 1908. № 3. С. 692–709; Т. 132. 1908. № 4. С. 185–195.

Смирнова 1895 — Из записок А. О. Смирновой // Русский архив. Вып. 9. 1895. С. 77–90.

Снегирев 1886 — Снегирев И. М. Воспоминания // Русский архив. 1886. С. 513–562, 735–760.

Станкевич 1857 — Николай Станкевич. Переписка его и биография. М., 1857.

Станкевич 1914 — Переписка Николая Владимировича Станкевича: 1830–1840 гг. / ред. Алексей Станкевич. М., 1914.

Станкевич 1964 — Поэты кружка Н. В. Станкевича: Н. В. Станкевич, В. И. Красов, К. С. Аксаков, И. Р. Клюшников. М. — Л.: Советский писатель (Ленинградское отделение), 1964.

Тверитинов 1859 — Тверитинов П. Из воспоминаний дерптского студента // Библиотека для чтения. Т. 157. 1859. № 9. С. 1–28.

Толстой 1978 — Толстой Л. Н. Детство. Отрочество. Юность // Толстой Л. Н. Собр. соч. в 22 томах. Т. 1. М.: Художественная литература, 1984.

Тургенев 1971 — Тургенев И. С. Отцы и дети // Тургенев И. С. Записки охотника. Накануне. Отцы и дети. Библиотека всемирной литературы. Т. 117. М.: Художественная литература, 1971.

Устрялов 1884 — Устрялов Ф. М. Воспоминания о Санкт-Петербургском университете в 1852–1856 годах // Исторический вестник. Т. 16. 1884. № 6. С. 578–604; № 7. С. 112–134; № 8. С. 287–312.

Ушакин 2002 — Ушакин С. О мужественности. М.: НЛО, 2002.

Ушаков 1915 — Ушаков Л. А. Корпусное воспитание при императоре Николае I // Голос минувшего. № 6. Июнь 1915. С. 90–133.

Фет 1893 — Фет А. А. Ранние годы моей жизни. М.: Издательство А. И. Мамантова, 1893.

Фортунатов 1869 — Фортунатов Ф. Н. Воспоминания о С.-Петербургском университете за 1830–1833 годы. М., 1869.

Хвощинская 1861 — Хвощинская С. Д. Воспоминания институтской жизни // Русский вестник. 1861. № 9–10.

Чичерин 1991 — Чичерин Б. Н. Воспоминания Б. Чичерина. М.: Издательство Московского университета, 1991.

Чумиков 1881 — Чумиков А. А. Студенческая корпорация в Петербургском университете в 1830–1840-е годы // Русская старина. Т. 2. 1881. С. 367–380.

Чумиков 1888 — Чумиков А. А. Петербургский университет полвека назад: воспоминания студента // Русская старина. Т. 9. 1888. С. 120–150.

Чумиков 1890 — Чумиков А. А. Летопись забав и шалостей дерптских студентов: 1802–1862 // Русская старина. Т. 65. Февраль 1890. № 2. С. 341–370.

Шестаков 1887 — Шестаков П. Д. Московский университет в 1840-х годах // Русская старина. Т. 55. 1887. № 9. С. 641–662.

Шильдер 1832 — Шильдер Н. К. Император Николай I в 1832 году // Русская старина. Т. 93. Январь — март 1898. С. 281–295.

Шомпулев 1918 — Шомпулев В. А. Спартанское воспитание кадет старого времени (из записок старого помещика) // Русская старина. Т. 153. Февраль 1918. № 2. С. 431–435.

Янишевский 1893 — Янишевский Э. П. Из воспоминаний старого казанского студента. Казань, 1893.

Переводные источники

ИЧЖ 2019 — История частной жизни. Т. 4. От Великой Французской революции до Первой мировой войны / ред. Ф. Арьес и Ж. Дюби. М.: НЛО, 2019.

Бернштейн 2004 — Бернштейн Е. Русский миф об Оскаре Уайльде // Эротизм без берегов, сб. статей и материалов / сост. М. М. Павлова. М.: Новое литературное обозрение, 2004. С. 26–49.

Келли 2003 — Келли К. Воспитание Татьяны: нравы, материнство, нравственное воспитание в 1760–1840-х годах // Вопросы литературы. 2003. № 4. С. 61–97.

Коллманн 2001 — Коллманн Н. С. Соединенные честью. Государство и общество в России раннего Нового времени. М.: Древлехранилище, 2001.

Малиа 2010 — Малиа М. Александр Герцен и происхождение русского социализма. 1812–1855. М.: Территория будущего, 2010.

Маррезе 2009 — Маррезе М. Л. Бабье царство: дворянки и владение имуществом в России (1700–1861). М.: НЛО, 2009.

Рейфман 2002 — Рейфман И. Ритуализованная агрессия. Дуэль в русской культуре и литературе. М.: НЛО, 2002.

Стайтс 2004 — Стайтс Р. Женское освободительное движение в России: феминизм, нигилизм и большевизм, 1860–1930. М.: РОССПЭН, 2004.

Теннисон 2018 — Теннисон А. In Memoriam A. Г. Х. Obiit MDCCCXXXIII. М.: Ладомир, 2018.

Хили 2008 — Хили Д. Гомосексуальное влечение в революционной России: регулирование сексуально-гендерного диссидентства. М.: Ладомир, 2008.

Элиас 2001 — Элиас Н. О процессе цивилизации. Социогенетические и психогенетические исследования. М.: Университетская книга, 2001.

Источники на английском языке

Acton 1979 — Acton, E. Alexander Herzen and the Role of the Intellectual Revolutionary. Cambridge: Cambridge University Press, 1979.

Ailes 1999 — Ailes M. J. Love, Separation and Male Friendship: Words and Actions in St. Anselm's Letters to His Friends // Masculinity and Medieval Europe / ed. D. M. Hadley. New York: Longman, 1999. P. 240.

Alston 1969 — Alston, P. L. Education and the State in Tsarist Russia. Stanford, CA: Stanford University Press, 1969.

Black 1979 — Black, J. L. Citizens for the Fatherland: Education, Educators, and Pedagogical Ideals in 18th-century Russia. New York: Columbia University Press, 1979.

Blumberg 1992 — Blumberg, J. Byron and the Shelleys: The Story of a Friendship. London: Collins and Brown Limited, 1992.

Borenstein 2001 — Borenstein, E. Men without Women: Masculinity and Revolution in Soviet Fiction, 1917–1929. Durham, NC: Duke University Press, 2001.

Bray, Roy 1999 — Bray A. and Roy M. The Body of the Friend: Continuity and Change in Masculine Friendship in the Seventeenth Century // English Masculinities: 1600–1800 / ed. Hitchcock T. and Cohen M. New York: Longman, 1999. P. 65–84.

Brower 1975 — Brower, D. Training the Nihilists: Education and Radicalism in Tsarist Russia. Ithaca, NY: Cornell University Press, 1975.

Brown 1966 — Brown, E. J. Stankevich and His Moscow Circle, 1830–1840. Stanford, CA: Stanford University Press, 1966.

Burbank 1995 — Burbank, J. Discipline and Punish in the Moscow Bar Association // Russian Review. Vol. 54, no. 1 (January 1995). P. 44–64.

Burbank, Ransel 1998 — Burbank, J. and D. Ransel, eds. Imperial Russia: New Histories for the Empire. Bloomington and Indianapolis: Indiana University Press, 1998.

Butler 1990 - Butler J, Gender Trouble: Feminism and the Subversion of Identity. New York: Routledge, 1990.

Buxton 1968 — Buxton, J.. Byron and Shelley: The History of a Friendship. London: Macmillan, 1968.

Carr 1949 — Carr, E. H. The Romantic Exiles. Harmondsworth: Penguin Books, 1949.

Carr 1961 — Carr, E. H. The Romantic Exiles: A Nineteenth-Century Portrait Gallery. Boston: Beacon Press, 1961.

Carr 1975 — Carr, E. H. Mikhail Bakunin. New York: Octagon Books, 1975.

Cavender 1997 — Cavender, M. W. Nests of the Gentry: Family, Estate and Local Loyalties in Provincial Tver', 1820–1860. University of Michigan, 1997.

Cavender 2002 — Cavender, M. W. "Kind Angel of the Soul and Heart": Domesticity and Family Correspondence among the Pre-Emancipation Gentry // Russian Review. Vol. 61, no. 3 (July 2002). P. 391–408.

Chandos 1984 — Chandos, J. Boys Together: English Public Schools, 1800–1864. New Haven, CT and London: Yale University Press, 1984.

Clements 1991 — Clements, B. Introduction: Accommodation, Resistance, Transformation // Russia's Women: Accommodation, Resistance, Transformation / ed. B. E. Clements, B. A. Engel, and C. D. Worobec. Berkeley: University of California Press, 1991. P. 2–28.

Clements et al. 2002 — Clements, B., R. Friedman and D. Healey, eds. Russian Masculinities in History and Culture. Basingstoke: Palgrave Macmillan, 2002.

Connell 1995 — Connell, R. W. Masculinities. Berkeley: University of California Press, 1995.

Costlow et al. 1993 — Costlow, J., St. Sandler, and J. Vowles, eds. Sexuality and the Body in Russian Culture. Stanford, CA: Stanford University Press, 1993.

Curtiss 1965 — Curtiss, J. Sh. Russian Army under Nicholas I. Durham, NC: Duke University Press, 1965.

Davidoff, Hall 1987 — Davidoff, L. and C. Hall. Family Fortunes: Men and Women of the English Middle-Class, 1780–1850. Chicago: University of Chicago Press, 1988.

Deslandes 1999 — Deslandes, P. R. Jr. Masculinity, Identity and Culture: Male Undergraduate Life at Oxford and Cambridge, 1850–1920. Toronto: University of Toronto, 1999.

Dobbler 1995 — Dobber, W. An Unnecessary Man: the Life of Apollon Grigor'ev. Toronto: Toronto University Press, 1995.

Dowler 1995 — Dowler, W. An Unnecessary Man: the Life of Apollon Grigorev. Toronto: Toronto University Press, 1995.

Drinkwater 1993 — Drinkwater, L. R. Honor and Student Misconduct in Southern Antebellum Colleges // Southern Humanities Review. Vol. 27, no. 4 (Fall 1993). P. 323–344.

Edmondson 2001 — Edmondson, L., ed. Gender in Russian History and Culture. Basingstoke and New York: Palgrave Macmillan, 2001.

Engel 1983 — Engel, B. A. Mothers and Daughters: Women of the Intelligentsia in Nineteenth-century Russia. Cambridge: Cambridge University Press, 1983.

Engelstein 1992 — Engelstein, L. The Keys to Happiness: Sex and the Search for Modernity in Fin-de-Siècle Russia. Ithaca, NY and London: Cornell University Press, 1992.

Engelstein 1993 — Engelstein, L. Combined Underdevelopment: Discipline and Law in Imperial and Soviet Russia // American Historical Review. Vol. 92, no. 2 (April 1993). P. 338–353.

Engelstein 2000 — Engelstein, L. The Dream of Civil Society in Tsarist Russia: Law, State and Religion // Civil Society before Democracy: Lessons from Nineteenth-century Europe / Ed. by N. Borneo and P. Nord. Lanham: Rowman and Littlefield, 2000. P. 23–41.

Figes 2002 — Figes, O. Natasha's Dance: A Cultural History of Russia. New York: Metropolitan Books, 2002.

Flynn 1971 — Flynn, J. T. Magnitskii's Purge of Kazan' University: A Case Study in the Uses of Reaction in the Nineteenth-century University // Journal of Modern History. Vol. 43, no. 4 (December 1971). P. 598–614.

Flynn 1976 — Flynn, J. T. Tuition and Social Class in the Russian Universities: S. S. Uvarov and the "Reaction" in the Russia of Nicholas I // Slavic Review. Vol. 35, no. 2 (June 1976). P. 232–248.

Flynn 1977 — Flynn, J. Russian Educational Philosophy // Slavic Review. Vol. 36, no. 1 (March 1977). P. 54–75.

Flynn 1985 — Flynn, J. T. The Committee on the Organization of Academic Institutions and the Dorpat Professors' Institute: A Note on Statecraft in the Russia of Nicholas I // Slavonic and European Education Review. Vol. 9, nos. 1–2 (1985). P. 51–63.

Flynn 1988 — Flynn, J. T. The University Reform of Tsar Alexander I, 1802–1835. Washington, DC: Catholic University of America Press, 1988.

Frevert 1995 — Frevert, U. Men of Honour: A Social and Cultural History of the Duel. Cambridge, MA: Polity Press, 1995.

Friedman 2002 — Friedman, R. From Boys to Men: Masculinity in the Nicholaevan University // Russian Masculinities in History and Culture / Ed. by B. Clements, R. Friedman, and D. Healey. Basingstoke: Palgrave Macmillan, 2002. P. 33–50.

Friedman 2003 — Friedman, R. Romantic Friendship in the Nicholaevan University // The Russian Review. Vol. 62, no. 2 (April 2003). P. 262–280.

Gardiner 2002 — Gardiner, J. K., ed. Masculinity Studies and Feminist Theory: New Directions. New York: Columbia University Press, 2002.

Gay 1993 — Gay, P. The Bourgeois Experience, Victoria to Freud: the Cultivation of Hatred. Vol. III. New York: Oxford University Press, 1993.

Gleason 1980 — Gleason, A. Young Russia: the Genesis of Russian Radicalism in the 1860s. New York: Viking Press, 1980.

Gleason 1981 — Gleason A. The Terms of Social History // Between Tsar and People: Educated Society and the Quest for Public Identity in Late Imperial Russia / ed. by E. Clowes, S. D. Kassow, and J. L. West. Princeton, NJ: Princeton University Press, 1991. P. 15–27.

Greene 1998 — Greene, D. Mid-19th-century Domestic Ideology in Russia // Women and Russian Culture: Projections and Self Perceptions / Ed. by R. Marsh. New York and Oxford: Oxford University Press, 1998. P. 78–97.

Hadley 1999 — Hadley, D. M., ed. Masculinity and Medieval Europe. New York: Longman, 1999.

Hall 1992 — Hall, C. White, Male and Middle Class: Explorations in Feminism and History. New York: Routledge, 1992.

Halperin 1989 — Halperin, D. Is There a History of Sexuality? // History and Theory. 1989. Vol. 28, no. 3. P. 257–274.

Halperin 1990 — Halperin, D. One Hundred Years of Homosexuality. New York: Routledge, 1990.

Hamburg 1992 — Hamburg, G. M. Boris Chicherin and Early Russian Liberalism, 1828–1866. Stanford, CA: Stanford University Press, 1992.

Hans 1963 — Hans, N. The Russian Tradition in Education. Westport, CT: Greenwood Press, 1963.

Hans 1964 — Hans, N. A. The History of Russian Educational Policy, 1701–1917. New York: Russell and Russell, 1964.

Haxthausen 1856 — Haxthausen, A. von, Baron. The Russian Empire. London: Chapman and Hall, 1856.

Healey 1993 — Healey D. The Russian Revolution andthe Decriminalization of Homosexuality // Revolutionary Russia. Vol. 6, no. 1 (June, 1993). P. 26–54.

Healey 2001 - Healey, D. Homosocial Desire in Revolutionary Russia: The Regulation of Sexual and Gender Dissent. Chicago and London: University of Chicago Press, 2001.

Healey 2002 — Healey D. The Disappearance of the Russian Queen, or How the Soviet Closet was Born // Russian Masculinities in History and Culture / ed. B. Clements, R. Friedman, and D. Healey. Basingstoke: Palgrave Macmillan, 2002). P, 152–171.

Hoffmann 2001 — Hoffmann, St.-L. Civility, Male Friendship, and Masonic Sociability in Nineteenth-century Germany // Gender and History. Vol. 13, no. 2 (August 2001). P. 224–48.

Hofstetter 2001 — Hofstetter, M. J. The Romantic Idea of the University: England and Germany, 1770–1850. Basingstoke: Palgrave Macmillan, 2001.

Hull 1996 — Hull, I. Sexuality, State and Civil Society in Germany, 1700–1815. Ithaca, NY: Cornell University Press, 1996.

Jarausch 1974 — Jarausch, K. H. The Sources of German Student Unrest, 1815–1848 // The University in Society. Vol. II / Ed. by L. Stone. Princeton, NJ: Princeton University Press, 1974. P. 533–567.

Jarausch 1982 — Jarausch, K. H. Students, Society and Politics in Germany: the Rise of Academic Illiberalism. Princeton, NJ: Princeton University Press, 1982.

Johnson 1969 — Johnson, W. H. E. Russia's Educational Heritage. New York: Octagon Books, 1969.

Kassow 1989 — Kassow, S. D. Students, Professors, and the State in Tsarist Russia. Berkeley: University of California Press, 1989.

Katz 2001 — Katz, J. N. Love Stories: Sex between Men before Homosexuality. Chicago and London: the University of Chicago Press, 2001.

Kelly 2001 — Kelly, C. Refining Russia: Advice Literature, Polite Culture, and Gender from Catherine to Yeltsin. Oxford: Oxford University Press, 2001.

Kelly, Shepherd 1998 — Kelly, C. and D. Shepherd, eds. Constructing Russian Culture in the Age of Revolution: 1881–1940. Oxford: Oxford University Press, 1998.

Khvoshchinskaia 1996 — Khvoshchinskaia, S. Reminiscences of Institute Life. In Russia through Women's Eyes: Autobiographies from Tsarist Russia / ed. T. W. Clyman and J. Vowles, trans. E. Hynans. New Haven, CT and New York: Yale University Press, 1996. P. 75–108.

Kivelson 1996 — Kivelson, V. Autocracy in the Provinces: the Muscovite Gentry and Political Culture in the 17th Century. Stanford, CA: Stanford University Press, 1996.

Kollmann 1991 — Kollmann, N. Sh. Women's Honor in Early Modern Russia // Russia's Women: Accommodation, Resistance, Transformation / Ed. by B. Clements, B. Engel, and Ch. Worobec. Berkeley: University of California Press, 1991. P. 60–73.

Kollmann 1992 — Kollmann, N. Honor and Dishonor in Early Modern Russia // Forschungen zur ostereuropaischen Geschichte. Vol. 46 (1992). P. 131–146.

Kollmann 1999 — Kollmann N, By Honor Bound: State and Society in Early Modern Russia. Ithaca, NY and London: Cornell University Press, 1999.

Kollmann 2002 — Kollmann, N. "What's love got to do with it?" Changing Models of Masculinity in Muscovite and Petrine Russia // Russian Masculinities in History and Culture / Ed. by Barbara Clements, Rebecca Friedman, and Dan Healey. Basingstoke: Palgrave Macmillan, 2002. P. 15–32.

Kon 1995 — Kon, I. The Sexual Revolution in Russia: From the Age of the Tsars until Today, trans. James Riordan. New York: The Free Press, 1995.

Lincoln 1982 — Lincoln, W. B. In the Vanguard of Reform: Russia's Enlightened Bureaucrats, 1825–1861. Dekalb: Northern Illinois University Press, 1982.

Lincoln 1989 — Lincoln, W. B. Nicholas I: Emperor and Autocrat of All the Russias. Dekalb: Northern Illinois University Press, 1989.

Malia 1971 — Malia, M. Schiller and the Early Russian Left // Russian Thought and Politics (Harvard Slavic Studies) / Ed. by H. McLean, M. Malia, and G. Fischer. Freeport, NY: Books for Libraries Press, 1971. P. 169–200.

Mangan, Walvin 1987 — Mangan, J. A. and J. Walvin, eds. Manliness and Morality: Middle-Class Masculinity in Britain and America, 1800–1940. Manchester: Manchester University Press, 1987.

Marker 1985 — Marker, G. Publishing, Printing, and the Origins of Intellectual Life in Russia, 1700–1800. Princeton, NJ: Princeton University Press, 1985.

Marrese 2002 — Marrese, M. L. A Woman's Kingdom: Noblewomen and the Control of Property in Russia, 1700–1861. Ithaca, NY: Cornell University Press, 2002.

Martin 1997 — Martin, A. Romantics, Reformers, and Reactionaries: Russian Conservative Thought and Politics in the Reign of Alexander I. Dekalb: Northern Illinois University Press, 1997.

Mazon 2003 — Mazon, P. Gender and the Modern Research University: the Admission of Women to German Higher Education, 1865–1914. Palo Alto, CA: Stanford University Press, 2003.

McClelland 1979 — McClelland, James C. Autocrats and Academics: Education, Culture, and Society in Tsarist Russia. Chicago: University of Chicago Press, 1979.

McClelland 1980 — McClelland, Ch. E. State, Society, and University in Germany, 1700–1914. Cambridge: Cambridge University Press, 1980.

McKinnon 1988 — McKinnon A. Duels and the Matter of Honour // Russia and the World of the Eighteenth Century / Ed. by R. Bartlett, A. G. Gross, K. Rasmussen. Columbus: Slavica Publ., 1988. P. 229–242.

McLaren 1997 — McLaren, A. The Trials of Masculinity: Policing Sexual Boundaries, 1780–1930. Chicago and London: University of Chicago Press, 1997.

Monas 1961 — Monas, S. The Third Section: Police and Society in Russia under Nicholas I. Cambridge, MA: Harvard University Press, 1961.

Morrissey 1998 — Morrissey, S. K. Heralds of Revolution: Russian Students and the Mythologies of Radicalism. New York: Oxford University Press, 1998.

Mosse 1985 — Mosse, G. L. Nationalism and Sexuality: Middle–Class Morality and Sexual Norms in Modern Europe. Madison: University of Wisconsin Press, 1985.

Mosse 1996 — Mosse, G. L. The Image of Man: the Creation of Modern Masculinity. New York: Oxford University Press, 1996.

Munro 1997 — Munro, George E. Food in Catherinian St Petersburg // Food in Russian History and Culture / Ed. by Musya Glants, Joyce Toomre. Bloomington and Indianapolis: Indiana University Press, 1997. P. 31–48.

Naiman 1997 — Naiman, E. Sex in Public: the Incarnation of Early Soviet Ideology. Princeton, NJ: Princeton University Press, 1997.

Neff 2002 — Neff, D. S. Bitches, Mollies and Tommies: Byron, Masculinity and History of Sexuality // Journal of the History of Sexuality. Vol. 11, no. 3 (2002). P. 395–438.

Newsome 1980 — Newsome, D. Benson A. C. The Diaries. London: John Murray Publishers, 1980.

Nye 1993 — Nye, R. Masculinity and Male Codes of Honor in Modern France. New York: Oxford University Press, 1993.

Nye 1998 — Nye, R. Masculinity and Male Codes of Honor in Modern France. 1998.

Nye 2000 — Nye, R. Kinship, Male Bonds and Masculinity in Comparative Perspective // American Historical Review. Vol. 105, no. 5 (2000). P. 1656–1666.

Paert 2003 — Paert, I. Old Believers, Religious Dissent and Gender in Russia, 1760–1850. Manchester and New York: University of Manchester Press, 2003.

Paulsen 1908 — Paulsen, F. German Education: Past and Present. London, 1908.

Perrot 1990 — Perrot, M. A History of Private Life: From the Fires of Revolution to the Great War. V. 4. Cambridge, MA: Harvard University Press, 1990.

Pintner 1980 — Pintner, W. The Evolution of Civil Officialdom, 1755–1855 // Pintner, W. McK. and D. K. Rowney, eds. Russian Officialdom: the Bureaucratization of Russian Society from the Seventeenth to the Twentieth Century. Chapel Hill: University of North Carolina Press, 1980. P. 190–226.

Pintner, Rowney 1980 — Pintner, W. McK. and D. K. Rowney, eds. Russian Officialdom: the Bureaucratization of Russian Society from the Seventeenth to the Twentieth Century. Chapel Hill: University of North Carolina Press, 1980.

Raeff 1966 — Raeff, M. Origins of the Russian Intelligentsia: the Eighteenth-century Nobility. New York: Harcourt, Brace & World, 1966.

Raeff 1972 — Raeff, M. Russian Youth on the Eve of Romanticism: Andrei I. Turgenev and His Circle // Revolution and Politics in Russia: Essays in the Memory of B. I. Nicolaevsky / Ed. by A. and J. Rabinowitch, with L. K. D. Kristof. Bloomington: Indiana University Press, 1972. P. 39–54.

Raeff 1984 — Raeff, M. Understanding Imperial Russia: State and Society in the Old Regime. New York: Columbia University Press, 1984.

Randolph 1997 — Randolph, J. W. The Bakunins: Family, Nobility, and Social Thought in Imperial Russia, 1780–1840. University of California, Berkeley, 1997.

Randolph 2004 — Randolph, J. W. "That Historical Family": The Bakunin Archive and the Intimate Theater of History in Imperial Russia, 1760–1925 // The Russian Review. Vol. 63 (October 2004). P. 574–593.

Remy 2000 — Remy, J. Higher Education and National Identity: Polish Student Activism in Russia, 1832–1863. Helsinki: Suomalaisen Kirjallisuuden Seara, 2000.

Reyfman 1995 — Reyfman, I. The Emergence of the Duel in Russia: Corporal Punishment and the Honor Code // Russian Review. Vol. 54, no. 1 (January 1995). P. 60–73.

Reyfman 1999 — Reyfman, I. Ritualized Violence Russian Style: the Duel in Russian Literature and Culture. Stanford: Stanford University Press, 1999.

Riasanovsky 1969 — Riasanovsky, N. Nicholas I and Official Nationality, 1825–1855. Berkeley and Los Angeles: University of California Press, 1969.

Riasanovsky 1976 — Riasanovsky, N. A Parting of the Ways: Government and the Educated Public in Russia, 1801–1855. Oxford: Clarendon Press, 1976.

Richards 1987 — Richards J. Passing the Love of Women: Manly Love and Victorian Society // Manliness and Morality: Middle-Class Masculinity in Britain and America, 1800–1940 / ed. Mangan J. A. and Walvin J. Manchester: Manchester University Press, 1987. P. 92–122.

Roosevelt 1986 — Roosevelt, P. R. Apostle of Russian Liberalism: Timofei Granovsky. Newtonville, MA: Oriental Research Partners, 1986.

Roper, Tosh 1991 — Roper, M. and J. Tosh, eds. Manful Assertions: Masculinities in Britain Since 1800. New York: Routledge Press, 1991.

Rose 1992 — Rose S. O. Limited Livelihoods: Gender and Class in Nineteenth-Century England. Berkeley: University of California Press, 1992.

Rotundo 1993 — Rotundo, E. A. American Manhood: Transformations in Masculinity from the Revolution to the Modern Era. New York: Basic Books, 1993.

Rudd 1982 — Rudd, Ch. A. Fighting Words: Imperial Censorship and the Russian Press, 1804–1906. Toronto: University of Toronto Press, 1982.

Russett 1989 — Russett C. Sexual Science: The Victorian Construction of Womanhood. Cambridge: Cambridge University Press, 1989.

Sedgwick 1985 — Sedgwick, E. K. Between Men: English Literature and Male Homosocial Desire. New York: Columbia University Press, 1985.

Seedon 1985 — Seedon, J. H. The Petrashevtsy: A Study of the Russian Revolutionaries of 1848. Manchester: Manchester University Press, 1985.

Sinel 1973 — Sinel, A. The Classroom and the Chancellery: State Educational Reform in Russia under Count Dmitry Tolstoy. Cambridge, MA: Harvard University Press, 1973.

Smith1998 — Smith D. Freemasonry and the Public in Eighteenth-Century Russia / Imperial Russia: New Histories for the Empire. Bloomington: Indiana University Press, 1998. P. 286.

Smith 1999 — Smith, D. Working the Rough Stone: Freemasonry and Society in Eighteenth–Century Russia. Dekalb: Northern Illinois Press, 1999.

Smith 2002 — Smith, S. A. Masculinity in Transition: Peasant Migrants to Late-Imperial St. Petersburg // Russian Masculinities in History and Culture / Ed. by Barbara Clements, Rebecca Friedman, and Dan Healey. Basingstoke: Palgrave Macmillan, 2002. P. 94–112.

Smith, Christian 1984 — Smith, R. E. F and D. Christian. Bread and Salt: A Social and Economic History of Food and Drink. Cambridge: Cambridge University Press, 1984.

Smith-Rosenberg 1986 — Smith-Rosenberg, C. The Female World of Love and Ritual: Relations Between Women in Nineteenth-Century America //

256 | Ребекка Фридман

Disorderly Conduct: Visions of Gender in Victorian America. Oxford: Oxford University Press, 1986.

Taine 1958 — Taine, H. Taine's Notes on England / trans. E. Hyams. Fair Lawn, NJ: Essential Books, 1958.

Todd 1986 — Todd, W. M. Fiction and Society in the Age of Pushkin: Ideology, Institutions, and Narrative. Cambridge, MA: Harvard University Press, 1986.

Todd 1999 — Todd, W. M. The Familiar Letter as a Literary Genre in the Age of Pushkin. Evanston, IL: Northwestern University Press, 1999.

Tovrov 1978 — Tovrov, J. Mother-Child Relationships among the Russian Nobility // The Family in Imperial Russia: New Lines of Historical Relationships / Ed. by D. Ransel. Urbana: Indiana University Press, 1978. P. 15–43.

Tovrov 1987 — Tovrov, J. The Russian Noble Family: Structure and Change. New York and London: Garland Publishing, 1987.

Tosh 1994 — Tosh J. What Should Historians Do with Masculinity? Reflections on Nineteenth-century Britain // History Workshop Journal. 1994. Vol. 38. P. 179–202.

Tosh 1999 — Tosh, J. A Man's Place: Masculinity and the Middle-class Home in Victorian England. New Haven, CT: Yale University Press, 1999.

Venturi 1960 — Venturi, F. Roots of Revolution: A History of the Populist and Socialist Movements in Nineteenth-century Russia. Chicago: Chicago University Press, 1960.

Walker 2002 — Walker, B. Kruzhok Culture: the Meaning of Patronage in the Early Soviet Literary World // Contemporary European History. Vol. 11, no. 1 (2002). P. 107–123.

Whittaker 1984 — Whittaker, C. H. The Origins of Modern Russian Education: An Intellectual Biography of Count Sergei Uvarov, 1786–1855. Dekalb: Northern Illinois University Press, 1984.

Wortman 1976 — Wortman, R. S. The Development of a Russian Legal Consciousness. Chicago: University of Chicago Press, 1976.

Wortman 1995–2000 — Wortman, R. S. Scenarios of Power: Myth and Ceremony in Russian Monarchy. 2 vols. Princeton, NJ: Princeton University Press, 1995–2000.

Предметно-именной указатель

Оглавление

Научное издание

Ребекка Фридман
МАСКУЛИННОСТЬ, САМОДЕРЖАВИЕ
И РОССИЙСКИЙ УНИВЕРСИТЕТ, 1804–1863

Директор издательства *И. В. Немировский*
Ответственный редактор *И. Белецкий*
Куратор серии *К. Тверьянович*
Заведующая редакцией *О. Петрова*

Дизайн *И. Граве*
Редактор *Д. Похолкова*
Корректор *Н. Занозина*
Верстка *Е. Падалки*

Подписано в печать 01.12.2023.
Формат издания 60 × 90 $^1/_{16}$. Усл. печ. л. 16,5.
Тираж 200 экз.

Academic Studies Press
1577 Beacon Street, Brookline, MA 02446 USA
https://www.academicstudiespress.com

ООО «Библиороссика».
198207, г. Санкт-Петербург, а/я № 8

Эксклюзивные дистрибьюторы:
ООО «Караван»
ООО «КНИЖНЫЙ КЛУБ 36.6»
http://www.club366.ru
Тел./факс: 8(495)9264544
e-mail: club366@club366.ru

Книги издательства можно купить
в интернет-магазине: www.bibliorossicapress.com
e-mail: sales@bibliorossicapress.ru

18+

Знак информационной продукции согласно
Федеральному закону от 29.12.2010 № 436-ФЗ